G
318

AF385091

QUESTIONS POUR L'EXAMEN DU CERTIFICAT D'ÉTUDES PRIMAIRES

La plupart de ces questions ont été choisies parmi celles qui ont déjà été posées aux examens. Pour y répondre, l'élève consultera au différents chapitres du livre. Il devra, dans tous les cas, se reporter toujours aux cartes. Les mots **Devoir**, **Carte**, signalent les questie peuvent servir de matière pour des devoirs écrits, avec ou sans esquisse géographique.

COSMOGRAPHIE

1. Où est située la terre? — De quel *système* fait-elle partie? — Citez les planètes principales qui tournent, avec la terre, autour du soleil. — Qu'appelle-t-on *orbite* d'une planète? — Combien de temps la terre met-elle à parcourir son orbite? — Combien de jours forment une année? — Expliquez la cause du *jour* et de la *nuit*, et de leur succession.

2. Qu'est-ce qu'on appelle *s'orienter*? — Qu'est-ce que l'*orient*? — Quand vous voyez lever le soleil, comment reconnaissez-vous la direction des trois autres points cardinaux? — Quelle est la position des points cardinaux pour une personne tournée vers le soleil couchant? — Dans quelle direction est situé le soleil à minuit? — Par quoi nous est-il caché lorsqu'il est situé dans cette direction? — Nommez les directions intermédiaires entre les *points cardinaux*. — Comment peut-on s'orienter la nuit? — Qu'est-ce que la boussole? — Comment s'oriente-t-on au moyen de la boussole?

GÉOGRAPHIE PHYSIQUE GÉNÉRALE

3. Qu'est-ce qu'une *plaine*? un *plateau*? une *montagne*? — Les montagnes sont-elles ordinairement isolées? — Comment sont-elles disposées presque toujours? — Qu'appelle-t-on *versant* d'une chaîne de montagnes? — Qu'appelle-t-on *ligne de faîte*? — Qu'appelle-t-on *contreforts* d'une chaîne? — Qu'est-ce qu'une *vallée*?

4. La mer occupe-t-elle sur le globe plus d'étendue que les terres? — Citez les grands océans. — Qu'appelle-t-on *courants marins*? — Quelle est la cause de cette circulation des eaux de la mer? — Citez les deux plus grands courants. — Indiquez leur parcours. — 4 (*bis*). En quoi consiste le phénomène des marées? — Quelle en est la cause? — Quel est l'intervalle entre deux marées successives? — Qu'appelle-t-on flux et reflux, *grande marée* et *morte-eau*? — La marée se fait-elle sentir également dans toutes les mers? — Quelles sont, en général, les mers qui ont peu ou point de marées? — Citez une de ces mers. — Citez des points de la côte française où la marée se fait le plus sentir. — Quel effet produit la marée en remontant l'embouchure de certains fleuves, particulièrement de la Seine.

5. Quelle est la cause des grands courants d'air qu'on appelle les *vents*? — Voyez-vous quelque rapport entre ces courants de l'atmosphère et ceux des eaux de la mer? — Y a-t-il, en certaines régions, des courants d'air réguliers, soufflant toujours du même côté? — Comment appelle-t-on ces vents *constants*? — Qu'appelle-t-on *moussons*? où ces vents se font-ils sentir? — Que produisent les chocs et les rencontres des courants d'air puissants? — Qu'appelle-t-on *cyclone*? — Un cyclone avance-t-il en même temps qu'il tournoie?

6. D'où vient l'eau qui forme les cours d'eau? — D'où provient surtout la vapeur d'eau qui forme les nuages? — Quelles sont les parties de la terre où les eaux du ciel tombent ordinairement sous forme de neige? — Qu'appelle-t-on *glacier*? — Pourquoi les neiges et les glaces ne s'accumulent-elles pas indéfiniment sur les montagnes? — Que forment les eaux provenant de la fonte des neiges, dans les régions de montagnes? — Quelles différences voyez-vous entre un *torrent* et une *rivière*?

7. De quoi se compose en définitive la masse d'eau qui forme le courant d'un fleuve ou d'une rivière? — Qu'appelle-t-on le *bassin* d'un cours d'eau? — Le contour d'un bassin est-il toujours limité par des chaînes de montagnes ou des collines?

8. Comment se forme un *étang*? un *lac*? — Qu'entend-on en disant qu'un lac *est alimenté* par un cours d'eau? — Qu'appelle-t-on *déversoir* d'un étang ou d'un lac? — Qu'est-ce qu'un *marais*?

FRANCE

Géographie physique.

9. Faites le tour de la France, en indiquant les mers, les montagnes qui la bordent, les contrées don ces mers et ces montagnes la séparent. — De quel côté la France n'est-elle bornée ni par des montagne ni par des mers? — Qu'est-ce qui sépare la France de la Belgique? (**Devoir; carte.**)

10. Faites un voyage par mer de Dunkerque à Brest, en indiquant à mesure la nature des rivages, le caps et golfes principaux, les embouchures de fleuve ou de grandes rivières, les îles voisines des côtes. — Qu'appelle-t-on *dunes, falaises, récifs*? (**Devoir; carte.**) — 10 (*bis*). Voyage semblable de Brest à Bayonne. — Qu'appelle-t-on *marais salants*? — (10 *ter*). Voyage semblable de Port-Vendres à Nice. — Quelle différence remarquez-vous entre les deux parties de cette côte, de Port-Vendres à l'embouchure du Rhône, et de l'embouchure du Rhône à Nice? — Qu'appelle-t-on *delta*? (**Devoir; carte.**)

11. Un voyageur veut étudier les grandes montagnes françaises: indiquez les principales régions qu'il devra parcourir. — Quelle est la disposition des montagnes de la région montagneuse du centre? — Citez les principales chaînes ou les groupes de montagnes dont l'ensemble forme le Massif Central. — Indiquez quelques-unes des montagnes les plus hautes et les plus remarquables. — Qu'ont de particulier les *Monts d'Auvergne*? — Qu'appelle-t-on les *causses*? — Dans quelles parties du Massif Central sont-ils situés? — Pourquoi la région du Massif Central est-elle plus froide que la région des plaines environnantes? — Le voyageur pourra-t-il observer sur ces montagnes des neiges éternelles et des glaciers? — 11 (*bis*). Quelle est la disposition des Pyrénées? — Quelle différence d'aspect offre cette chaîne sur ses deux versants? — Citez les plus hautes montagnes de cette chaîne. — Dans quelle partie de la chaîne sont-elles situées? — Ont-elles des neiges persistantes? des glaciers? — Quelles sont les parties de la chaîne les moins élevées? — Comment nomme-t-on les passages par lesquels on peut franchir les Pyrénées? (**Devoir; carte.**) — 11 (*ter*). Où sont situées les plus hautes montagnes de France? — Toutes les Alpes appartiennent-elles au territoire français? — Citez les principaux massifs et groupes de montagnes des *Alpes françaises*. — Citez quelques-unes des plus hautes montagnes des Alpes françaises. — Les Alpes ont-elles des neiges persistantes et des glaciers? — Peut-on franchir les Alpes par des passages? — Peut-on traverser les Alpes sans gravir les monts? — Où est situé la percée souterraine des Alpes? (**Devoir; carte.**) — 11 (*quater*). — Quelle est la forme et la disposition des montagnes du Jura? — Trouvez une comparaison qui exprime cette disposition. — Qu'appelle-t-on *cluses*? — Les montagnes du Jura sont-elles aussi élevées que les Alpes et les Pyrénées? — Citez un des sommets les plus élevés. — Quelle est la chaîne de montagnes françaises qui fait suite au Jura vers le nord? — Quelle est la forme des montagnes des Vosges? — Citez une ou deux des montagnes les plus remarquables des Vosges. — Quel pays s'étend à leur pied vers l'est?

12. Vous supposerez que nous remontons le cours de la Seine depuis le Havre jusqu'à sa source, indiquant à mesure ce que le cours du fleuve peut avoir de remarquable, les villes principales situées sur ses rives, les affluents principaux de rive droite et de rive gauche. (**Devoir; carte.**) — Dans quelle partie de son cours la Seine est-elle le plus tortueuse? — Qu'entend-on en disant que la Seine est un fleuve assez *constant*? — 12 (*bis*). Descendez le cours de la Loire depuis sa source jusqu'à son embouchure, indiquant à mesure la forme de la vallée, les chaînes de montagnes qui la bordent en certaines parties; les villes principales situées sur le fleuve, les principaux affluents. (**Devoir; carte.**) — A quel endroit la Loire se détour vers l'ouest? — La Loire est-elle facilement — Quelle est la cause qui en rend la navigation cile? — De quelle région viennent les plus affluents de la Loire? — Quelle est la forme de son bouchure? — 12 (*ter*). Faites un voyage de sources de la Garonne jusqu'à son embouchure peet et accidents de son cours, villes situées sur le fleuve, affluents principaux (et la Dordogne). — Quel est l'aspect du fleuve en confluent de la Dordogne? — Comment fleuve dans cette partie? — Quel objet remarquables navigateurs rencontrent-ils à l'entrée de la Gironde? (**Devoir; carte.**) — 12 (*quater*) en bateau depuis Genève jusqu'à Marseille Rhône; montagnes situées près des rives, affluents, villes principales. (**Devoir; carte.**) endroit le Rhône fait-il un coude brusque vers le midi? — Le cours du Rhône est-il ou tranquille? — Qu'appelle-t-on le *delta* — Comment s'est-il formé? — Qu'est-ce que la *Camargue*? — Pourquoi la plupart des grands qui se jettent dans la Méditerranée ont-ils leur embouchure, tandis que ceux qui se l'Océan et la Manche ont des *estuaires*? — le cours du Rhône à celui de la Seine.

13. Un voyageur veut visiter la France, en courant, sur un bateau, par les rivières navigables canaux. Tracez-lui un itinéraire du Havre à indiquant les fleuves, rivières, canaux qu'il suivre (et citant les bassins auxquels appartiennent les rivières), les villes principales qu'il aura de visiter. — 13 (*bis*). Voyage semblable de Strasbourg. — 13 (*ter*). Par quelle voie ou faire venir la houille de Valenciennes à Paris quez le parcours: canaux, rivières, villes ce parcours. — On veut faire venir par eau chargement de vin de Bourgogne pris à Mâcon diquez un parcours, la chaîne de montagnes et les bassins qu'elle sépare. (**Carte.**)

14. Dans quelle zone est située la France? climat est-il le même dans toutes les parties France? — Quelle est la partie de la France climat est le plus chaud? — Quel est le climat région montagneuse du centre? — Pourquoi est tivement froid? — Quel est le climat de la Seine et des régions environnantes? — Quel est le climat de la Bretagne? — Pourquoi le climat de la montagne est-il plus égal que celui des autres régions? 14 (*bis*). Quelles sont les parties de la France qui produisent le plus de blé? — Indiquez approximativement la limite de la culture de la vigne en France. En quelle région de la France cultive-t-on le mûrier, l'oranger? — Citez une région remarquable par ses herbages; une région sablonneuse et stérile; une région peu fertile à cause du climat. (**Devoir.**)

15. De quelle nature est le sol de la région montagneuse du centre de la France? — Qu'est-ce que le granit? — Le terrain granitique est-il, en général, favorable à la culture? — Que produit-il surtout de remarquable les monts d'Auvergne? À quoi reconnaître que ces montagnes sont des volcans? De quelle sorte de rocher est formé le sol autour de ces montagnes? — Qu'est-ce que la lave? — Qu'appelle-t-on basalte? — 15 (*bis*). De quelles sortes de roches formé le sol de la Bretagne? — Qu'est-ce que le granit? — Qu'est-ce que l'ardoise? — De quoi sont formées les roches qu'on nomme *grès*? Comment nomme-t-on le terrain dans lequel on trouve la *houille*? — De quelles roches est constitué le *terrain houiller*? — Quelle forme ont les amas de houille? — De quoi se forme la houille? — En quelles régions de la France rencontre-t-on surtout le terrain houiller et la houille?

(*Voir la suite page 70.*)

NOUVEAU COURS D'INSTRUCTION PRIMAIRE

Rédigé conformément aux programmes du 27 juillet 1882

COURS GÉNÉRAL

DE

GÉOGRAPHIE

CONTENANT EN UN SEUL VOLUME

LES MATIÈRES INDIQUÉES PAR LES PROGRAMMES DU 27 JUILLET 1882

POUR L'ENSEIGNEMENT DE LA GÉOGRAPHIE DANS LES ÉCOLES PRIMAIRES

ET RÉPONDANT

AU PROGRAMME DU CERTIFICAT D'ÉTUDES

PAR

Henry LEMONNIER

Professeur au Lycée Louis-le-Grand, à Paris

ET

Franz SCHRADER

Ouvrage contenant 42 cartes et 18 gravures

TABLE DES MATIÈRES

PARIS

LIBRAIRIE HACHETTE ET Cie

79, BOULEVARD SAINT-GERMAIN, 79

1886

PRÉFACE

Nous avons entrepris de réunir dans cet ouvrage l'étude de la France et les notions essentielles de la géographie générale. En mettant entre les mains des élèves en un seul volume les matières qui font l'objet de l'examen du certificat d'études, nous croyons répondre à un désir qui nous a été souvent exprimé.

Dans les pages qui suivent, la France a conservé la place prépondérante que lui ont assignée les programmes de 1882. Cette partie du livre, qui nous paraît aussi de beaucoup la plus importante, demeure telle que nous l'avons conçue pour notre *Cours moyen*. Nous n'avons donc pas à donner sur ce point d'explications nouvelles.

Mais, outre la France, ce volume contient d'une part les éléments indispensables de cosmographie, d'autre part une étude générale des cinq parties du monde.

Dans cette partie de notre travail, nous avons tenu à ne pas nous écarter des principes qui nous ont toujours guidés : considérant la Terre non point comme une surface immobile, mais comme un organisme en action, nous avons donné la place principale à la géographie physique, sans laquelle il est impossible de rien comprendre à l'enchaînement des faits qui constituent les géographies politique, économique ou historique. Nous avons, comme dans nos trois cours partiels, tenu à relier la nomenclature elle-même aux lois générales dont dépendent les faits particuliers.

Cette partie de notre livre reproduit, sous une forme abrégée et condensée, la matière et l'esprit de notre *Cours superieur*.

INTRODUCTION

1. *La* **Géographie** *est la science qui nous fait connaître la Terre.*

La *Géographie physique* ou *naturelle* est la description de la Terre telle que la nature l'a faite.

La *Géographie politique* et *économique* nous fait connaître la Terre telle que les hommes se la sont partagée et appropriée.

2. Nous ne pouvons voir à la fois qu'une très petite partie de la Terre. Notre vue est toujours bornée, à une distance plus ou moins grande, par une ligne qu'on appelle **Horizon**. Quand nous nous élevons, l'horizon s'éloigne ; quand nous descendons, il se rapproche ; mais il y a toujours un horizon, au delà duquel on n'aperçoit plus que le ciel.

3. La Terre a la forme d'un **Globe**, d'une *sphère*. Voilà pourquoi nous ne pouvons jamais en voir qu'une partie. C'est la *rondeur de la Terre* qui nous cache les objets situés au delà de l'*horizon*. Ainsi, nous voyons seulement les sommets des montagnes très éloignées, leur base nous est cachée par la rondeur de la Terre.

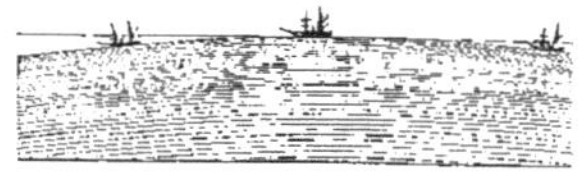

Horizon.

De même, sur la mer, les navires éloignés ne laissent voir que leur mâture : leur coque est cachée par la rondeur de la mer.

La circonférence du globe terrestre est de 40 000 kilomètres.

ROTATION DE LA TERRE

4. *Le* **Globe terrestre** *est isolé dans l'espace.* Il tourne continuellement sur lui-même. Ce mouvement de **rotation** s'opère en 24 heures, c'est-à-dire en *un jour*.

On appelle **Axe** de la Terre la ligne imaginaire autour de laquelle le globe tourne sur lui-même.

Les deux extrémités de l'axe terrestre s'appellent **Pôles**.

Les différentes parties de la Terre, en passant successivement devant le Soleil, sont éclairées par sa lumière, et ont alors le *jour*. Quand la rotation les amène du côté opposé au Soleil, elles ont la *nuit*.

A chaque instant, il fait jour sur une moitié de la Terre, et nuit sur l'autre moitié.

SOLEIL, SYSTÈME SOLAIRE

5. Le **Soleil** est un *globe immense*, environ 1 250 000 fois plus gros que la Terre. Il circule dans l'espace, et autour de lui gravitent un certain nombre de sphères qu'on appelle **Planètes**. *La Terre est une de ces planètes ;* elle n'est ni la plus grande ni la plus petite, et tient à peu près la moyenne.

Voici les noms des huit principales planètes, à partir du Soleil :

Mercure, Vénus, la Terre, Mars, Jupiter, Saturne, Uranus, Neptune.

Quant aux *Étoiles*, ce sont autant de soleils, mais si prodigieusement éloignés de nous, que nous ne les connaissons que comme des points lumineux.

6. De même que toutes les planètes, *la Terre tourne autour du Soleil*. Pour parcourir son **Orbite**, c'est-à-dire pour accomplir une *révolution* complète, elle emploie 365 jours et un quart : c'est la durée d'**une Année**.

SAISONS

7. L'axe de la Terre est *incliné* sur l'*orbite* terrestre ; il demeure toujours incliné dans la même direction.

Il en résulte que la Terre, en tournant

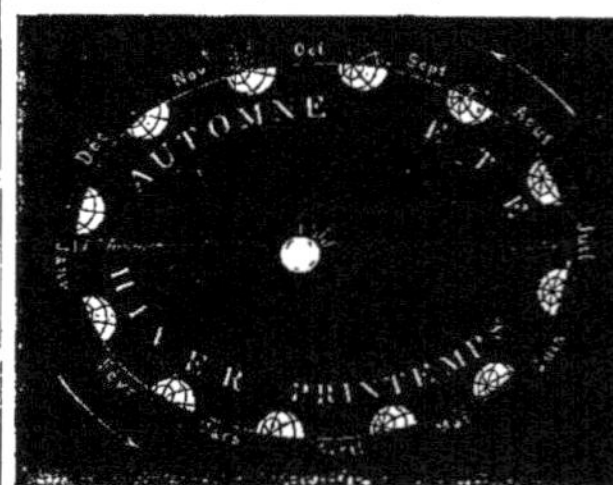

Saisons.

autour du Soleil, incline vers lui tantôt *un de ses pôles*, tantôt *le pôle opposé*.

La partie inclinée vers le Soleil reçoit plus de chaleur, les jours y sont longs et les nuits courtes : elle est en **Été**.

La partie opposée reçoit moins de chaleur, a des jours courts et des nuits longues : elle est en **Hiver**.

La saison qui suit l'hiver et qui précède l'été s'appelle le **Printemps**.

Celle qui suit l'été et qui précède l'hiver s'appelle l'**Automne**.

8. Deux fois par an, en mars et en septembre, c'est-à-dire au printemps et en automne, il arrive un moment où les jours et les nuits sont d'égale longueur sur toute la terre. Ce moment s'appelle **Équinoxe**, c'est-à-dire *nuit égale*.

A deux autres moments de l'année, en juin et en décembre, il arrive un moment où le jour atteint sa plus grande durée dans un hémisphère (c'est-à-dire sur une moitié de la sphère), et sa plus petite durée dans l'autre hémisphère. Cette époque s'appelle **Solstice**, c'est-à-dire *arrêt du Soleil*. Quand un hémisphère se trouve au *solstice d'été*, l'autre se trouve au *solstice d'hiver*.

LA LUNE ET SES PHASES

9. Plusieurs planètes sont accompagnées d'autres planètes plus petites, qui tournent autour d'elles, pendant qu'elles-mêmes gravitent autour du Soleil. On les nomme **Satellites**.

La Terre a un satellite : **la Lune**.

La Lune nous présente toujours la même moitié de sa surface. Pour faire un tour sur elle-même, il lui faut accomplir une révolution complète autour de la Terre.

Cette *révolution lunaire* s'accomplit en 29 jours et demi.

Durant ce mouvement, la Lune se trouve pour nous tantôt *du même côté que le Soleil*, tantôt *du côté opposé*. Quand elle passe entre la Terre et le Soleil, elle nous présente un *disque obscur* et nous ne la voyons pas : c'est la **Nouvelle lune**. Au contraire, quand elle est à l'opposé du Soleil, elle nous montre pendant la nuit son disque entièrement éclairé : c'est la **Pleine lune**. Entre ces deux positions extrêmes, la Lune nous montre une série de *phases*, suivant que le Soleil éclaire plus ou moins la partie que nous pouvons voir.

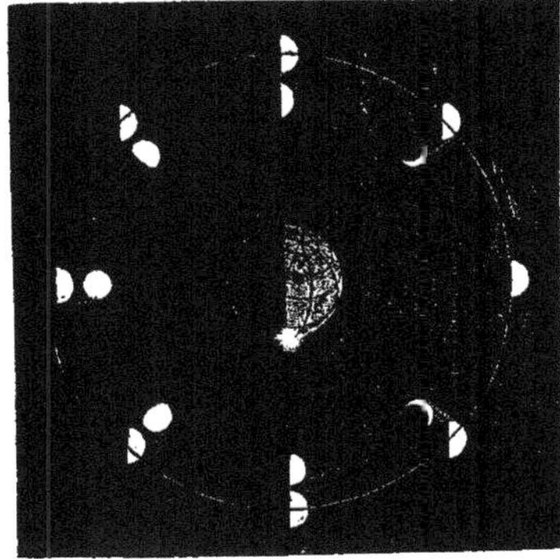

Phases de la Lune.

ÉCLIPSES

10. Quand la Lune passe exactement entre le Soleil et la Terre, elle *cache le Soleil* à une partie de la Terre. C'est une **Éclipse de Soleil**.

Quand la Terre passe exactement entre le Soleil et la Lune, *l'ombre de la Terre obscurcit la Lune*. C'est une **Éclipse de Lune**.

POINTS CARDINAUX

11. Le Soleil apparaît chaque matin *du même côté du ciel*, et disparaît chaque soir *du côté opposé*. Le côté où il se lève s'appelle **Est**, *levant* ou *orient*. Le côté où il se couche s'appelle **Ouest**, *couchant* ou *occident*.

Quand on étend la main droite vers le

Rose des vents.

Levant, le point qu'on a devant soi s'appelle **Nord** ou *septentrion*, celui qu'on a derrière soi s'appelle **Sud** ou *midi*.

Ce sont les **Quatre Points cardinaux** : *Nord, Sud, Est, Ouest*.

Entre ces quatre points, on en a imaginé d'autres, dont le nom est composé : ainsi, le *Nord-Est* se trouve entre le *Nord* et l'*Est*, le *Sud-Ouest* entre le *Sud* et l'*Ouest*, etc. Ce sont les *Points collatéraux*. Ces points, et d'autres encore placés entre eux, forment ensemble la Rose des vents, dont se servent les marins.

C'est au moyen de ces différentes directions qu'on peut se reconnaître sur terre ou sur mer. On les distingue soit en observant les astres, soit en se servant de la *boussole*, dont l'aiguille aimantée, suspendue sur un pivot, tourne d'elle-même dans la direction du Nord.

MÉRIDIENS, PARALLÈLES

12. Pour pouvoir déterminer la situation des divers points du globe, on a imaginé un réseau de *lignes entre-croisées* qui sont supposées entourer la Terre.

De ces lignes, les unes sont des cercles égaux qui passent par le *pôle Nord* et par le *pôle Sud*. On les nomme **Méridiens**.

Méridiens.

Les autres sont des cercles inégaux qui se prolongent de l'*Est* à l'*Ouest*, parallèlement les uns aux autres. On les nomme **Parallèles**.

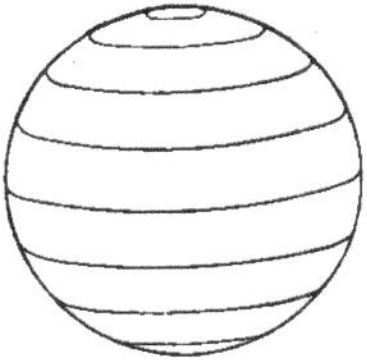

Parallèles.

Parmi les parallèles, celui qui est à distance égale des deux pôles s'appelle **Équateur**.

Pour connaître la position d'un point, il suffit de connaître sa **Longitude** (c'est-à-dire sa situation par rapport à un méridien qu'on appelle *premier méridien*), et sa **Latitude** (c'est-à-dire le parallèle sur lequel il est placé). Les mots *longitude* et *latitude* signifient *longueur* et *largeur*.

En France, on compte les méridiens à partir de Paris. La Terre étant partagée *en 360 degrés de longitude*, on en compte 180 *à l'Est* et 180 *à l'Ouest* de ce premier méridien. Les latitudes se comptent toujours par degrés à partir de l'équateur; on en trace 90 depuis l'équateur jusqu'à chacun des pôles; l'équateur est numéroté 0 et le pôle 90.

Pour plus de précision, on a divisé les degrés en 60 *minutes*, et les minutes en 60 *secondes*.

TROPIQUES, CERCLES POLAIRES, ZONES

13. L'*axe terrestre* est incliné de **23** degrés environ sur *l'orbite* que parcourt la Terre. Il en résulte que le Soleil ne luit pas toujours verticalement au-dessus de l'équateur, mais qu'il s'en écarte de **23** *degrés au Nord* ou de 23 *degrés au Sud*, suivant l'époque de l'année.

Deux *parallèles* situés à cette distance de l'équateur portent le nom de **Tropiques**. Ils marquent la limite où le Soleil vient briller en été sur une ligne exactement verticale, au point du ciel appelé zénith.

Entre les tropiques et le pôle, en France par exemple, le Soleil n'arrive jamais à la verticale ; à mesure qu'on s'approche des pôles, ses rayons sont de plus en plus obliques, et les jours et les nuits sont de plus en plus inégaux.

A une distance de 23 degrés de chaque pôle, se trouve un parallèle qu'on appelle **cercle polaire**, et qui marque la latitude sur laquelle le Soleil passe *plus d'un jour sans se coucher*, en été ; *plus d'un jour sans se lever*, en hiver.

Enfin, aux pôles mêmes, il y a *six mois de jour*, quand le pôle est incliné vers le Soleil ; *six mois de nuit*, quand le pôle est incliné vers l'obscurité de l'espace céleste.

Les pôles de la Terre n'ont donc qu'un jour de six mois et qu'une nuit de six mois dans toute l'année.

Autour des pôles s'étendent les deux **zones** glaciales, l'une au Nord, appelée *boréale* ou *arctique*, l'autre au Sud, appelée *australe* ou *antarctique*.

Entre l'équateur et les tropiques s'étend la **zone** torride ou *chaude*. — Entre les *zones glacial*es et la *zone torride* s'étendent deux autres zones, ni froides, ni chaudes, qu'on nomme les **zones** tempérées.

Les points situés sur la sphère terrestre exactement à l'opposite l'un de l'autre sont

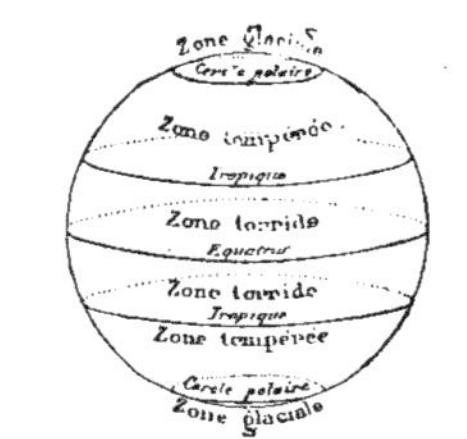

appelés **antipodes**, c'est-à-dire « contrepieds ».

14. Pour reproduire en petit la surface de la Terre, on se sert de *globes* ou *de cartes*.

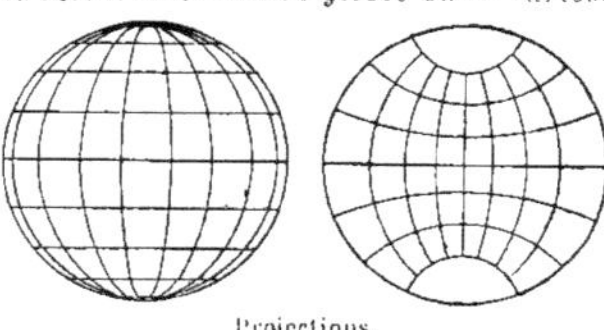

Projections.

Le réseau que forment les parallèles et les méridiens sur un globe ou sur une carte s'appelle *projection*.

Il n'y a qu'une projection pour les globes ; mais pour les cartes on a dû en imaginer plusieurs, car une carte *plane* ne peut reproduire sans déformation une surface *sphérique* comme celle de la Terre.

Les deux figures précédentes représentent deux des projections les plus usitées pour le dessin des hémisphères terrestres.

Questionnaire.

Qu'est-ce que la géographie physique ? la géographie politique ? — Qu'est-ce que l'horizon ? — Quelle est la forme de la Terre ? — Qu'est-ce que l'axe de la Terre ? — Les pôles ? — La rotation ? — Qu'est-ce que le Soleil ? — Quelles sont les principales planètes ? — La Terre tourne-t-elle autour du Soleil ? — Qu'est-ce qu'une année ? — Qu'est-ce que les saisons ? — Les équinoxes ? - Les solstices ? — La Lune et ses phases ?

Qu'appelle-t on points cardinaux ? -- Quels sont-ils ? -- Comment peut-on les retrouver par le Soleil ? — En l'absence du Soleil ? — Quand les étoiles ne sont pas visibles ? — Qu'appelle-t-on points collatéraux ? — Qu'est-ce que la rose des vents ?

Qu'est-ce que les méridiens ? -- Qu'appelle-t-on longitude ? — Qu'est-ce que l'équateur ? — D'où vient ce nom ? — Quels sont les deux hémisphères au nord et au sud de l'équateur ? — Qu'est-ce que les parallèles ? — Qu'est-ce que la latitude ? — Qu'est-ce que dire qu'un point est sur telle longitude ? — Sur telle latitude ? — Combien y a-t-il de méridiens ? -- Comment s'appelle l'intervalle qui les sépare ? — Comment est-il divisé et subdivisé ? — Y a-t-il dans la réalité un méridien initial ? — Combien y a-t-il de degrés de latitude ? — Combien au nord de l'équateur ? — Combien au sud ? — Montrez comment la combinaison des degrés de longitude et de latitude donne exactement et facilement la position d'un lieu.

Qu'est-ce que les tropiques ? — Comment le jour et la nuit sont-ils répartis aux deux pôles ? — Qu'est-ce que les cercles polaires ? -- Énumérez les différentes zones. — Qu'est-ce que les antipodes ? — Qu'est-ce qu'un globe terrestre ? — Une carte ? - Qu'est-ce que la projection ?

GÉOGRAPHIE DE LA FRANCE

Situation de la France en Europe.

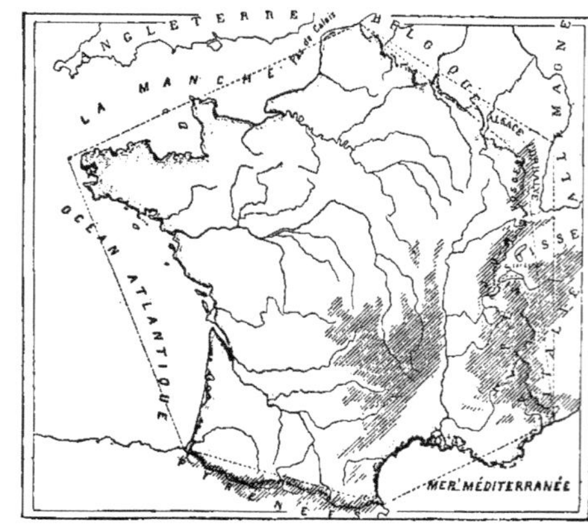

Forme et limites de la France.

LIVRE PREMIER

GÉOGRAPHIE PHYSIQUE

CHAPITRE PREMIER

ÉTENDUE. SITUATION. LIMITES

1. La **France** comprend à peu près la
250e *partie de la surface des terres fermes*,
et embrasse une étendue de 529 000 kilo-
mètres carrés environ.

Du Nord au Sud elle a 1000 *kilomètres*,
c'est-à-dire *la 40e partie du tour de la
Terre*. De l'Est à l'Ouest elle est large
de 900 *kilomètres* environ.

Avant la désastreuse guerre de 1870, la
France était plus grande et comprenait
l'Alsace et une partie de la Lorraine, qui lui
ont été enlevées par les Allemands.

La France est *dix fois* plus petite que a
Russie d'Europe, un peu plus petite que
l'*Allemagne* depuis 1871, et *dix-neuf fois*
plus grande que la *Belgique*.

Notre pays n'est donc ni parmi les plus
grands, ni parmi les plus petits : il tient
en quelque sorte le milieu; mais il est
au nombre des plus fertiles et des mieux
situés.

2. La France est située dans l'**hémisphère boréal**, à égale distance du *pôle* et
de *l'équateur*.

Le 45e degré de latitude traverse le pays
un peu au nord de Bordeaux.

Cette situation lui assure un *climat
moyen*, ni trop chaud, ni trop froid.

3. Elle est ouverte sur de grandes
mers :
Au Nord et à l'Ouest, la mer du **Nord**,
la **Manche**, l'océan Atlantique ;
Au Sud-Est, la mer **Méditerranée**.

4. La France présente la forme d'un
hexagone ou figure à six côtés; deux de
ces côtés se prolongent du *Nord au Sud*.
Cette figure s'est rétrécie vers le Nord-Est,
depuis la perte de l'Alsace-Lorraine.

LIMITES

5. Les limites *de la France* sont en
grande partie *naturelles*, en partie aussi
conventionnelles.

En partant du *Nord*, dans la direction de
l'*Ouest*, on trouve :

1° Au Nord, la **mer du Nord**, qui s'ouvre
vers le nord de l'Europe ;

2° Au Nord-Ouest, le **Pas de Calais** et la
Manche, qui séparent la France de l'*Angleterre ;*

3° A l'Ouest, l'océan **Atlantique**, qui
borne l'ancien continent ;

4° Au Sud, la chaîne des **Pyrénées**, qui
sépare la France de l'*Espagne*, depuis
l'Atlantique jusqu'à la Méditerranée ;

5° Au Sud-Est, la mer **Méditerranée**, qui
s'étend entre l'Europe, l'Asie et l'Afrique ;

6° A l'Est, la chaîne des **Alpes**, qui sépare
la France de l'*Italie ;* le *lac de Genève* ou
Léman et la chaîne du *Jura*, qui la séparent de la *Suisse ;*

7° Au Nord-Est, la chaîne des **Vosges**, qui
sépare la France de l'*Alsace;* avant 1871,
c'était le fleuve du *Rhin* qui servait de
frontière et séparait l'Alsace de l'Allemagne ;

8° Des Vosges à la mer du Nord, dans
la partie Nord-Est de notre pays, la frontière, entre la France d'un côté, l'*Allemagne*, le Grand-Duché de *Luxembourg* et
la *Belgique* de l'autre, est *tracée d'une manière conventionnelle*, sans tenir compte ni
des mouvements de terrain ni des fleuves,
qui sont coupés irrégulièrement par la
limite politique.

Questionnaire.

Quelle est l'étendue de la France? — Rappelez la surface occupée par les terres sur le globe et faites la comparaison. — Quelles sont la longueur et la largeur de la
France? — Quelle était l'étendue de la France avant
1871? — Qu'a-t-elle perdu à cette époque? — Comparez
l'étendue de la France à celle de quelques États européens.
*Rappelez le sens des termes pôle, équateur, hémi-
sphère, pôle Nord, pôle Sud, hémisphère boréal, aus-
tral, latitude, longitude, zone torride, tempérée, gla-
ciale.*
Dans quel hémisphère est située la France? —
Comment se trouve-t-elle placée par rapport au pôle et
à l'équateur? — Quel avantage lui donne cette situation?
*Rappelez les noms et la situation des cinq parties
du monde, des cinq océans.*
Sur quelles mers s'ouvre la France?
Quelle est la forme simplifiée de la France?
Quelles sont les limites de la France? — Au Nord? —
Au Nord-Ouest? — A l'Ouest? — Au Sud? — Au Sud-
Est? — A l'Est? — Au Nord-Est? — Que présentent de
particulier les limites entre les Vosges et la mer du
Nord? — Quel inconvénient offrent ces limites? — Faites
à part la liste des pays voisins de la France.
*Cherchez s'ils sont grands ou petits. — Demandez-
vous s'ils sont puissants ou non. — Le lieu que vous
habitez est-il voisin ou éloigné de la frontière? — De
quelle frontière et de quel État est-il le plus voisin ?*

CHAPITRE II

GÉOLOGIE

6. Le sol de la France, comme celui de
tous les pays du globe, est composé de
matériaux très divers. Plusieurs forma-
tions de roches superposées, les unes
fort anciennes, les autres plus modernes,
en constituent la surface, recouverte le
plus souvent de terre végétale.

1. Dans tout ce volume, les parties du questionnaire
imprimées en caractères italiques sont celles qui portent
sur la revision du cours précédent, ou qui ont pour but
de ramener l'élève à l'observation et à l'étude des objets
ou des lieux au milieu desquels il se trouve placé.

Terrains volcaniques du Massif Central.

7. Les roches les plus anciennes, ou *terrains primitifs*, comprennent les **granits**, les **porphyres**, etc. Elles apparaissent à la surface du sol dans les montagnes qui occupent tout le *centre* de la France, dans la *Bretagne*, située au Nord-Ouest, dans l'île de *Corse*, et dans les *Vosges*, les *Alpes*, les *Pyrénées*. Ailleurs elles sont cachées sous d'autres terrains plus modernes, entassés les uns sur les autres.

8. Ce sont d'abord des rangées de **schistes**, d'ardoises, *stratifiées*, c'est-à-dire partagées en couches, qui se sont déposées au fond des eaux, dans les âges les plus anciens de la terre.

Puis des **grès**, tels que le *grès houiller*, entre les couches duquel on retrouve parfois d'anciennes masses de végétaux, enfouies et transformées en charbon que nous appelons **houille**. Une partie de la *Bretagne*, des *Pyrénées*, des *Vosges*, du *centre* de la France, est composée à la surface de schistes et de grès; les grès du *Massif Central* renferment de puissantes couches de houille.

9. Ces roches, à leur tour, ont été recouvertes par un autre terrain, plus étendu, le *terrain jurassique*, qui comprend, comme son nom l'indique, la plus grande partie des monts du *Jura*, et entoure tout le centre de la France comme une large ceinture. Le terrain jurassique contient souvent de l'argile ou de la **pierre à bâtir**.

10. Ce terrain, après avoir disparu sous les mers, a été recouvert d'un autre étage de roches, qu'on appelle l'*étage crétacé*, à cause de la **craie** qui s'y rencontre en grande quantité. Le terrain crétacé présente trois grandes masses en France, l'une au *Nord* et au *Centre*, l'autre au *Sud-Ouest*, la troisième au *Sud-Est*. Il forme ainsi trois vastes bassins, dont l'intérieur est recouvert par les *terrains tertiaires*, plus nouvellement déposés.

11. Une formation toute particulière, celle des **terrains volcaniques**, se rencontre dans le *Massif Central*, où elle présente des montagnes à larges cratères, des coulées de laves, des colonnades de basalte.

12. Les *terrains primitifs* sont froids, pauvres, souvent montagneux; ils produisent peu de terre végétale en se décomposant sous l'action du vent et des pluies. Ils sont surtout favorables aux *forêts* et aux *prairies*.

Les *schistes* et les *grès* ressemblent au terrain primitif; ils nourrissent principalement des *forêts* et des *herbages*.

Le *terrain jurassique* est très perméable à l'eau; aussi est-il fertile dans les vallées et aride sur les hauteurs.

13. C'est dans les terrains *tertiaires* que se trouvent en France les plus grandes *plaines*, la plus grande étendue de *terre végétale*, les plus vastes *cultures*, les *populations* les plus nombreuses.

Les couches qu'on appelle *alluvions*, et que forment tous les jours des particules roulées par les pluies ou les fleuves, sont plus fertiles encore et composent le dernier étage des terrains sur lesquels vivent les hommes.

Questionnaire.

CHAPITRE III

MERS ET LITTORAL

MERS FRANÇAISES

14. La **mer du Nord** est peu profonde, mais dangereuse. Le **Pas de Calais**, qui la sépare de la Manche, est balayé par des courants violents et par des tempêtes fréquentes. Il n'a que 32 kilomètres de largeur.

La **Manche**, comme la mer du Nord, est peu profonde et souvent troublée par des vents impétueux qui viennent de l'Océan.

L'**océan Atlantique** est presque toujours agité par les vents d'Ouest, souvent couvert de nuages et soulevé par des tempêtes qui vont d'Amérique en Europe. En certains parages il y a en moyenne une tempête tous les deux jours.

Les eaux de l'Atlantique sont tièdes le long des côtes d'Europe, ce qui adoucit le climat.

Sur les côtes de France, l'Atlantique forme le grand **golfe de Gascogne**, dont les marins redoutent les hautes vagues.

15. La **mer Méditerranée** est presque toujours bleue et calme, mais les vents qui soufflent d'Europe ou d'Afrique y amènent parfois des orages aussi terribles que ceux de l'Océan, quoique plus courts.

La Méditerranée n'a que des marées insensibles.

Questionnaire.

LITTORAL DE LA FRANCE

16. Sur la **mer du Nord**, *la côte est basse*, en certains endroits même plus basse que la mer à marée haute. Il a donc fallu la protéger par des travaux.

Vers le détroit du Pas de Calais, dont le côté français est formé par le *cap Gris-Nez*, le littoral s'élève et devient onduleux, bordé de *sables* que le vent soulève et qui s'amoncellent en *dunes*.

Plus à l'Ouest, après la large embouchure d'un petit fleuve, la *Somme*, la côte se dresse en *falaises*, c'est-à-dire en hautes parois de rochers dont les vagues battent et rongent le pied.

Ces falaises, composées de pierre calcaire, forment comme une longue muraille coupée d'échancrures, par lesquelles s'échappent les petites rivières venues de l'intérieur des terres. Les falaises s'arrêtent à l'embouchure de la **Seine**.

17. Plus à l'Ouest encore, s'étend en pleine mer une rangée de roches appelées *rochers du Calvados*.

Puis vient la **presqu'île du Cotentin**, terminée par le *cap de la Hague*.

Sur cette partie de la côte, et particulièrement au fond de la *baie du mont Saint-Michel*, la mer avance et recule de plusieurs kilomètres à chaque marée, entourant ou abandonnant le haut rocher du *mont Saint-Michel*.

En pleine mer, entre la Bretagne et le Cotentin, s'élèvent plusieurs *îles appartenant à l'Angleterre*, **Jersey**, Guernesey, Aurigny (*îles Anglo-Normandes*), et un grand nombre d'écueils ou de bancs sous-marins, qui rendent la mer très dangereuse.

18. A l'ouest du mont Saint-Michel commence la **presqu'île de Bretagne**, que les vagues et les courants ont déchirée en *presqu'îles*, en *îles*, en *golfes*. Les rochers y sont sauvages, la mer agitée, les marées très hautes, les courants violents.

La presqu'île de Bretagne se termine à l'Ouest par le *cap Saint-Mathieu*, à l'entrée d'un golfe profond, la **rade de Brest**. Autour de ce cap, la côte est entourée d'un nombre considérable d'îlots, de récifs ou de pointes **sous-marines** qui se prolongent

(Suite, page 9.)

REMARQUES SUR CETTE CARTE. — Les terrains *primitifs se trouvent* à la surface du sol en Bretagne, dans les Pyrénées, les Alpes, et surtout dans le Massif Central, où ils sont à découvert dans toute la partie montagneuse.

Au milieu du Massif Central *se trouvent* des terrains *volcaniques*. On peut donc voir que tout le Centre est formé de granits ou de matières volcaniques.

Remarquez que le terrain *jurassique* forme comme une ceinture autour du Massif Central ; que le terrain *crétacé* remplit trois grands bassins disposés en triangle autour de Paris, de Bordeaux, de Lyon.

Les vallées sont remplies d'*alluvions* déposées par les eaux courantes.

La *houille* se trouve principalement dans le Nord et sur le pourtour du Massif Central

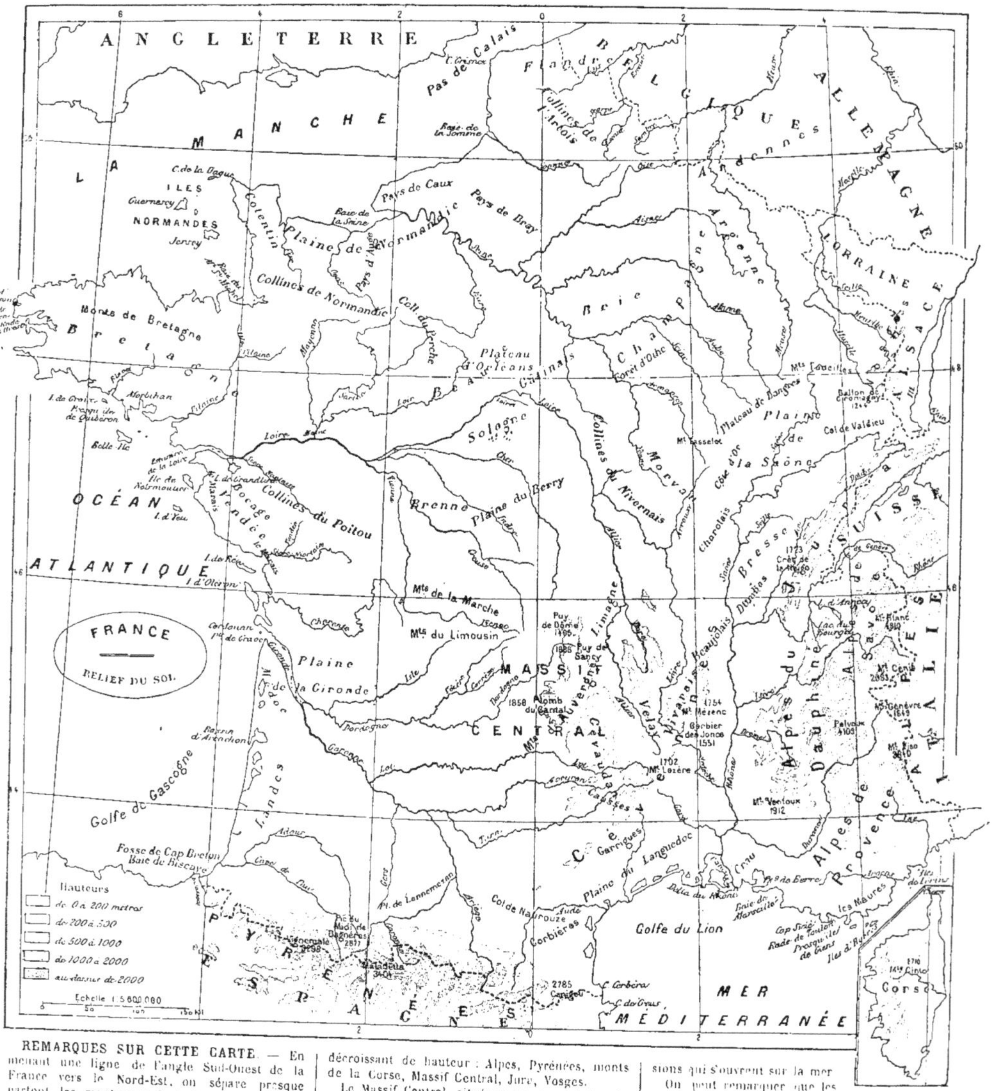

FRANCE

RELIEF DU SOL

REMARQUES SUR CETTE CARTE. — En menant une ligne de l'angle Sud-Ouest de la France vers le Nord-Est, on sépare presque partout les montagnes à droite des plaines à gauche.

Principaux groupes de montagnes, par ordre décroissant de hauteur : Alpes, Pyrénées, monts de la Corse, Massif Central, Jura, Vosges.

Le Massif Central, situé un peu au sud du milieu de la France, forme comme le sommet du pays ; les vallées de la Garonne, de la Loire, de la Seine, du Rhône, l'entourent d'une série de dépressions qui s'ouvrent sur la mer.

On peut remarquer que les terrains dont la pente est dirigée vers l'Ouest et le Nord-Ouest occupent une surface bien plus étendue que ceux dont la pente est dirigée vers le Sud et le Sud-Est.

bien loin vers l'Ouest. La seule grande île est celle d'*Ouessant*.

Nulle part les courants ne sont plus dangereux que sur cette partie de la côte, où l'eau se précipite deux fois par jour soit vers la Manche, soit vers l'Atlantique.

19. Les *côtes de l'Atlantique* vont du cap *Saint-Mathieu* à la base des *Pyrénées*. Elles constituent d'abord la limite mérid onale de la Bretagne, jusqu'à *l'embouchure de la Loire*. Dans cette partie, la côte, très découpée, forme la *presqu'île de Quiberon*, le *golfe du Morbihan*.

Au sud de l'embouchure de la Loire il n'y a plus de grands rochers, mais une côte très plate, marécageuse, et souvent bordée de *marais salants*, où l'on obtient du sel en faisant évaporer au soleil une mince couche d'eau de mer.

Depuis la Bretagne jusqu'à la *Gironde* s'étendent près du rivage les îles de *Belle-Ile*, de *Noirmoutier*, d'*Yeu*, de *Ré*, d'*Olé-ron*.

20. Après la large *embouchure de la Gironde*, la côte se prolonge vers le Sud en une *longue plage de sable*, sans villages, sans abris. Les sables rejetés par la mer et amoncelés par le vent s'y sont élevés en *hautes dunes*, qui s'avançaient peu à peu vers l'intérieur du pays en recouvrant les habitations; mais on les a fixées en y plantant des forêts de pins.

La seule baie ouverte sur cette côte des Landes est le *bassin d'Arcachon*, à l'entrée duquel la mer se brise toujours sur des bancs de sables mouvants.

Plus au Sud, le fond de l'Océan se creuse à une certaine distance de la côte: c'est le *Gouf* ou *Fosse de Cap-Breton*, où l'eau est si profonde que les vagues n'y forment jamais de brisants, et que les navires peuvent s'y réfugier pendant les tempêtes.

La côte de sable cesse vers l'embouchure de l'*Adour*, les rochers reparaissent au voisinage des *Pyrénées*, jusqu'à la petite rivière de *Bidassoa*, qui sépare la France de l'Espagne.

Questionnaire.

Décrivez la côte de la mer du Nord et du Pas de Calais. — Quel en est le cap le plus saillant? — Où commencent les falaises? — Décrivez-les. — Ou cessent-elles ? — Énumérez à part les points principaux de la côte de la Manche; les îles Anglo-Normandes. — Quelles sont les embouchures de fleuves? — Où sont les rochers du Calvados? — La presqu'île du Cotentin? — La marée est-elle forte dans le voisinage de la presqu'île du Cotentin ? — Comment se termine la presqu'île de Bretagne? — Décrivez l'aspect de la mer qui environne la pointe de Bretagne. — Est-elle dangereuse? — Entre quels points s'étendent les côtes de l'Atlantique ? — Énumérez leurs points principaux. — Énumérez les îles. — Rappelez le nom du golfe formé par l'Atlantique sur la côte française. — Quelles sont les embouchures de fleuves ? Décrivez les différentes parties de la côte : du cap Saint-Mathieu à la Loire ; de la Loire à la Gironde ; de la Gironde à l'Adour ; de l'Adour aux Pyrénées. — Parlez des dunes des Landes. — Qu'est-ce que le Gouf de Cap-Breton ?

21. A l'autre extrémité de la chaîne des Pyrénées commence la *côte française de la Méditerranée*, qu'on peut diviser en deux parties bien différentes :

La première, qui va du pied des Pyrénées aux embouchures du Rhône, forme un *grand enfoncement*, le *golfe* du **Lion** ou *de Lion;*

A l'Est du Rhône, au contraire, et jusqu'au pied des Alpes, la côte s'avance dans la mer en formant une large courbe.

22. La côte du *golfe du Lion* commence au *cap Cerbère*, à l'extrémité des Pyrénées. Elle est extrêmement plate et triste, et se compose presque partout de longs rubans de sable, derrière lesquels s'allongent de grands étangs d'eau saumâtre.

La rive est ainsi comme isolée de la terre ferme; elle ne possède qu'un *port* maritime, celui de Cette. Les grandes villes sont assez loin dans l'intérieur des terres.

Le *delta du Rhône* forme une portion de la côte, tout au fond du golfe du Lion.

23. A l'est du Rhône, la côte devient tout de suite montagneuse.

Elle forme l'*étang de Berre*, puis le *golfe de Marseille*, le *cap Sicié*, la *rade* de Toulon, les *îles d'Hyères*.

Les *montagnes de l'Estérel*, composées de porphyre rouge, plongent à pic dans la mer.

24. Plus à l'Est s'étendent une foule de baies, de caps, de rochers, entre lesquels se sont établies des *villes d'hiver*, c'est-à-dire des villes où les étrangers viennent, pendant la saison froide, jouir d'un climat tiède et d'un ciel toujours pur, au milieu des oliviers, des orangers, des palmiers.

Comme la Méditerranée est presque toujours éclairée par le soleil et que les Alpes qui la dominent au Nord sont couvertes de neige, cette partie des côtes françaises est une des plus admirables régions de la terre.

Questionnaire.

Comment se divise la côte française de la Méditerranée? — Quel en est le grand golfe ? — Décrivez spécialement et en détail la première partie. — Est-elle très habitée? — Indiquez les points principaux de la côte orientale de la Méditerranée. — Décrivez les parties où se trouvent les villes d'hiver. — Les côtes orientales de la Méditerranée sont-elles belles? *Dites si l'endroit que vous habitez est voisin ou éloigné de la mer. — De quelle mer et de quelle côte est-il le plus rapproché? — Comment irait-on jusqu'à la côte la plus proche ? — Connaissez-vous déjà un port dont vous soyez voisin? — La côte sur laquelle ou près de laquelle vous habitez a-t-elle des falaises, des sables, etc.? — A-t-elle des marées? — Cherchez où vous mènerait, en la suivant toujours, le cours d'eau le plus proche*

CHAPITRE IV

RELIEF DU SOL

25. Le Nord et l'Ouest de la France sont surtout composés de **plaines**; le Sud et l'Est surtout de **montagnes**.

En tirant une ligne oblique à travers la France, *du Sud-Ouest au Nord-Est*, on la partagerait en deux parties, dont l'une, à gauche, serait plutôt aplanie, l'autre, à droite, plutôt montagneuse.

Falaises des côtes de la Manche.

26. Les principaux massifs montagneux de la France sont :

1° Le **Massif Central**, qui lui appartient en entier;

2° Les **Pyrénées**, au Sud, qu'elle partage avec l'*Espagne ;*

3° Les **Alpes**, au Sud-Est, qu'elle partage avec l'*Italie* et la *Suisse ;*

4° Le **Jura**, à l'Est, qu'elle partage avec la *Suisse ;*

5° Les **Vosges**, au Nord-Est, qui étaient françaises des deux côtés avant 1871, et dont le versant *alsacien* est maintenant possédé par l'Allemagne.

MASSIF CENTRAL

27. Le **Massif Central** forme comme le *pivot* de la France. Il envoie de l'eau à presque tous ses grands fleuves et couvre toute la partie centrale de notre pays. Ce n'est pas notre plus haute région, car les Pyrénées et surtout les Alpes sont beaucoup plus élevées; mais c'est notre masse de montagnes la plus importante, à cause de sa position.

Le *Massif Central*, comme son nom l'indique, n'est pas une chaine, mais un entre-croisement de montagnes étendu dans tous les sens.

28. Vers le Sud-Est, du côté de la Méditerranée, il se compose d'un talus très escarpé, qu'on appelle la **chaîne des Cévennes**.

Le versant Nord-Ouest, qui s'incline vers l'Océan, descend au contraire très doucement, et se relève plusieurs fois dans toutes les directions, en se déployant comme un éventail de montagnes.

Les *Cévennes* séparent nettement le climat de l'Océan de celui de la Méditerranée. Au Nord-Ouest, elles sont vertes, fraîches, souvent arrosées par la pluie. De l'autre côté de la crête, elles sont sèches, brûlées, et le ciel y reste presque toujours bleu. Le plus haut sommet des *Cévennes* est le *Mézenc* (1750 mètres).

Les *monts Lozère* sont à peu près aussi élevés.

29. Vers le Nord-Est, le Massif Central comprend les *monts du Morvan*.

Vers l'Ouest, les **monts d'Auvergne** et du *Limousin*.

Vers le Centre, entre les Cévennes et les monts d'Auvergne, les monts du *Velay* et du *Forez*.

Vers le Sud-Ouest, les plateaux des *Causses* et la *Montagne Noire*.

30. Les **monts du Velay** sont sauvages, hérissés de coulées de lave, de colonnades de basalte.

Les **monts d'Auvergne** sont les plus élevés du Massif Central; ce sont d'anciens volcans, éteints depuis plusieurs milliers d'années, mais dont les cratères encore très visibles ont jadis laissé échapper de larges coulées de lave.

Le plus haut sommet de l'Auvergne et de la France centrale est le *Puy de Sancy* (1886 mètres). Le *Plomb du Cantal*, un peu moins élevé, est assez large pour que ses rameaux occupent tout un département.

Le sommet le plus célèbre, le *Puy de Dôme* (*puy* signifie pic dans le patois du pays), est surmonté d'un observatoire météorologique.

Les **monts du Limousin** s'abaissent vers l'Ouest; de vastes forêts de châtaigniers couvrent la plus grande partie de leurs pentes granitiques.

31. Les **Causses** sont de grands plateaux très élevés (1000 et 1200 mètres), formés de roches jurassiques, sans eau, presque déserts, et fendus par des gorges d'une profondeur extraordinaire, au fond desquelles serpentent des vallées très fertiles. Certaines de ces crevasses ont 600 ou 700 mètres de profondeur.

En hiver, les Causses sont balayés par des tourmentes neigeuses, et la neige y demeure jusqu'au printemps, à cause de leur élévation.

Les plus hauts et les plus sauvages sont le *Causse de Sauveterre* et le *Causse Méjan*.

Questionnaire.

PYRÉNÉES

32. Les **Pyrénées** sont une grande chaîne, dont plusieurs sommets portent de la neige toute l'année et même des glaciers. Elles forment une longue rangée de montagnes aiguës entre la France et l'Espagne.

Leur versant septentrional, tourné vers la France, est vert, bien arrosé, avec de belles prairies et peu de forêts.

Le versant espagnol, au contraire, est âpre, brûlé par le soleil, avec des rochers rouges, des forêts sauvages, des ruisseaux qui n'ont pas d'eau en été.

Cette grande différence provient de ce que les Pyrénées arrêtent les vents humides de l'Océan et ne leur permettent pas de franchir la crête pour passer en Espagne.

33. Les plus hautes montagnes des Pyrénées et leurs plus grands glaciers sont en Espagne, un peu au sud de la ligne de séparation des eaux. Les principaux de ces sommets sont les *monts Maudits* (*Maladetta*), le *mont Perdu*.

En France, la montagne pyrénéenne la plus élevée est le *Vignemale* (3298 mètres).

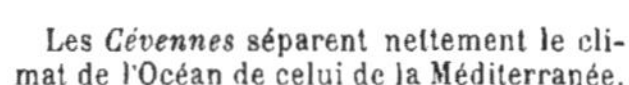

Vue prise dans les monts du Limousin.

Le célèbre *Pic du Midi de Bigorre* (2877 mètres) est surmonté de l'observatoire le plus haut de l'Europe.

Une autre montagne, située à l'est des Pyrénées, le *Canigou*, paraît si haute, vue du bord de la mer, que pendant longtemps on l'a crue la plus élevée de la chaîne.

34. Les Pyrénées sont très difficiles à franchir, excepté à leurs deux extrémités. Leurs cols ou *ports* sont situés au voisinage des neiges, et la chaîne sépare la France de l'Espagne comme le ferait une véritable muraille.

Il y a beaucoup de petits lacs dans les Pyrénées.

Questionnaire.

Quelle est la forme des Pyrénées ? — Décrivez le versant français ; le versant espagnol. — D'où vient la différence ? — De quel côté se trouvent les plus hautes montagnes des Pyrénées ? — Leurs noms ? — Quels sont les sommets principaux en France ? — Les Pyrénées sont-elles faciles à franchir ? — Contiennent-elles beaucoup de lacs ?
Habitez-vous les Pyrénées ? — Dans quelle partie ? — Voyez-vous des neiges perpétuelles ? — Des glaciers ? — Habitez-vous près ou loin des Pyrénées ?

ALPES

35. Les **Alpes** sont la chaîne de montagnes la plus élevée de l'Europe. Elles s'étendent en France depuis le lac Léman jusqu'à la mer Méditerranée.

Les Alpes sont presque partout couronnées de neige, et entre leurs sommets descendent d'épais glaciers. Leurs pentes sont souvent couvertes de forêts et de pâturages, le fond de leurs vallées est cultivé.

Toutefois, dans certaines parties des Alpes françaises, les arbres ayant été complètement détruits, la pluie et la neige ont raviné les pentes, arraché les pâturages du haut des montagnes et recouvert de débris le fond des vallées.

On donne les noms d'*Alpes Maritimes*, d'*Alpes Cottiennes* et d'*Alpes Graies* à la ligne de faîte des Alpes qui sépare la France et l'Italie.

36. Les principaux massifs des Alpes françaises sont ceux de la **Savoie**, du **Dauphiné**, de la **Provence**.

Les Alpes de Savoie possèdent la cime la plus élevée de l'Europe, le *Mont-Blanc* (4810 mètres).

Le Mont-Blanc est entouré de vastes glaciers, et il est toujours recouvert jusqu'au sommet d'une neige épaisse. Le plus vaste de ces glaciers porte le nom de *Mer de glace*. Malgré la hauteur extrême du Mont-Blanc, un grand nombre de personnes le gravissent chaque année.

Les Alpes du Dauphiné sont très sauvages. Leur principal sommet, la *Barre*

des *Écrins*, dans le massif du *Pelvoux*, a 4103 mètres au-dessus de la mer. Un grand nombre d'autres cimes approchent de 4000 mètres, et portent des glaciers presque aussi étendus que ceux du Mont-Blanc.

Un des sommets les plus célèbres, mais non pas les plus élevés, est le mont *Ventoux* (1912 mètres), qui domine la vallée du Rhône.

Les **Alpes de Provence**, au Sud, sont de hauteur médiocre : leurs sommets ne portent pas de glaciers, mais le soleil du Midi leur donne une grande beauté, surtout aux abords de la Méditerranée.

37. Les passages des Alpes sont *plus faciles* et *moins élevés* que ceux des Pyrénées ; ils portent quelquefois dans les Alpes françaises le nom de *monts* ; les principaux entre la France et l'Italie sont : le *Mont-Cenis*, le *Mont-Genèvre*.

Questionnaire.

Où se trouvent les Alpes ? — Y a-t-il dans l'Europe des montagnes plus élevées ? — Décrivez les Alpes. — Quel a été l'effet du déboisement ? — Quels noms donne-t-on aux différentes parties de la ligne de faîte entre la France et l'Italie ? — Quels sont les principaux massifs des Alpes ? — Décrivez les Alpes de Savoie et en particulier le Mont-Blanc. — Décrivez les Alpes du Dauphiné et leurs principaux sommets. — Décrivez les Alpes de Provence. — Les passages des Alpes sont-ils faciles ? — Quels noms portent-ils souvent ?
Habitez-vous les Alpes ? — Quels sommets voyez-vous ? — Le pays est-il boisé ou déboisé ? — Voyez-vous des glaciers ? — Comment iriez-vous en Italie ou en Suisse ? — Habitez-vous loin ou près des Alpes ?

JURA ET VOSGES

38. Le **Jura** n'a pas de cimes aiguës comme les Alpes ou les Pyrénées. Il est formé d'une suite de chaînons allongés, disposés sur plusieurs rangées, comme des plis, dont le plus oriental est aussi le plus haut. Entre ces replis de montagnes s'étendent des vallées, où les rivières font mouvoir un grand nombre d'usines.

Des coupures, qu'on appelle *cluses*, interrompent les chaînons en y creusant des gorges transversales, par lesquelles les rivières s'échappent de vallée en vallée jusqu'à la plaine.

Le Jura a de beaux pâturages et des forêts de sapins. Comme ses roches *jurassiques* sont très perméables à l'eau, il possède un grand nombre de sources très abondantes, où jaillissent de véritables rivières.

Le principal sommet du Jura, le *Crêt de la Neige* (1723 mètres), est situé en France, au-dessus du lac Léman.

39. Les **Vosges** sont moins hautes que le Jura. Leur plus haut sommet, le Ballon de Guebwiller (1426 mètres), est en Alsace ; les plus hauts points qui touchent la France sont le *Hohneck* (1366 mètres) et le Ballon de *Giromagny*.

Les Vosges ont des formes arrondies, de belles forêts, des ruisseaux purs et abondants ; leurs vallées, très peuplées, possèdent des manufactures nombreuses.

Au sud des Vosges s'ouvre une plaine, la *Trouée de Belfort*, qui sépare les Vosges du Jura.

PARTIE DES PLAINES

40. Au nord-ouest des Vosges on ne trouve plus de montagnes, mais une région

Vue prise dans les Alpes du Dauphiné.

de collines et de plateaux · le *plateau de Lorraine*, *l'Argonne*, les *Ardennes.*

Au sud-ouest des Vosges, les *monts Faucilles* vont rejoindre le *plateau de Langres*, haut de 500 mètres environ, et qui touche aux premières hauteurs du Massif Central.

Le *plateau de Langres* est comme un talus qui descend doucement vers le Nord-Ouest, et où se forment un grand nombre de rivières qui coulent toutes vers la Manche.

41. Le reste de la France, c'est-à-dire toute la partie *septentrionale* et *occidentale* du pays, est formé de plaines, de plateaux peu élevés ou de collines. En allant du Nord au Sud et de l'Est à l'Ouest, on rencontre d'abord :

Les plaines de **Flandre**, les plateaux très peu élevés d'*Artois* et de *Picardie;*

Le plateau de **Champagne**, formé de terrain crayeux, et le large **bassin de la Seine**, qui s'étend autour de Paris;

La plaine de *Beauce*, couverte de blé en été;

Les collines du *Perche* et de *Normandie*, les monts de *Bretagne*, qui approchent de 400 mètres de hauteur.

42. Autour du Massif Central, on trouve la *Sologne*, malsaine et couverte d'étangs, la *Brenne*, également humide; tout à l'Ouest, le *Bocage* vendéen, région de collines verdoyantes, et la plaine du *Poitou*.

Au Sud-Ouest, la grande **plaine de la Garonne** s'étend entre le Massif Central, les Pyrénées et l'Océan.

A l'ouest de cette plaine, près de la mer, est la région peu fertile des *Landes*.

A l'Est, entre les Pyrénées et les Cévennes, la trouée du *col de Naurouze* s'ouvre vers la Méditerranée et vers la **plaine du Languedoc**.

43. L'île de **Corse**, qui s'élève dans la Méditerranée, appartient à la France. C'est un pays montagneux et sauvage, dont la plus haute cime, le *Monte-Cinto*, a 2710 mètres de hauteur.

Questionnaire.

Décrivez le Jura. — Qu'est-ce que les cluses? — Le Jura a-t-il des prairies et des forêts? — De quels terrains surtout est-il composé? — Quel en est le principal sommet?

Décrivez les Vosges. — Quel en est le plus haut sommet en France? — Les vallées des Vosges sont-elles peuplées?

Habitez-vous le Jura ou les Vosges? — Voyez-vous le point culminant? — Montrez une cluse. — Habitez-vous loin ou près du Jura ou des Vosges?

Qu'est-ce que la Trouée de Belfort? — Parlez des hauteurs situées au nord-ouest des Vosges. — Parlez des monts Faucilles; du plateau de Langres. — Pourquoi le plateau de Langres est-il important?

Citez les principales plaines ou les collines du reste de la France. — Où sont la Sologne, la Brenne, le Marais, le Bocage? — Parlez des Landes. — De la trouée du col de Naurouze. — Parlez de l'île de Corse. — Quel en est le sommet le plus élevé?

La Corse est-elle loin? — Comment feriez-vous pour y aller? — Habitez-vous la région des plaines ou des montagnes? —Quelle est la chaîne ou quel est le massif qui vous sépare du reste de la France?

CHAPITRE V

COURS D'EAU

44. Les eaux de France vont à la mer par trois **versants** :

1° Celui de la mer du Nord;

2° Celui de la **Manche** et de l'**Atlantique**;

3° Celui de la **Méditerranée**.

45. Le versant de la **mer du Nord** est le moins considérable des trois. Les fleuves ou rivières qui y coulent ne font que peu de chemin sur le sol français, et passent bientôt en pays étranger.

La Moselle, la Meuse, l'Escaut, sont les cours d'eau les plus importants de ce versant.

Le versant de la **Manche** et de l'**Atlantique**, incliné vers le *Nord-Ouest*, est parcouru par le plus grand nombre de fleuves; les principaux sont la Seine, la Loire, la Garonne.

Le versant de la **Méditerranée** n'a qu'un grand fleuve, c'est le Rhône.

VERSANT DE LA MER DU NORD

46. *Bassins du Rhin et de la Meuse.*— La Moselle est un affluent du **Rhin**, fleuve qui n'appartient plus à la France depuis 1871.

Avant cette époque, une partie de la rive gauche du Rhin limitait les départements du Haut et du Bas-Rhin.

La Moselle prend sa source dans les *Vosges*, reçoit la Meurthe, également descendue des *Vosges*, puis passe dans la partie de la Lorraine conquise par l'Allemagne en 1871.

47. La **Meuse** prend sa source sur le *plateau de Langres*, coule vers le Nord, longe les collines de l'*Argonne*, et traverse le plateau des *Ardennes*, où elle serpente dans une vallée étroite.

Sortie de France, elle reçoit la *Sambre* et va rejoindre le Rhin; mais, tout en se mêlant à divers bras de ce grand fleuve, elle garde son nom jusqu'à la mer.

48. *Bassin de l'Escaut.* — L'Escaut naît dans les plaines de *Flandre*, et passe bientôt en Belgique. Il coule sur tout son parcours dans un pays très plat. Il se jette à la mer entre plusieurs grandes îles, et confond ses eaux avec celles de la Meuse et du Rhin.

Il reçoit deux petits affluents venus de France, la *Scarpe* et la *Lys*.

Questionnaire.

Rappelez le sens des mots : source, eau courante, rivière, fleuve, affluent, confluent, embouchure, estuaire, delta, rive droite, rive gauche. — D'où vient l'eau des fleuves? — Parlez de la circulation des eaux. — Dites le sens des termes : versant, bassin, ligne de partage des eaux.

Par combien de versants et par quels versants les eaux françaises vont-elles à la mer? — Le versant de la mer du Nord appartient-il en entier à la France? — Quels en sont les cours d'eau les plus importants? — Quels sont les principaux fleuves du versant de l'Atlantique? — Quel est le principal fleuve du versant de la Méditerranée?

Parlez de la Moselle; de son affluent. — Décrivez le cours de la Meuse. — Avec quel fleuve se confond-elle à son embouchure? — Décrivez le cours de l'Escaut. — Affluents de l'Escaut? — Où se jette l'Escaut?

VERSANT DE LA MANCHE

49. Un grand fleuve, la **Seine**; trois petits bassins, ceux de la **Somme**, de l'**Orne** et de la **Rance**.

Bassin de la Somme. — La Somme coule dans les plaines du Nord de la France. Elle se termine par une embouchure très large à marée haute, étroite et encombrée de sables à marée basse.

50. *Bassin de la Seine.* — La **Seine** prend sa source dans les montagnes de la *Côte d'Or*, à moins de 500 mètres d'altitude.

Elle coule vers le Nord-Ouest avec une pente extrêmement douce, longe les plaines de la *Champagne*, puis le plateau de la *Brie*, et arrive dans le bassin de *Paris*.

Là elle commence à serpenter entre des collines crayeuses, en décrivant de longs détours jusqu'au voisinage de la mer, puis elle s'élargit à son embouchure et entre dans la Manche par une sorte de golfe, qu'on appelle la **Baie de Seine**. La marée montante y occasionne un violent remous, qui refoule le fleuve en formant une haute vague. C'est ce qu'on nomme la *barre* de la Seine.

51. La Seine traverse surtout des pays calcaires composés de roches qui boivent l'eau. Aussi n'a-t-elle pas de grandes inondations en hiver et au printemps, ni d'eaux trop basses en été. De tous les fleuves de France, c'est *le plus égal et le plus tranquille*.

La vallée de la Seine et les vallées de ses affluents sont *aplanies et cultivables* jusqu'à leurs sources.

52. Les principaux affluents de la Seine sont :

L'Aube (rive droite);

L'Yonne (rive gauche);

Le Loing (rive gauche);

La Marne (rive droite);

L'Oise (rive droite);

L'Eure (rive gauche).

(Suite, page 14.)

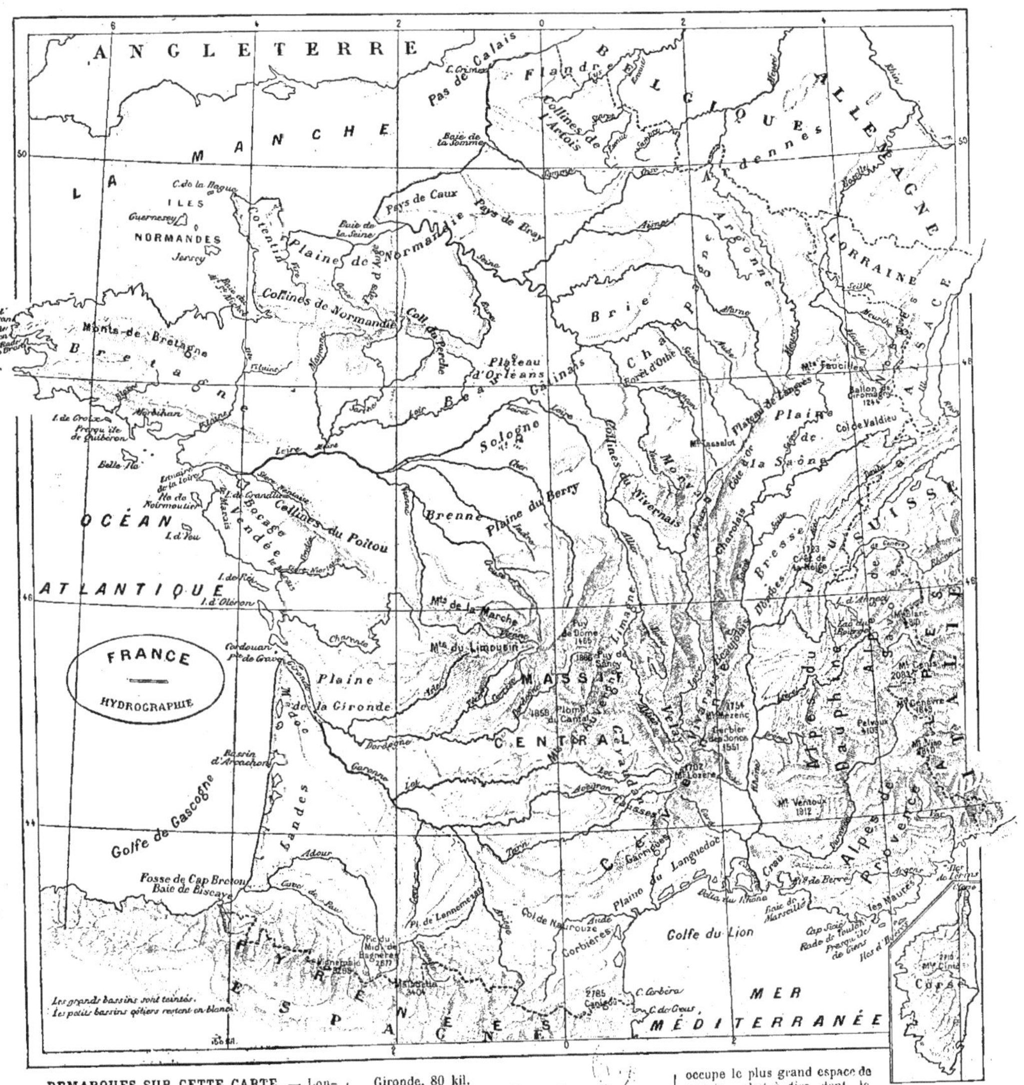

REMARQUES SUR CETTE CARTE. — Longueur des principaux cours d'eau de France :
Loire, 980 kil. (Allier, 375).
Rhône, 800 kil. (dont 550 en France) (Saône, 450).
Seine, 780 kil. (Marne, 495).
Garonne, 600 kil. (Dordogne, 480).

Gironde, 80 kil.
Meuse, 780 kil. (dont 450 en France).
Moselle, 500 kil. (dont 300 en France).
Le Rhin (1250 kil.) ne touche plus à la France depuis 1871.
Le fleuve qui, par lui-même ou par ses affluents, occupe le plus grand espace de terrain, c'est-à-dire dont le *bassin est le plus étendu*, est la Loire; puis vient le Rhône; ensuite la Gironde (Garonne et Dordogne). Le bassin de la Seine n'occupe pas tout à fait la sixième partie de la France.

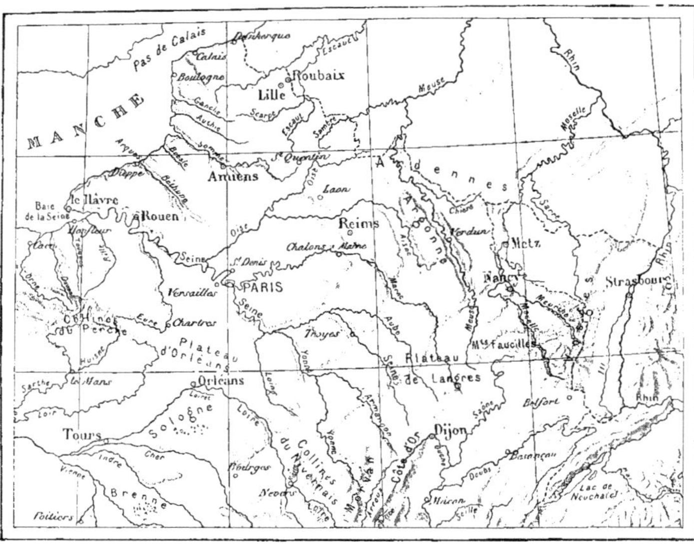

Bassin de la Seine et versant de la mer du Nord.

53. L'*Yonne* (rive gauche) vient des monts du *Morvan*. Ses eaux sont bien plus inégales que celles de la Seine, et causent parfois des inondations jusqu'à Paris.

L'*Oise* (rive droite) prend sa source en *Belgique*, et entre en France après quelques kilomètres de cours. La Marne et l'Oise viennent toutes deux rejoindre la Seine tout près de Paris.

Deux ruisseaux, la *Dhuys*, affluent de la Marne, et la *Vanne*, affluent de l'Yonne, fournissent à Paris de l'eau très pure, qu'amènent de longs aqueducs.

54. *Bassin de l'Orne.* — L'Orne prend sa source dans les *collines de Normandie*, et rejoint la mer à travers de grandes prairies qui nourrissent de nombreux bestiaux.

Bassin de la Rance. — La Rance est un petit fleuve côtier qui coule en *Bretagne*; avant d'arriver à la mer, elle prend une largeur considérable : on dirait un lac allongé.

La marée s'élève très haut dans ce petit fleuve : elle y atteint jusqu'à 14 mètres.

Questionnaire.

Quels sont les cours d'eau du versant de la Manche ? — Parez de la Somme.

Où la Seine prend-elle sa source ? — Décrivez son cours et son embouchure. — Qu'est-ce que son bassin offre de particulier ? — Les eaux de la Seine sont-elles à peu près égales pendant toute l'année ? — Quels sont les principaux affluents de la Seine ? — Parlez de l'Yonne, de l'Oise. — Quelle est l'importance de la Dhuys et de la Vanne ?

Parlez de l'Orne et de son bassin; de la Rance. — La marée y est-elle très forte ?

VERSANT DE L'ATLANTIQUE.

55. Deux grands bassins, ceux de la **Loire** et de la **Garonne**; cinq petits bassins : ceux du **Blavet**, de la **Vilaine**, de la **Sèvre-Niortaise**, de la **Charente** et de l'**Adour**.

Bassins du Blavet et de la Vilaine. — Le Blavet descend du Nord au Sud, dans la partie occidentale de la *Bretagne*.

La Vilaine traverse la plus grande partie de la *Bretagne*, du Nord-Est au Sud-Ouest; elle reçoit l'*Ille*.

56. *Bassin de la Loire.* — La **Loire** est le plus long des fleuves français.

Elle descend du *Massif Central*, où elle prend sa source au *mont Gerbier-de-Jonc* (1550 mètres). Elle traverse d'abord les monts du *Velay*, puis la plaine étroite du *Forez*, et serpente longtemps au milieu de hautes montagnes.

Elle sort enfin du Massif Central et se rapproche de la Seine, dont elle n'est séparée que par un plateau très abaissé, le *plateau d'Orléans*.

Elle parcourt alors une large et fertile vallée, où le fleuve se répandrait souvent et ferait de grands ravages, si deux digues ou *levées* ne l'encaissaient à droite et à gauche.

57. La Loire est le *fleuve le plus inégal de France.* Tantôt, vers le printemps, elle roule plus d'eau que son lit ne peut en contenir, tantôt, en été, elle est presque tarie et coule au milieu d'un lit de sable. La cause de cette inégalité, c'est qu'elle descend avec ses principaux affluents du même massif de montagnes. Ce massif est granitique, et la roche ne boit pas l'eau, mais la laisse couler immédiatement vers le lit des rivières. Quand la pluie tombe en abondance, ou lorsque la neige se met à fondre, le fleuve reçoit trop d'eau : il déborde. Mais, une fois les chaleurs venues, il ne reçoit presque plus d'eau et s'appauvrit. Aussi la Loire est-elle très peu navigable, excepté près de son embouchure.

58. Les principaux affluents de la Loire sont :

La **Nièvre** (rive droite),
L'**Allier** (rive gauche);
Le **Loiret** (rive gauche),
Le **Cher** (rive gauche);
L'**Indre** (rive gauche),
La **Vienne** (rive gauche);
La **Maine** (rive droite);
La **Sèvre-Nantaise** (rive gauche).

59. L'Allier est comme une autre Loire. Il traverse des montagnes de même hauteur et présente presque le même volume d'eau. Sa source est dans les monts *Lozère*.

Le Loiret sort tout formé d'une source abondante; il n'a que 12 kilomètres.

La Maine est faite de trois rivières, le Loir, la Sarthe, la Mayenne, qui descendent des collines du *Perche* et de *Normandie*, se rapprochent comme les lames d'un éventail, et se rejoignent tout près de la Loire. La Maine ainsi formée est une belle rivière, bien qu'elle soit très courte; elle porte de gros bateaux.

60. *Bassins de la Sèvre-Niortaise et de la Charente.* — La Sèvre-Niortaise est un très petit fleuve qui reçoit une rivière plus petite encore, la *Vendée*. Son bassin est un ancien golfe comblé par la vase, puis desséché et mis en culture, mais toujours entrecoupé de milliers de fossés pleins d'eau.

La **Charente** descend des monts du *Limousin*. Elle traverse des pays calcaires qui boivent l'eau des pluies, aussi reçoit-elle de belles sources et même une rivière qui jaillit de terre toute formée, la *Touvre*.

Questionnaire.

Quels sont les bassins compris dans le versant de l'Atlantique ? — Quel affluent reçoit la Vilaine ?

Parlez des sources de la Loire. — Décrivez son cours. — Où est-elle bordée de digues ? — Pourquoi ? — La Loire a-t-elle toujours des eaux égales et régulières ? — D'où vient son irrégularité ? — La Loire est-elle très navigable ? — Quels sont les principaux affluents de la Loire ? — D'où viennent presque tous ses affluents.

Parlez de l'Allier. — Parlez du Loiret. — Parlez de la Maine et des rivières qui la forment.

Parlez de la Sèvre-Niortaise. — Comment a été formée la région où elle coule.

Parlez de la Charente. — Reçoit-elle de belles sources ? — Pourquoi ? — Quel est son principal affluent ?

61. Bassin de la Garonne. — La **Garonne** n'est pas aussi longue que la Loire, mais en été elle ne s'appauvrit pas comme elle, parce qu'elle descend des *Pyrénées*, qui lui fournissent constamment une provision d'eau régulière. Cependant ses inondations sont quelquefois terribles au printemps, quand la neige de l'hiver fond en grande quantité sur les montagnes.

La Garonne a deux sources principales, toutes deux dans le *val d'Aran*, qui appartient à l'Espagne; l'une de ces sources se trouve même sur le *versant espagnol* des *Pyrénées*, au pied des *monts Maudits*. L'eau descendue de ces montagnes s'enfonce sous terre et passe sous toute l'épaisseur de la crête des Pyrénées, et vient rejaillir dans le *val d'Aran*.

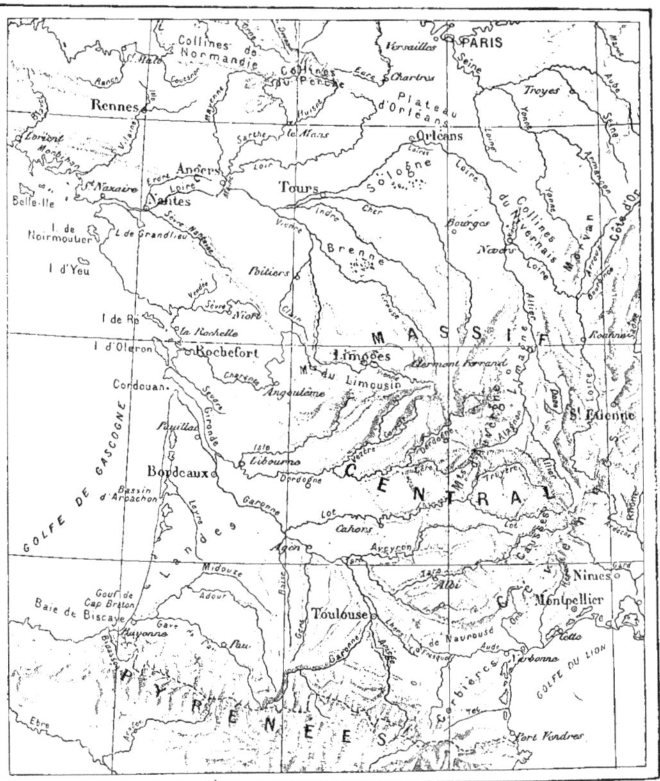

Bassins de la Loire et de la Garonne.

62. Une fois sortie des montagnes, la Garonne traverse la grande plaine de Toulouse, entre les *Pyrénées* et le *Massif Central*, puis elle coule dans une vallée qui se dirige au Nord-Ouest jusqu'à la mer.

A 70 kilomètres de l'Océan, elle rencontre une autre grande rivière, la **Dordogne**. Les deux cours d'eau réunis, gonflés par la marée, deviennent alors un vaste fleuve, ou plutôt un *estuaire* large de plusieurs lieues, qui prend le nom de **Gironde.**

Au delà de l'embouchure, un récif, presque toujours recouvert par la mer, porte le beau phare de *Cordouan*.

La marée produit dans la Garonne et dans la Dordogne une *barre* comme dans la Seine. On la nomme *mascaret*.

63. Les principaux affluents de la Garonne sont :

L'Ariège (rive droite),

Le Tarn (rive droite),

Le Gers (rive gauche);

Le Lot (rive droite);

La Dordogne (rive droite).

64. Le Tarn prend sa source dans le Massif Central, aux *monts Lozère*. Il traverse la région des *Causses*, en serpentant au fond de gorges de plusieurs centaines de mètres de profondeur.

Le Tarn reçoit (rive droite) l'Aveyron.

Le Lot prend sa source tout près du Tarn, dans les *monts Lozère*. Il coule au nord du plateau des Causses.

65. La **Dordogne** est presque aussi considérable que la Garonne; aussi, quand elle la rencontre, lui fait-elle perdre son nom pour celui de Gironde.

La Dordogne prend sa source près du *Puy de Sancy*, le sommet le plus élevé de la France centrale. Elle coule vers le Sud-Ouest, entre des rochers ou des pentes boisées, avant de sortir des *montagnes d'Auvergne*. Sortie de ces montagnes, elle se dirige à l'Ouest, au milieu des *collines du Périgord*.

Elle se joint à la Garonne au *Bec d'Ambes*.

La Dordogne reçoit :

La Cère (rive gauche);

La Vézère (rive droite);

L'Isle (rive droite).

La Vézère reçoit la *Corrèze*, elle passe

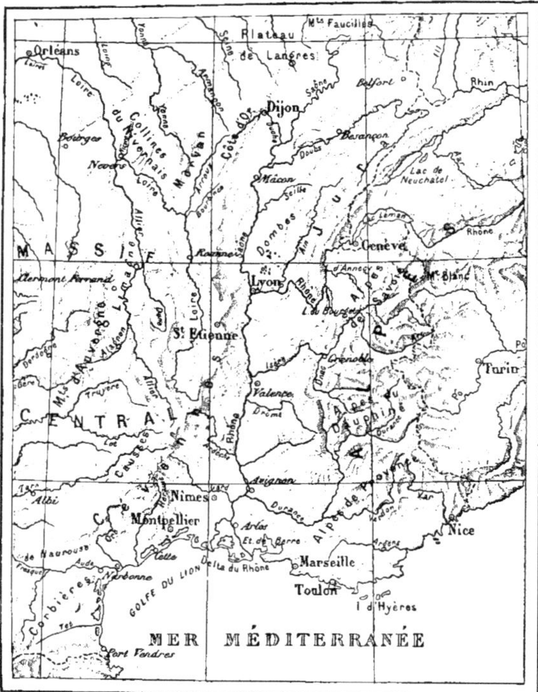

Bassin du Rhône.

au pied de grands rochers où l'on a trouvé les restes les plus remarquables des *hommes préhistoriques*.

66. *Bassin de l'Adour*. — L'**Adour** prend sa source dans un chaînon des *Pyrénées*, près du *Pic du Midi de Bigorre*.

Son embouchure se déplacerait sans cesse, si on ne la fixait au moyen de digues prolongées en pleine mer. Plusieurs fois elle s'est fermée, et le fleuve a cherché une autre route bien loin vers le Nord, au delà du *Gouf de Cap-Breton*.

67. L'Adour reçoit le **Gave de Pau** (rive gauche) et la *Midouze* (rive droite).

Le **Gave de Pau** roule bien plus d'eau que l'Adour, mais c'est un torrent impétueux, tandis que l'Adour est une rivière.

Le Gave prend sa source dans les glaciers des Pyrénées, au *Cirque de Gavarnie*, où il alimente une cascade de 420 mètres de hauteur, la plus élevée de l'Europe.

68. La *Bidassoa* est un très petit fleuve, qui délimite la France et l'Espagne.

Questionnaire.

Parlez des sources de la Garonne. — La Garonne est-elle aussi longue que la Loire ? — A-t-elle des inondations ? — Décrivez le cours de la Garonne depuis sa sortie des montagnes. — Quelle est la rivière qui se réunit à la Garonne ? — Quel nom prennent les deux rivières une fois réunies ? — Décrivez l'estuaire de la Gironde. — Qu'est-ce que le mascaret ? — Quels sont les principaux affluents de la Garonne ? — Parlez du Tarn. — Quel est son principal affluent ? — Parlez du Lot.

D'où vient la Dordogne ? — Décrivez son cours. — Quels sont ses affluents ? — Parlez de la Vézère et de son affluent.

Où l'Adour prend-il sa source ? — Décrivez son cours et son embouchure. — Quels sont les affluents de l'Adour ? — Parlez du Gave de Pau. — Parlez de la Bidassoa.

VERSANT DE LA MÉDITERRANÉE

69. Un grand fleuve, le **Rhône**; cinq petits fleuves côtiers, la *Tet*, l'**Aude**, l'**Hérault**, l'*Argens*, le **Var**.

Le **Rhône** prend sa source au pied du col de la Furka, dans les *Alpes de Suisse*.

C'est un torrent boueux qui sort d'un vaste glacier. Mais les montagnards donnent le nom de Rhône à un filet d'eau pure qui jaillit du rocher, non loin de là.

Le Rhône descend dans une vallée bordée à droite et à gauche de montagnes gigantesques, couvertes de forêts, de neige et de glaciers. Il reçoit de ces montagnes un grand nombre de torrents, et bientôt il roule une grande masse d'eau.

70. A l'endroit où il va sortir des *Alpes* pour entrer dans le *Jura*, il rencontre un large enfoncement du sol, dans lequel il s'arrête, pour former le grand lac **Léman**, ou de **Genève**.

Son eau est alors aussi bleue qu'elle était fangeuse avant de se reposer dans le lac. Il serpente ensuite, entre les chaînons du *Jura*, dans des gorges où il disparaît presque entièrement. Il y a même un point où jusqu'à ces dernières années les rochers se refermaient au-dessus du fleuve : c'est ce qu'on appelait la *Perte du Rhône* [1].

71. En sortant du Jura, le Rhône va buter à l'Ouest contre le pied des *Cévennes*. Là il se rejette au Sud, et descend tout droit vers la Méditerranée, entre les *Cévennes* à droite et les *Alpes* à gauche.

Dans cette étroite vallée, où l'on voit toujours des montagnes au-dessus de soi, le Rhône roule une énorme masse d'eau, plus qu'aucun autre fleuve de France. Mais il est si violent et si rapide qu'il ressemble autant à un immense torrent qu'à un grand fleuve.

Il est très difficile aux bateaux de se diriger au milieu des remous du courant. Il leur est plus difficile encore de sortir du fleuve ou d'y entrer.

72. L'embouchure du Rhône n'est pas navigable comme celles de la Seine ou de la Gironde. C'est un **delta**, que le fleuve a lentement déposé sur le rivage de la Méditerranée.

Cette mer, n'ayant pas de marée, ne peut pas, comme l'Océan, balayer deux fois par jour l'embouchure de ses fleuves, et la vase s'est accumulée à l'endroit où le courant du fleuve s'arrêtait. Aussi le delta du Rhône est-il plat, vaseux, marécageux. Ses deux bras, appelés *grand Rhône* et *petit Rhône*, n'ont aucune profondeur.

Le Delta ne cesse de s'allonger vers la mer, il est presque désert dans toute son étendue, et on y peut encore trouver quelques troupes de castors au milieu des roseaux.

Entre les deux bras du Rhône s'étend l'île de la *Camargue*, parsemée d'étangs à moitié salés.

1. On a fait sauter une partie de ces rochers pour utiliser dans les usines la force motrice du fleuve.

73. Le Rhône reçoit de grands affluents; mais un seul est vraiment navigable : c'est la **Saône**. Les autres ne sont guère que des torrents.

Les principaux affluents venus des *Alpes* sont :

L'*Isère* ;

La *Drôme* ;

La **Durance**, qui se jettent dans le Rhône par sa rive gauche.

Les principaux affluents de la rive droite, outre la *Saône*, sont :

L'**Ain**, venu du *Jura* ;

L'**Ardèche** et le **Gard**, descendus des *Cévennes*.

74. La **Saône** est le principal affluent du Rhône. Elle prend sa source au pied des *monts Faucilles*, près des Vosges, et descend très lentement dans une large plaine qui se prolonge du Nord au Sud entre la *Côte d'Or* et le *Jura*. Le courant de la Saône est aussi calme que celui du Rhône est violent. Aussi, quoiqu'elle roule relativement peu d'eau, elle est navigable sur la plus grande partie de son cours.

Le plus grand affluent de la Saône est le *Doubs*, qui descend du *Jura* en faisant un grand détour vers le Nord.

75. L'Isère prend sa source dans les hautes *montagnes de la Savoie*, au col de *l'Iseran*. Elle reçoit l'*Arc*.

L'Isère, avant d'atteindre la plaine, coule dans la vallée du *Grésivaudan*, l'une des plus belles de France.

La **Durance** prend sa source dans les *Alpes du Dauphiné*, près du *mont Genèvre*. Elle traverse une région désolée, où les torrents ravagent les montagnes depuis qu'on a détruit les forêts.

Le lit de la rivière est tantôt rempli d'eau sur plus d'un kilomètre de largeur, tantôt presque entièrement à sec, et l'on n'y voit alors qu'une vaste plaine de cailloux. La Durance fait un désert de la plus grande partie de sa vallée.

L'Ardèche n'est guère qu'un large ruisseau, mais elle est sujette à des débordements subits et terribles.

Tout près de la Durance, une petite rivière, la *Sorgue*, vient se jeter dans le Rhône. La Sorgue prend sa source à la célèbre fontaine de *Vaucluse*.

76. *Bassins de la Tet, de l'Aude et de l'Hérault.* — La **Tet** descend des *Pyrénées orientales*, traverse la plaine du *Roussillon*, et se jette dans le golfe du Lion.

L'**Aude** prend sa source dans les contreforts des *Pyrénées*. Elle reçoit un petit affluent, le *Fresquel*, qui vient des environs du *col de Naurouze*.

L'**Hérault** prend sa source dans les *Cévennes*.

77. *Bassins de l'Argens et du Var.* — L'**Argens** se forme dans les *Alpes de Provence*.

Le **Var** coule au milieu des *Alpes Maritimes*. Comme la Durance, il roule parfois autant d'eau qu'un grand fleuve, et parfois il se réduit à un ruisseau.

LACS

78. Les plus grands lacs de France sont :

Le **Léman** ou lac de Genève, vaste bassin aux eaux bleues, dominé au Sud par de belles montagnes. La rive méridionale du Léman est française, la rive septentrionale est suisse ;

Les lacs d'**Annecy** et du **Bourget**, dans les Alpes ;

Le lac de Grandlieu, près de l'embouchure de la Loire ;

Les *étangs des Landes*, près de l'océan Atlantique.

CHAPITRE VI

CLIMAT

79. Le **climat** de la France est *tempéré*, mais il n'est pas partout le même. Près de l'Océan, il est *plus humide* ; près de la Méditerranée, *plus sec* ; dans les pays de montagnes, *plus froid*.

80. On divise généralement la France en *sept* régions de climats différents :

1° Le **climat parisien** ou **séquanien**, doux, frais, assez humide. Ce climat règne dans les pays du Nord, de la Seine, de la Loire et aux bords de la Manche.

2° Le **climat breton** ou **armoricain**, très humide et très doux, à cause des vapeurs de la mer. Ce climat règne sur la presqu'île de Bretagne.

3° Le **climat girondin**, moins égal, mais moins humide que le climat breton. C'est celui de l'ouest et du sud-ouest de la France jusqu'aux Pyrénées.

4° Le **climat central**, très rude, chaud en été, froid en hiver, avec des neiges pendant plusieurs mois de suite. C'est le climat du Massif Central.

5° Le **climat méditerranéen**, sec, mais bien plus variable que les climats de l'Océan. Le ciel est presque toujours pur sous ce climat, mais les pluies y sont violentes, et un vent froid, le *mistral*, descend parfois des Cévennes.

6° Le **climat rhodanien** ou **lyonnais**, variable, assez froid en hiver, souvent brumeux. Ce climat règne dans les régions du Rhône, du Jura, des Alpes.

7° Le **climat vosgien** ou du **Nord-Est**, qui règne sur les Vosges et les Ardennes, et qui a des hivers très froids.

Climats.

LIVRE II

GÉOGRAPHIE HISTORIQUE, POLITIQUE ET ADMINISTRATIVE

CHAPITRE PREMIER

GÉOGRAPHIE HISTORIQUE DE LA FRANCE

81. La France n'a pas toujours eu l'aspect, ni même la forme que nous lui voyons aujourd'hui. Il fut un temps où la mer couvrait de vastes parties de notre territoire ; des éruptions volcaniques bouleversaient le sol ; les plantes, les animaux étaient différents des nôtres ; l'homme n'existait pas encore.

Mais cette époque est tellement éloignée, qu'on ne peut même pas l'évaluer en siècles.

82. Depuis le moment où des hommes ont habité notre pays, il ne s'est produit que de bien petites modifications.

Cependant les grandes forêts ont été défrichées, de vastes marais desséchés, le cours des fleuves fixé entre leurs rives.

Le pays que nous habitons aujourd'hui est donc le même qu'occupèrent nos ancêtres, mais plus ouvert, plus fertile, plus riche ; il est en partie une création du travail humain.

Les premiers hommes dont on ren-contre les traces sur notre sol y vivaient, à l'époque qu'on appelle *préhistorique*, avec des animaux qui pour la plupart ont disparu : rennes, mammouths, etc. Ils se servaient d'outils en os ou en pierre. On retrouve leurs ossements et leurs instruments dans le sol.

83. Ensuite arrivèrent les **Gaulois**, qui sont nos véritables ancêtres. Le pays prit alors le nom de **Gaule**.

Ses limites, indiquées par la nature, étaient : *mer du Nord* et *Manche* au Nord, *océan Atlantique* à l'Ouest, *Pyrénées* et *Méditerranée* au Sud, *Alpes* et *Rhin* à l'Est. La Gaule était donc plus grande que la France actuelle.

Les habitants étaient partagés en plusieurs familles de peuples : au Sud, les **Ibères** ou **Aquitains** ; au centre, les **Celtes** ; au Nord, les **Belges** ou **Kymris**.

Le fond de la population française a été formé surtout par les **Celtes**.

La **Gaule** était divisée en une foule de petits États. Les plus importants étaient ceux des **Rèmes** (*Reims*), des **Parisii** (*Paris*), des **Éduens** (en Bourgogne), des **Séquanes** (en Franche-Comté), des **Arvernes** (*Auvergnats*), etc. On voit que certains noms de peuples gaulois se sont conservés jusqu'à notre époque.

Sur le bord de la Méditerranée, des Grecs venus par mer avaient fondé **Massilia** (*Marseille*).

84. La Gaule était couverte de grandes forêts, dont nous ne voyons plus que des restes. Ainsi la **forêt des Ardennes** allait de la Meuse au Rhin.

Cependant le pays contenait des régions cultivées ; on y faisait déjà du commerce, en suivant les voies tracées par la nature autour du Massif Central, et surtout les vallées des grands fleuves.

85. Les **Romains** (vers l'an 120 av. Jésus-Christ) conquirent le bassin inférieur du Rhône, qui devint une **province** romaine (*Provence*) et forma la **Gaule narbonaise** (*Narbonne*).

Cinquante ans av. J.-C., Jules César soumit la Gaule entière, qui fit désormais partie de l'*Empire romain*.

Le **langage gaulois** fut remplacé par le **latin**, duquel est dérivé le **français**. Des villes, comme **Lyon**, **Autun**, furent fondées ou agrandies.

Il subsiste des traces des grands travaux exécutés par les Romains en Gaule. Quelques-unes de leurs routes, pavées de larges pierres, se voient encore. **Le Pont du Gard**, près de Nîmes, est un ancien aqueduc ; les **arènes** de Nîmes et d'Arles sont presque intactes, et parfois on y donne des spectacles.

86. Au cinquième siècle de notre ère, des tribus barbares, venues de la **Germanie**, envahirent la Gaule, tandis que d'autres détruisaient l'Empire romain.

Les **Francs** ne tardèrent pas à imposer leur domination à notre pays. De là sont venus les noms de **France** et de **Français**.

87. Charlemagne, à la fin du huitième siècle, réunit la Germanie et l'ancienne Gaule, qui formèrent l'**Empire d'Occident** ; mais, après la mort de Charlemagne, son empire fut démembré, et la **France** et l'**Allemagne** (ancienne Germanie) furent définitivement séparées.

Ainsi le peuple français s'était formé de **Gaulois** d'abord, puis de **Romains** et de **Germains**. Après Charlemagne arrivèrent les **Normands**, qui s'établirent dans la Normandie.

88. À l'avènement des rois capétiens, la **France**, moins vaste que l'ancienne Gaule ou que la France actuelle, était bornée

Arènes de Nîmes.

au Nord par l'*Escaut*, à l'Est par la *Meuse*, la *Saône* et le *Rhône*, et morcelée en une foule de territoires presque indépendants, appelés *fiefs*. C'est l'époque du régime féodal.

Le domaine royal ne comprit d'abord que l'Ile-de-France, capitale *Paris*, et l'**Orléanais**.

89. Autour du domaine royal, qui devait former en quelque sorte le noyau de la France, se groupaient comme principaux fiefs : la **Normandie**, la **Flandre**, la **Champagne**, la **Bourgogne**, l'**Aquitaine**, le comté de **Toulouse**, la **Bretagne**.

Peu à peu ces fiefs furent réunis au domaine royal, puis la France s'agrandit, en gardant toujours pour centre politique et pour capitale *Paris*, l'ancienne ville gauloise des *Parisii*.

En 1307, la France acquit **Lyon**.

En 1349, le **Dauphiné**.

En 1559, **Metz, Toul et Verdun**.

En 1648, l'**Alsace**.

En 1659, l'**Artois**.

En 1668 et 1678, la **Flandre** et la **Franche-Comté**.

En 1766, la **Lorraine**.

En 1768, la **Corse**.

90. Avant la Révolution de 1789, les divisions administratives n'étaient pas les mêmes qu'aujourd'hui. Au lieu de départements, c'étaient des **provinces**, généralement plus grandes que nos départements, mais très inégales comme surface ou population.

91. On comptait 32 **provinces** ou **gouvernements**. C'étaient :

Au Nord :

La **Flandre**, capitale Lille.

L'**Artois**, capitale Arras.

La **Picardie**, capitale Amiens.

L'**Ile-de-France**, capitale Soissons.

A l'Ouest :

La **Normandie**, capitale Rouen.

Le **Maine**, capitale le Mans.

La **Touraine**, capitale Tours.

L'**Anjou**, capitale Angers.

La **Bretagne**, capitale Rennes.

Le **Poitou**, capitale Poitiers.

L'**Aunis** et la **Saintonge**, capitales la Rochelle et Saintes.

L'**Angoumois**, capitale Angoulême

Au Centre :

L'**Orléanais**, capitale Orléans.

Le **Nivernais**, capitale Nevers.

Le **Berry**, capitale Bourges.

Le **Bourbonnais**, capitale Moulins.

La **Marche**, capitale Guéret.

L'**Auvergne**, capitale Clermont.

Le **Limousin**, capitale Limoges.

Au Sud-Ouest :

La **Guyenne** et **Gascogne**, capitale Bordeaux.

Le **Béarn** et **Navarre**, capitale Pau.

Au Sud-Est :

Le **Comté de Foix**, capitale Foix.

Le **Roussillon**, capitale Perpignan.

Le **Languedoc**, capitale Toulouse.

La **Provence**, capitale Aix.

Le **Dauphiné**, capitale Grenoble.

Le **Lyonnais**, capitale Lyon.

A l'Est :

La **Bourgogne**, capitale Dijon.

La **Franche-Comté**, capitale Besançon.

L'**Alsace**, capitale Strasbourg.

La **Lorraine**, capitale Nancy.

La **Champagne**, capitale Troyes.

La **Corse**, dans la Méditerranée, capitale Bastia, formait un petit gouvernement.

92. Mais les divisions administratives qui ressemblaient le plus aux divisions actuelles étaient les **intendances** ou **généralités**. On en comptait 33, qui n'avaient pas toujours les mêmes limites que les provinces.

Cet état de choses, fort compliqué, s'explique par l'histoire. La France s'était faite peu à peu, et les traces du passé ne s'étaient jamais complètement effacées.

Cependant, malgré ces différences, la France a formé de tout temps une nation fortement unie.

La France a-t-elle toujours eu la forme et l'aspect que nous lui voyons ? — Donnez une idée de ce qu'elle était avant que l'homme parût sur la terre. — Depuis que l'homme a paru, y a-t-il eu quelques modifications ?

Donnez une idée de la vie des hommes à l'époque préhistorique. — Quels furent les premiers de nos ancêtres dont nous connaissions le nom ? — Quelles étaient les limites de la Gaule ancienne ? — En combien de peuples les Gaulois étaient-ils partagés ? — Y avait-il en Gaule beaucoup de petits États ? — Citez-en quelques-uns, en rapprochant, lorsqu'il y a lieu, leur nom du nom actuel. — Des Grecs s'établirent-ils en Gaule ? — Où ? — Donnez une idée de l'aspect de la Gaule. — Parlez de la conquête de la Gaule par les Romains. — Quels furent les résultats de cette conquête ? — En reste-t-il des traces ? — Parlez des invasions des Germains. — Quel fut le peuple qui finit par s'emparer de la Gaule ? — Son nom subsiste-t-il ?

Que se passa-t-il sous Charlemagne ? — Après Charlemagne ? — Quels sont les divers peuples qui ont contribué à former le peuple français ?

Quelles furent les limites de la France à l'avènement des Capétiens ? — De quoi se composait le domaine royal ? — Quels étaient les principaux fiefs ? — Restèrent-ils toujours indépendants ? — Énumérez les acquisitions qui agrandirent la France.

Quelles étaient les provinces de la France avant 1789 ? — Énumérez-les d'abord sans leurs capitales, et ensuite avec les capitales. — Quelles étaient les véritables divisions administratives ? — L'unité existait-elle en France ? — Comment s'expliquent les diversités de l'organisation ?

LA FRANCE DEPUIS LA RÉVOLUTION

93. La *Révolution de* 1789 changea complètement l'organisation administrative : elle y établit l'*unité*. L'*Assemblée constituante* remplaça la division en gouvernements et en intendances par la division en **départements**, au nombre de 83.

94. Pendant la Révolution, la France s'agrandit jusqu'au *Rhin*, de l'*Alsace* à la *mer du Nord;* sous l'Empire, elle le dépassa et comprit un moment plus de 130 départements. En 1815, elle fut ramenée à peu près aux limites qu'elle avait avant la Révolution.

95. Sous le deuxième Empire, en 1860, la Savoie et le comté de Nice furent annexés; le chiffre des départements s'éleva à 89.

Mais la guerre entreprise en 1870 devait avoir pour résultat funeste de nous faire perdre (1871) l'Alsace et une partie de la Lorraine, à peu près trois départements.

Qu'est-ce que l'Assemblée constituante a voulu établir en France ? — Par quoi a-t-elle remplacé l'ancienne organisation en provinces ? — Faites l'histoire des agrandissements et des diminutions de la France depuis 1789.

Cherchez et demandez d'où vient le nom du lieu que vous habitez, depuis combien de temps il existe. — *Demandez si la ville que vous habitez ou la grande ville voisine date du temps des Gaulois, des Romains ou d'une époque postérieure.* — *Voyez s'il y a autour de vous des monuments d'époque préhistorique, gauloise ou romaine.* — *Examinez s'il y a autour de vous des monuments anciens ou des ruines, et demandez à quelle époque ils appartiennent.* — *Cherchez ou demandez de quelle province faisait partie le lieu que vous habitez; à quelle époque cette province a été réunie à la France ou au domaine royal.*

CHAPITRE II

ORGANISATION POLITIQUE, ADMINISTRATION DE LA FRANCE ACTUELLE

96. Le gouvernement de la France est le **Gouvernement républicain** fondé sur le suffrage universel.

A la tête du gouvernement est le **Président de la République**, assisté de ministres.

A côté du Président de la République siègent deux Assemblées, le **Sénat** et la **Chambre des députés**, qui font les *lois* et votent chaque année le *budget* des dépenses et des recettes.

Le Président, les Assemblées, les ministres résident à Paris.

Le pays est divisé en *circonscriptions* où s'exercent les différentes parties de l'administration. Les principales de ces circonscriptions sont la **commune** et le **département**.

Quel est le gouvernement de la France ? — Quel titre porte le chef du gouvernement ? — De qui est-il assisté ? — Quelles sont les deux grandes Assemblées qui siègent à côté du Président ? — Où résident les représentants de la France et le chef du gouvernement ? — Comment est divisée la France pour les détails de l'administration ? — Quelles sont les principales divisions administratives ?

ANCIENNES PROVINCES ET DÉPARTEMENTS ACTUELS

BASSINS	PROVINCES	ANCIENNES CAPITALES	DÉPARTEMENTS
Rhin	Alsace (perdue en 1871).	Strasbourg	2. *Bas-Rhin, Haut-Rhin* (perdus en 1871, sauf Belfort).
Moselle-Meuse	Lorraine	Nancy	4. *Meurthe*[1], *Vosges, Meuse* (Moselle, perdue en 1871).
Escaut.	Flandre	Lille	1. *Nord.*
	Artois	Arras	1. *Pas-de-Calais.*
Somme	Picardie	Amiens	1. *Somme.*
	Champagne	Troyes	4. *Aube, Haute-Marne, Marne, Ardennes.*
Seine — Orne	Ile-de-France	Paris et Soissons	5. *Seine, Aisne, Seine-et-Marne, Seine-et-Oise, Oise.*
	Normandie	Rouen	5. *Seine-Inférieure, Eure, Orne, Calvados. Manche.*
Vilaine	Bretagne	Rennes	5. *Ille-et-Vilaine, Loire-Inférieure, Morbihan, Côtes-du-Nord, Finistère.*
	Auvergne	Clermont-Ferrand	2. *Puy-de-Dôme, Cantal.*
	Limousin	Limoges	2. *Haute-Vienne, Corrèze.*
	Marche	Guéret	1. *Creuse.*
	Bourbonnais	Moulins	1. *Allier.*
	Nivernais	Nevers	1. *Nièvre.*
Loire	Berry	Bourges	2. *Cher, Indre.*
	Orléanais	Orléans	3. *Loiret, Eure-et-Loir, Loir-et-Cher.*
	Maine	Le Mans	2. *Sarthe, Mayenne.*
	Anjou	Angers	1. *Maine-et-Loire.*
	Touraine	Tours	1. *Indre-et-Loire.*
	Poitou	Poitiers	3. *Vienne, Deux-Sèvres, Vendée.*
Charente	Angoumois	Angoulême	1. *Charente.*
	Aunis et Saintonge	La Rochelle et Saintes	1. *Charente-Inférieure.*
	Guyenne et Gascogne	Bordeaux	9. *Gironde, Dordogne. Lot-et-Garonne, Lot, Aveyron, Tarn-et-Garonne, Gers, Hautes-Pyrénées, Landes.*
Garonne et Dordogne.	Comté de Foix	Foix	1. *Ariège.*
	Languedoc (pour moitié dans le bassin du Rhône).	Toulouse	8. *Haute-Garonne, Aude, Tarn, Hérault, Gard, Ardèche, Lozère, Haute-Loire.*
Adour	Béarn	Pau	1. *Basses-Pyrénées.*
	Roussillon	Perpignan	1. *Pyrénées-Orientales.*
	Provence	Aix	3. *Bouches-du-Rhône, Var, Basses-Alpes.*
	Comté de Nice	Nice	1. *Alpes-Maritimes.*
	Comtat et Avignon	Avignon	1. *Vaucluse.*
Rhône, Aude, Var	Dauphiné	Grenoble	3. *Isère, Drôme, Hautes-Alpes.*
	Savoie	Chambéry	2. *Savoie, Haute-Savoie.*
	Lyonnais	Lyon	2. *Rhône, Loire.*
	Bourgogne	Dijon	4. *Côte-d'Or, Ain, Saône-et-Loire, Yonne.*
	Franche-Comté	Besançon	3. *Doubs, Haute-Saône, Jura.*
Méditerranée	Corse	Bastia	1. *Corse.*

Nota. — On doit se rappeler que les limites des départements ne correspondent pas toujours exactement à celles des anciennes provinces, qui elles-mêmes ne correspondaient pas aux limites physiques des bassins. Le classement est donc, pour la plus grande partie, conventionnel.
On a marqué en premier le département qui contient la capitale de l'ancienne province.

1. Aujourd'hui Meurthe-et-Moselle.

ADMINISTRATION PROPREMENT DITE [1]

97. La plus petite *division administrative* de la France est la **commune**.

On compte en France 36 000 communes environ. Certaines de ces communes sont très grandes ou très peuplées, d'autres très peu étendues ou très peu habitées.

Ainsi, tandis que Paris a 2 270 000 habitants, plus de 16 000 communes ont de 100 à 500 habitants seulement.

L'administration de la commune est exercée par un **conseil municipal**, et par un **maire** assisté d'adjoints.

98. Le **canton** est formé de la réunion de plusieurs communes, mais il n'a pas d'administration particulière.

1. Ce chapitre est consacré surtout à l'énumération géographique; l'élève pourra, pour les définitions, consulter les Manuels d'instruction civique.

99. Les communes de plusieurs cantons réunis forment un **arrondissement**.

L'arrondissement est administré par un **conseil d'arrondissement** et par un **sous-préfet**.

Le nombre des arrondissements est de 362.

Le chef-lieu d'un arrondissement porte le nom de *sous-préfecture*.

100. Plusieurs arrondissements forment un département.

Le **département** est *la plus grande* des *divisions administratives* françaises.

Le nombre des départements est de 86 (le *territoire de Belfort*, très petit, est administré d'une façon spéciale).

Les *départements*, sauf celui de la Seine, sont à peu près égaux en étendue, mais ils se trouvent très inégaux en population.

Ainsi le département de la **Seine** a 2 800 000 habitants, celui du **Nord** 1 600 000, mais ceux des **Hautes-Alpes**, de la **Lozère** ne possèdent pas même 150 000 habitants.

101. Les **noms** donnés aux départements viennent presque tous des *cours d'eau* qui les traversent (*Seine, Haute-Loire, Loire, Loire-Inférieure*, etc.). Quelques-uns sont empruntés aux montagnes (*Hautes-Pyrénées, Lozère*), etc.; un petit nombre, à la situation (*Nord, Finistère*, fin de la terre), à la nature du sol (*Landes*), à l'ancienne province (*Savoie* et *Haute-Savoie*).

Le département est administré par un **préfet**, assisté d'un *conseil de préfecture;* auprès du préfet siègent un **conseil général** et une *commission permanente*.

Le chef-lieu du département porte le nom de *préfecture*.

(Voy. Tableau des 86 départements, p. 23.)

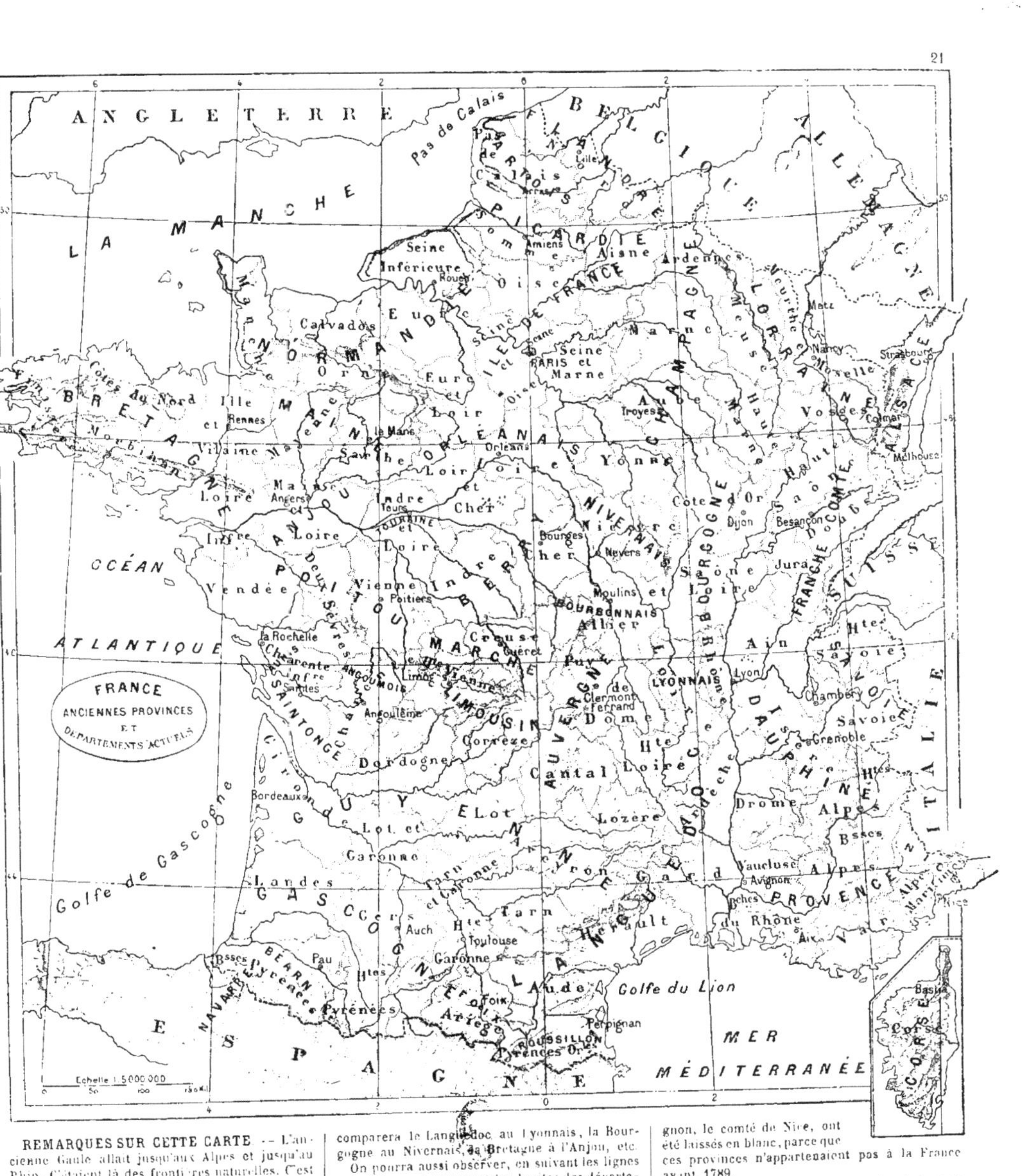

REMARQUES SUR CETTE CARTE — L'ancienne Gaule allait jusqu'aux Alpes et jusqu'au Rhin. C'étaient là des frontières naturelles. C'est de ce côté surtout que la France s'est agrandie à partir du quatorzième siècle.

Il est facile de voir à quel point les anciennes provinces étaient inégales en étendue. Ainsi on comparera le Languedoc au Lyonnais, la Bourgogne au Nivernais, la Bretagne à l'Anjou, etc.

On pourra aussi observer, en suivant les lignes pointillées qui marquent les limites des départements, que celles-ci correspondent rarement aux limites des anciennes provinces.

On remarquera que la Savoie, le comtat d'Avignon, le comté de Nice, ont été laissés en blanc, parce que ces provinces n'appartenaient pas à la France avant 1789.

Au contraire, l'Alsace et la Lorraine étaient en entier des terres françaises.

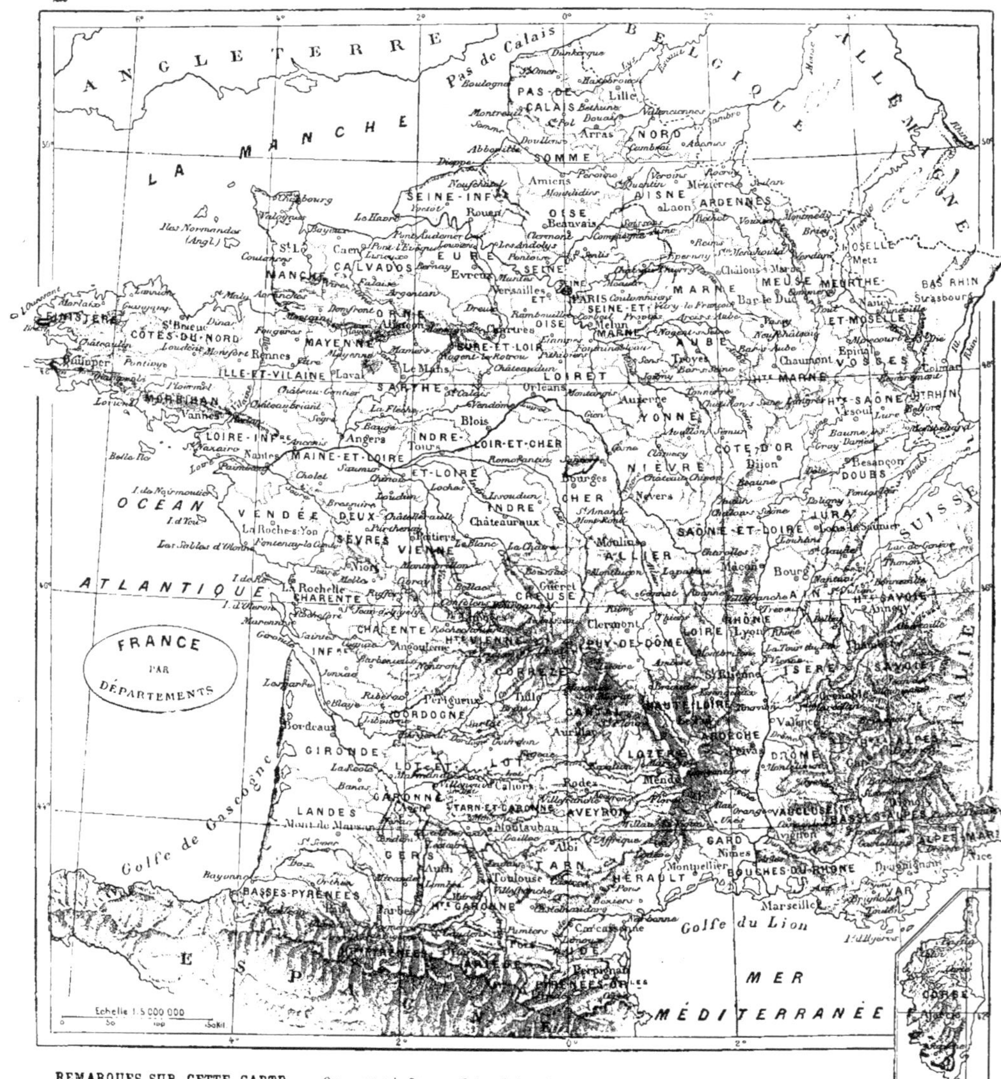

REMARQUES SUR CETTE CARTE. — On pourra y chercher les départements bordés par la mer du Nord, par la Manche, par l'océan Atlantique, par la Méditerranée, les départements situés le long des frontières de terre.

On pourra aussi s'exercer à suivre le cours des grands fleuves : Seine, Loire, Garonne, Rhône, en voyant les départements qu'ils traversent.

Le plus petit département est celui de la Seine ; les plus grands sont ceux de la Gironde, des Landes, de la Dordogne.

Le territoire de Belfort a à peu près l'étendue du département de la Seine.

Les départements enlevés à la France en 1871 sont ceux du Haut-Rhin (sauf le territoire de Belfort), du Bas-Rhin, de la Moselle (sauf une petite partie réunie au département de Meurthe-et-Moselle).

TABLEAU DES 86 DÉPARTEMENTS

NOMS DES BASSINS ET DES DÉPARTEMENTS.	CHEFS-LIEUX.	CHEFS-LIEUX D'ARRONDISSEMENT.
Moselle.		
Vosges	Épinal	Remiremont, Mirecourt, Saint-Dié, Neufchâteau.
Meurthe-et-Moselle	Nancy	Lunéville, Toul, Briey.
Meuse.		
Meuse	Bar-le-Duc	Commercy, Verdun, Montmédy.
Ardennes	Mézières	Vouziers, Rethel, Sedan, Rocroy.
Escaut.		
Nord	Lille	Avesnes, Cambrai, Valenciennes, Douai, Hazebrouck, Dunkerque.
Pas-de-Calais	Arras	Saint-Pol, Montreuil, Béthune, Saint-Omer, Boulogne.
Somme.		
Somme	Amiens	Péronne, Montdidier, Doullens, Abbeville.
Seine.		
Haute-Marne	Chaumont	Langres, Vassy.
Aube	Troyes	Bar-sur-Aube, Bar-sur-Seine, Arcis-sur-Aube, Nogent-sur-Seine.
Yonne	Auxerre	Avallon, Tonnerre, Joigny, Sens.
Marne	Châlons-sur-Marne	Vitry-le-François, Sainte-Menehould, Épernay, Reims.
Seine-et-Marne	Melun	Provins, Fontainebleau, Coulommiers, Meaux.
Seine-et-Oise	Versailles	Corbeil, Étampes, Rambouillet, Pontoise, Mantes.
Seine	Paris	Sceaux, Saint-Denis.
Eure-et-Loir	Chartres	Châteaudun, Nogent-le-Rotrou, Dreux.
Aisne	Laon	Château-Thierry, Soissons, Vervins, Saint-Quentin.
Oise	Beauvais	Senlis, Compiègne, Clermont.
Eure	Évreux	Les Andelys, Bernay, Louviers, Pont-Audemer.
Seine-Inférieure	Rouen	Neufchâtel, Dieppe, Yvetot, Le Havre.
Orne et Vire.		
Calvados	Caen	Lisieux, Pont-Lévêque, Falaise, Vire, Bayeux.
Manche	Saint-Lô	Mortain, Avranches, Coutances, Valognes, Cherbourg.
Vilaine et Blavet.		
Ille-et-Vilaine	Rennes	Fougères, Saint-Malo, Vitré, Montfort, Redon.
Côtes-du-Nord	Saint-Brieuc	Dinan, Guingamp, Lannion, Loudéac.
Morbihan	Vannes	Pontivy, Ploërmel, Lorient.
Finistère	Quimper	Morlaix, Quimperlé, Châteaulin, Brest.
Loire.		
Haute-Loire	Le Puy	Yssingeaux, Brioude.
Loire	Saint-Étienne	Montbrison, Roanne.
Puy-de-Dôme	Clermont-Ferrand	Ambert, Issoire, Thiers, Riom.
Allier	Moulins	La Palisse, Montluçon, Gannat.
Creuse	Guéret	Aubusson, Bourganeuf, Boussac.
Haute-Vienne	Limoges	Saint-Yrieix, Rochechouart, Bellac.
Nièvre	Nevers	Château-Chinon, Clamecy, Cosne.
Cher	Bourges	Saint-Amand, Sancerre.
Indre	Châteauroux	La Châtre, le Blanc, Issoudun.
Vienne	Poitiers	Montmorillon, Civray, Châtellerault, Loudun.
Loiret	Orléans	Montargis, Pithiviers, Gien.
Loir-et-Cher	Blois	Romorantin, Vendôme.
Indre-et-Loire	Tours	Loches, Chinon.

Rows above are grouped at the left margin under: **BASSINS DE LA MER DU NORD** (Vosges–Somme), **BASSINS DE LA MANCHE** (Haute-Marne–Manche), **BASSINS DE L'ATLANTIQUE** (Ille-et-Vilaine–Indre-et-Loire).

NOTA. — Dans chaque bassin, les départements sont indiqués en partant de la partie supérieure du bassin et en *descendant* la pente du bassin vers la mer. C'est dans le même ordre qu'ont été, autant que possible, marqués les chefs-lieux d'arrondissement.

On devra donc suivre les départements sur la carte; mais, comme la distribution géographique des départements ne correspond pas aux limites physiques, il y a sur certains points quelque chose de conventionnel.

NOMS DES BASSINS ET DES DÉPARTEMENTS.	CHEFS-LIEUX.	CHEFS-LIEUX D'ARRONDISSEMENT.
Loire (suite).		
Orne	Alençon	Mortagne, Argentan, Domfront.
Sarthe	Le Mans	Mamers, Saint-Calais, la Flèche.
Maine-et-Loire	Angers	Saumur, Cholet, Beaugé, Segré.
Mayenne	Laval	Mayenne, Château-Gonthier.
Loire-Inférieure	Nantes	Ancenis, Châteaubriant, Paimbœuf, Saint-Nazaire.
Vendée et Charente.		
Deux-Sèvres	Niort	Melle, Parthenay, Bressuire.
Vendée	La Roche-sur-Yon	Fontenay-le-Comte, les Sables d'Olonne.
Charente	Angoulême	Confolens, Barbezieux, Ruffec, Cognac.
Charente-Inférieure	La Rochelle	Jonzac, Saint-Jean-d'Angély, Saintes, Marennes, Rochefort.
Dordogne.		
Cantal	Aurillac	Murat, Saint-Flour, Mauriac.
Corrèze	Tulle	Ussel, Brive.
Dordogne	Périgueux	Nontron, Sarlat, Ribérac, Bergerac.
Garonne.		
Haute-Garonne	Toulouse	Saint-Gaudens, Muret, Villefranche.
Ariège	Foix	Pamiers, Saint-Girons.
Tarn	Albi	Castres, Gaillac, Lavaur.
Aveyron	Rodez	Saint-Affrique, Millau, Espalion, Villefranche-d'Aveyron.
Lozère	Mende	Florac, Marvejols.
Tarn-et-Garonne	Montauban	Castelsarrasin, Moissac.
Gers	Auch	Lombez, Mirande, Lectoure, Condom.
Lot	Cahors	Figeac, Gourdon.
Lot-et-Garonne	Agen	Nérac, Villeneuve-sur-Lot, Marmande.
Gironde	Bordeaux	La Réole, Bazas, Libourne, Blaye, Lesparre.
Adour.		
Hautes-Pyrénées	Tarbes	Argelès, Bagnères-de-Bigorre.
Landes	Mont-de-Marsan	Saint-Sever, Dax.
Basses-Pyrénées	Pau	Oloron, Orthez, Mauléon, Bayonne.
Rhône et Saône.		
Territoire de Belfort	Belfort.	
Haute-Saône	Vesoul	Lure, Gray.
Côte-d'Or	Dijon	Châtillon-sur-Seine, Semur, Beaune.
Doubs	Besançon	Montbéliard, Baume-les-Dames, Pontarlier.
Jura	Lons-le-Saunier	Dôle, Poligny, Saint-Claude.
Saône-et-Loire	Mâcon	Autun, Charolles, Châlon-sur-Saône, Louhans.
Ain	Bourg	Gex, Belley, Nantua, Trévoux.
Rhône	Lyon	Villefranche.
Haute-Savoie	Annecy	Thonon, Saint-Julien, Bonneville.
Savoie	Chambéry	Saint-Jean-de-Maurienne, Albertville, Moutiers.
Isère	Grenoble	La Tour-du-Pin, Vienne, Saint-Marcellin.
Drôme	Valence	Die, Montélimart, Nyons.
Ardèche	Privas	Tournon, Largentière.
Hautes-Alpes	Gap	Briançon, Embrun.
Basses-Alpes	Digne	Barcelonnette, Sisteron, Castellane, Forcalquier.
Vaucluse	Avignon	Apt, Carpentras, Orange.
Gard	Nîmes	Le Vigan, Alais, Uzès.
Bouches-du-Rhône	Marseille	Aix, Arles.
Aude et Hérault.		
Hérault	Montpellier	Lodève, Saint-Pons, Béziers.
Aude	Carcassonne	Castelnaudary, Limoux, Narbonne.
Pyrénées-Orientales	Perpignan	Prades, Céret
Var.		
Var	Draguignan	Brignoles, Toulon.
Alpes-Maritimes	Nice	Puget-Théniers, Grasse.
Corse	Ajaccio	Bastia, Calvi, Corte, Sartène.

Les bassins de l'Atlantique (suite) comprennent : Loire (suite), Vendée et Charente, Dordogne, Garonne, Adour. — Les bassins de la Méditerranée comprennent : Rhône et Saône, Aude et Hérault, Var.

ORGANISATION JUDICIAIRE

102. Les **tribunaux** chargés de rendre la justice ont pour mission soit de juger les procès entre particuliers, soit de punir les délits ou les crimes.

On distingue les tribunaux **civils**, les tribunaux **criminels**, les tribunaux de **commerce**, les tribunaux **militaires**, les tribunaux **administratifs**.

103. Un **juge de paix** est établi dans chaque *canton*; il juge les procès de peu d'importance.

Un **tribunal de première instance** est établi dans chaque **arrondissement**; il juge les procès civils ou les délits correctionnels.

26 **cours d'appel** existent en France, elles revisent les jugements rendus dans les tribunaux de première instance.

Une **cour d'assises** se réunit à intervalles périodiques dans chaque **département**; devant elle comparaissent les individus accusés d'un crime.

Les villes où il se fait un trafic considérable ont un **tribunal de commerce**.

Au-dessus de ces différents tribunaux siège à *Paris* la **Cour de cassation**, qui revise les jugements, en examinant si la loi a été appliquée et si les formes de la justice ont été observées.

Quant à la justice administrative, elle est rendue par les **conseils de préfecture**, établis dans chaque *département*, et par le **Conseil d'État**, dont le siège est à *Paris*.

Questionnaire.

Quels sont les différents tribunaux qui rendent la justice en France? — Où y a-t-il un juge de paix? — Un tribunal de première instance? — Combien y a-t-il de cours d'appel? — Où se réunissent les cours d'assises? — Quelles affaires jugent-elles? — Où y a-t-il des tribunaux de commerce? — Qu'est-ce que la cour de cassation? — Où siège-t-elle? — Par quels tribunaux est rendue la justice administrative?

Existe-t-il dans l'endroit que vous habitez un juge de paix? — un tribunal de première instance? — une cour d'appel? — un tribunal de commerce? — Dans quelles villes sont les différents tribunaux les plus voisins de vous?

INSTRUCTION PUBLIQUE

104. L'instruction publique comprend l'*enseignement primaire*, donné dans les **écoles communales**, l'*enseignement secondaire*, donné dans les **collèges** et les **lycées**, l'*enseignement supérieur*, donné dans les **Facultés**.

On trouve en général une ou plusieurs écoles primaires par commune, plusieurs collèges et un lycée par département.

Il existe des Facultés dans 17 villes de France.

A Paris se trouvent quelques grandes écoles spéciales, comme l'École Polytechnique, l'École Centrale, l'École des Beaux-Arts, etc.

L'École Militaire, qui forme des officiers pour l'armée, est à *Saint-Cyr*, près de Versailles; l'École Navale, qui forme des officiers pour la marine, est à *Brest*.

Pour l'administration de l'instruction publique, la France est partagée en 16 académies, administrées chacune par un recteur.

Chaque département a un *inspecteur d'académie*, et la plupart des arrondissements ont un *inspecteur de l'enseignement primaire*.

Questionnaire.

Que comprend l'instruction publique? — Où y a-t-il une école? un lycée? une faculté? — Citez quelques grandes écoles.

Combien y a-t-il d'académies en France? — Comment est administrée une académie? — Où y a-t-il un inspecteur d'académie? — un inspecteur primaire?

Citez le lycée voisin; l'académie dont vous dépendez.

ORGANISATION ECCLÉSIASTIQUE

105. En France trois cultes sont reconnus et salariés par l'État : le culte **catholique**, le culte **protestant**, le culte **israélite**.

Pour l'exercice du culte **catholique**, le pays est divisé en *paroisses*, diocèses et provinces ecclésiastiques.

La *paroisse* est administrée par un *curé* ou un desservant.

Au-dessus de la paroisse se trouve le diocèse.

On compte 84 diocèses, correspondant en général à un département.

De ces diocèses, 67 sont des **évêchés**, 17 sont des **archevêchés**.

L'*archevêque* administre son diocèse et est préposé à la **province ecclésiastique** ou archevêché, qui comprend un certain nombre d'évêchés.

Le culte **protestant** comprend la *communion réformée* et la *communion luthérienne*; chaque *paroisse* est dirigée par un *pasteur*.

L'ensemble des fidèles élit, dans la communion réformée, un **conseil central des églises réformées**; dans la communion luthérienne, un **consistoire supérieur**.

Le culte **israélite** est exercé par un rabbin dans chacune des *synagogues* un consistoire central avec le grand rabbin siège à Paris.

Questionnaire.

Quels sont les cultes reconnus en France? — Comment la France est-elle divisée pour l'exercice du culte catholique? — Qu'est-ce qu'une paroisse? — Un évêché? — Un archevêché? — Un archevêché? — Combien y a-t-il d'évêchés? — D'archevêchés? — Comment est organisé le culte protestant? — Le culte israélite?

A quel évêché se rattache la paroisse du lieu que vous habitez? — A quel archevêché?

ORGANISATION MILITAIRE

106. *Armée de terre. Marine. Armée de mer.* — Le service militaire est obligatoire. L'armée comprend donc tous les Français, sauf quelques exceptions.

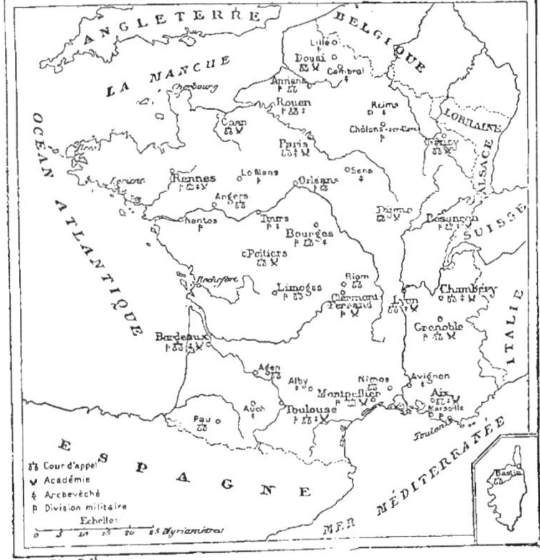

Centres administratifs.

Armée de terre. — Chaque Français doit le service pendant vingt ans.

Il passe cinq ans dans l'*armée active*, quatre ans dans la *réserve de l'armée active*, cinq ans dans l'*armée territoriale* et six ans dans la *réserve de l'armée territoriale*.

L'armée active est permanente : elle comprend environ 500 000 *hommes ;* les autres portions peuvent être appelées en cas de guerre, et alors le total des troupes ne serait pas moindre de 2 *millions* d'hommes.

Pour l'administration, l'armée est organisée en 18 *corps d'armée*, occupant chacun une région de la France. Ils sont partagés en *divisions* de région, etc. Un 19ᵉ corps réside en *Algérie*.

107. Marine et armée de mer. — Les Français qui ne servent pas dans l'armée de terre servent dans la marine ou dans l'armée de mer.

Pour l'administration navale, la France est divisée, le long des côtes, en **cinq arrondissements maritimes**, ayant pour chef-lieu une préfecture maritime : *Cherbourg, Brest, Lorient, Rochefort, Toulon.*

Chaque arrondissement maritime est partagé en *sous-arrondissements*, etc.

Les équipages, matelots et officiers, comprennent 45 000 hommes ; les troupes de mer (infanterie, artillerie de marine, etc.), 10 000 hommes.

Forteresses du Nord et de l'Est.

Questionnaire.

Comment l'armée française est-elle composée ? — Comment se fait le service dans l'armée de terre ? — Qu'est-ce qui distingue l'armée active des autres parties de l'armée ? — Combien comprend-elle d'hommes ? — Combien y a-t-il de corps d'armée en France ? — Comment sont-ils divisés ? — Où est le 19ᵉ corps d'armée ?

Comment se recrutent la marine et l'armée de mer ? — Comment la France est-elle divisée pour l'administration navale ? — Énumérez les préfectures maritimes. — Comment chaque préfecture maritime est-elle divisée ?

Combien compte-t-on d'hommes d'équipage dans la marine ? — De soldats servant dans l'armée de mer ?

Dans quelle région de corps d'armée se trouve le lieu que vous habitez ? — Fait-il partie d'une préfecture maritime ?

DÉFENSES DE LA FRANCE

108. Places fortes des frontières de terre et de mer. — Les places fortes sont des villes entourées d'une enceinte ou de forts, et destinées à protéger le pays contre une invasion.

La frontière du **Nord-Est** et de l'Est se trouve être à la fois la plus facilement abordable et la plus rapprochée de la capitale.

Depuis plus de trois siècles, elle a été le principal théâtre des guerres offensives ou défensives faites par la France : aussi est-ce dans son voisinage que se groupent les forteresses les plus nombreuses.

Elles forment plusieurs lignes, en arrière desquelles sont *Paris* et *Lyon*.

109. La première ligne, la plus rapprochée de la frontière, comprend **Lille**, *Valenciennes, Mézières,* **Verdun,** *Toul,* Nancy, Épinal, **Belfort**, Besançon.

C'est *entre Verdun et Besançon* que sont accumulées les défenses principales ; les forts s'y succèdent presque sans intervalle, et leurs canons commandent tous les passages.

La seconde ligne, un peu en arrière, comprend les places de la Fère, *Laon,* Soissons, Reims, *Vitry-le-François, Langres, Dijon.*

Paris est entouré d'une enceinte et de forts qui enferment et protègent un territoire de 120 kilomètres de tour, dont tous les points sont réunis par un chemin de fer stratégique.

Au Sud-Est, **Lyon** est aussi une grande place forte, et le long des Alpes on trouve *Grenoble* et *Briançon.*

Dans le voisinage des Pyrénées se rencontrent les places de *Perpignan, Montlouis* et *Bayonne.*

110. La frontière de mer est défendue par des ports fortifiés ; les principaux sont : *Dunkerque,* sur la mer du Nord ; **Cherbourg,** sur la Manche ; **Brest,** *Lorient, Rochefort,* sur l'Atlantique ; **Toulon,** *Bastia* (en Corse), sur la Méditerranée.

Les principaux ports militaires contiennent des arsenaux pour la construction et l'entretien des vaisseaux.

Questionnaire.

Qu'est-ce qu'une place forte ? — Quelle est la partie de la frontière française en arrière de laquelle il se trouve le plus de places fortes ? — Comment sont-elles disposées ? — Quelles sont les principales places fortes le long de la frontière ? — Où se concentrent surtout les moyens de défense ? — Quelles sont les places fortes de la seconde ligne ? — Parlez de Paris et de Lyon. — Énumérez les places fortes des Alpes et des Pyrénées. — Énumérez les places fortes du littoral.

RÉSUMÉ DE L'ADMINISTRATION

111. Le *chef-lieu* de chaque *commune* a un *maire* et un *conseil municipal.*

S'il est *chef-lieu de canton*, il a *en plus* un *juge de paix.*

S'il est **chef-lieu d'arrondissement**, il a *en plus* un *sous-préfet* et un *conseil d'arrondissement*, un *tribunal de première instance*, un *inspecteur* de l'enseignement primaire, etc.

S'il est **chef-lieu de département**, il a *en plus* un *préfet*, un *conseil de préfecture* et un *conseil général*, un *général*, une *cour d'assises*, un *inspecteur d'académie*, etc.

Il a le plus souvent un *évêque* ou un *archevêque.*

Dans la *capitale* de l'État se trouvent le **Président de la République**, les **Chambres** (Sénat et Chambre des députés), les **Ministres**, le *Conseil d'État,* la *Cour de cassation,* la *Cour des comptes*, etc.

LIVRE III

GÉOGRAPHIE ÉCONOMIQUE

112. L'agriculture, l'industrie et le commerce sont les trois grandes sources de richesse pour un pays.

CHAPITRE PREMIER

AGRICULTURE

113. L'agriculture a pour but de faire produire au sol les plantes utiles a l'homme et aux animaux domestiques.

La France a toujours été un grand pays agricole. Cela tient à ce que le climat y est tempéré, à ce qu'on y trouve de belles plaines et des vallées bien arrosées, à ce que la population y est active et laborieuse.

Plus de la moitié de la population française est occupée aux travaux agricoles.

114. Les productions principales sont les *céréales* (blé, seigle, etc.), les *pommes de terre*, les légumes et fruits, les *fourrages*, la *vigne*, le maïs, l'olivier, le mûrier, la *betterave*, le *chanvre*, le lin, etc.

115. Le **blé** est la plus importante de toutes les céréales; il est cultivé dans tout le pays, sauf dans les régions froides, comme le Massif Central et les Alpes. Dans

Froment.

le *Nord*, dans l'*Ouest*, dans le *Sud-Ouest*, il donne les récoltes les plus abondantes.

116. La vigne constitue avec le blé la grande culture nationale. La France a été pendant longtemps appelée le pays du vin. Malheureusement le phylloxéra, insecte dévastateur, a presque anéanti les vignes dans plusieurs régions.

La vigne exige une assez grande somme de chaleur; aussi ne peut-on la culti-

ver en France qu'au sud d'une ligne allant de *Mezières* à *Nantes*. Elle ne réussit pas non plus dans les régions trop élevées; elle se plaît sur les coteaux en pente douce. La qualité du vin dépend en grande partie de la nature du sol.

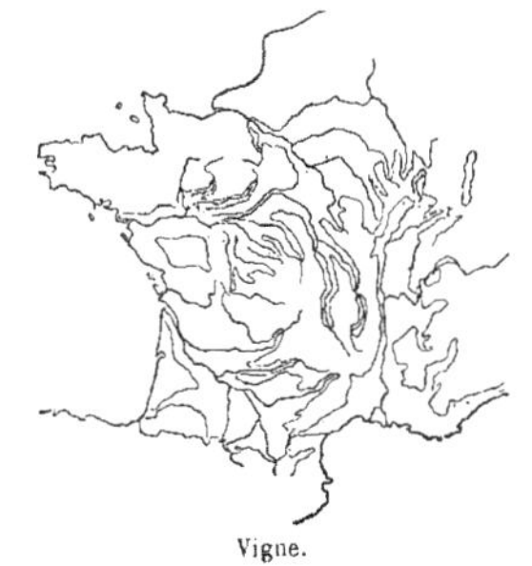

Vigne.

Les principaux pays de vignobles sont : les vallées de la *Garonne* et de la *Charente*, et surtout le **Bordelais**; les vallées de la *Saône* et de l'*Yonne* en Bourgogne; les coteaux de la *Loire* et de ses affluents; les coteaux de la *Champagne*. Les pays méditerranéens à l'ouest du Rhône ont perdu presque tous leurs vignobles par le phylloxéra.

117. La **betterave**, dont on extrait du sucre, le **colza**, dont on tire une huile, le **houblon**, qui entre dans la composition de la bière, le **lin** et le **chanvre**, qui servent à faire de la toile, sont surtout des cultures *septentrionales*.

Maïs,   Olivier,   Mûrier.

Au contraire, le **maïs**, qui donne une farine comestible, l'**olivier**, qui fournit de l'huile, le **mûrier**, dont les feuilles nourrissent le ver à soie, sont des cultures du *Midi*.

L'**olivier** croît aux environs de la Méditerranée, le **mûrier** dans les vallées du Rhône et de la Garonne.

L'*oranger* ne prospère en France que sur la côte orientale de la Méditerranée.

118. Prairies. Bétail. — Les fourrages que donnent les prairies servent à la nourriture du bétail.

Les animaux utiles les plus nombreux sont les **bœufs**, les **chevaux**, les *moutons*, les animaux de basse-cour, etc.

Les prairies sont naturelles ou artificielles; les premières s'étendent surtout dans l'*Ouest* et le *Massif Central*, les secondes dans le *Nord* et le *Nord-Ouest*.

Il y a peu de parties de la France où l'on n'élève des bœufs et des **vaches**; mais dans certaines régions, comme la *Flandre*, la *Normandie*, le *Cantal*, le *Charolais*, ils forment de très grands troupeaux et ils sont d'une race très recherchée.

La France a moins de **chevaux** que de bœufs. C'est dans le *Nord* et dans l'*Ouest* qu'on en élève le plus.

Quant aux *moutons*, on les trouve surtout dans les régions où le sol est maigre et sec, comme la *Champagne*, le *Massif Central*, ou dans les pays de montagnes, comme les Alpes ou les Pyrénées.

119. Forêts. — Les forêts représentent une valeur considérable, et on aurait tort de croire qu'il y aurait avantage à les défricher, pour les remplacer par des cultures. Elles fournissent le bois nécessaire au chauffage, à la construction, etc.; de plus, elles rendent le climat plus égal et empêchent les inondations.

Le déboisement exagéré a été une faute et un malheur pour notre pays. Aussi travaille-t-on aujourd'hui à reboiser les montagnes, pour les protéger contre le ravinement des terres par les pluies.

Les forêts de la France sont très disséminées. Les plus étendues sont celles de *Fontainebleau*, de *Compiègne*, d'*Orléans*, des *Landes*, et celles dont les restes se trouvent encore dans les *Alpes* et les *Pyrénées*.

Questionnaire.

Où cultive-t-on surtout le maïs, l'olivier, le mûrier? — Quelle est la seule partie de la France où prospère l'oranger?

Quels sont les animaux utiles les plus nombreux en France? — Où trouve-t-on surtout des prairies naturelles? — Des prairies artificielles? — Où élève-t-on des bœufs et des vaches? — Y a-t-il beaucoup de chevaux? — Dites dans quelles parties on en élève le plus. — Où élève-t-on des moutons?

Dites en quoi consiste l'utilité des forêts. — A-t-on eu tort de trop déboiser? — S'occupe-t-on de reboiser? — Quelles sont les principales forêts de France.

Le pays que vous habitez produit-il du blé? — De la vigne? — Du houblon? — De la betterave? — Y trouve-t-on du maïs, des oliviers, des mûriers? — Pourquoi trouve-t-on ou ne trouve-t-on pas certaines de ces plantes? — Élève-t-on des bœufs, des chevaux, etc.? — Êtes-vous dans un pays de forêts?

CHAPITRE II

INDUSTRIE

120. L'**industrie** humaine comprend deux sortes de travaux : le travail *extractif* et le travail *manufacturier*.

L'industrie *extractive* s'emploie à extraire du sol les matières qui y sont enfermées.

Les industries *manufacturières* sont celles qui transforment en objets utiles les matières végétales, animales ou minérales.

INDUSTRIES EXTRACTIVES

121. La **houille** donne lieu à la plus grande industrie extractive, puisqu'elle fournit le combustible nécessaire aux machines à vapeur, employées aujourd'hui dans toutes les industries. Elle ne se trouve que dans les profondeurs du sol. Elle forme des **gisements**, divisés en couches ou filons. Il faut creuser des puits pour arriver jusqu'aux gisements, et des galeries pour suivre les couches. L'ensemble de ces travaux constitue une *mine*.

Fer et Houille.

La France n'a pas autant de gisements de houille que d'autres pays, l'*Angleterre* et la *Belgique*, par exemple. Les principaux gisements de France se rencontrent dans le *Nord* et dans le *Massif Central*. Le plus considérable et le plus riche est celui qui s'étend autour de *Valenciennes* (Anzin).

122. Métaux. — Le sol de la France contient peu de métaux.

Le plus abondant est le **fer** : il se rencontre surtout dans le *Nord-Est* et dans le Centre.

Le *plomb* et le cuivre sont peu abondants.

123. Pierres. — Parmi les rochers qui composent la masse du sol, certains peuvent se tailler et servent à construire des maisons. La meilleure **pierre** à bâtir se trouve dans les terrains calcaires du *bassin de Paris*. On l'extrait généralement en creusant des *carrières* à ciel ouvert.

Les plus beaux **marbres** de France se rencontrent dans les *Pyrénées*.

Le *kaolin*, qui sert à faire la porcelaine, se trouve à l'ouest du Massif Central, près de *Saint-Yrieix*.

124. Sel. — Le sel se présente sous deux formes : le *sel gemme*, cristallisé dans l'intérieur du sol, et le *sel marin*, contenu dans l'eau de la mer. La *Lorraine*, le bassin de la Saône et l'ouest des Pyrénées ont des mines de *sel gemme;* le sel de la mer est extrait dans les *marais salants* de l'Océan et de la Méditerranée.

125. Eaux minérales et thermales. — La terre rejette en certains points des eaux qui sont chaudes (*thermales*), parce qu'elles viennent des profondeurs du sol, ou chargées de matières *minérales*, parce qu'elles ont traversé des terrains où elles se sont imprégnées de fer, de soufre, etc. Ces eaux peuvent servir au traitement d'un grand nombre de maladies. Aussi les pays où elles jaillissent sont-ils très fréquentés.

Ces eaux abondent surtout dans les pays de montagnes. Les plus célèbres sont :

Cauterets, Luchon, les **Eaux-Bonnes,** dans les *Pyrénées*.

Aix-les-Bains, dans les *Alpes*.

Vichy, la **Bourboule,** le **Mont-Dore,** dans le *Massif Central*.

Plombières, dans les *Vosges*.

126. La pêche, dont les produits sont une source de richesses presque inépuisable, n'a pas lieu seulement sur le *rivage français*, mais aussi dans les mers lointaines, et particulièrement dans les *mers septentrionales*, où l'on rencontre la *baleine*, la *morue*, le *hareng*, etc.

Questionnaire.

Quelles sont les deux espèces différentes d'industrie? — Dites en quoi consiste chacune d'elles. — Parlez de la houille. — Décrivez un gisement, une mine. — La France a-t-elle autant de gisements de houille que d'autres pays? — Où se trouvent en France les principaux gisements? — Quel est le plus considérable? —

Quels sont les métaux que contient le sol de la France? — Parlez du fer. — Parlez des pierres de construction, des marbres, du kaolin.

Où trouve-t-on du sel gemme? — Où exploite-t-on le sel marin?

Comment s'explique le jaillissement des sources minérales et thermales? — A quoi les sources minérales sont-elles utiles? — Où se rencontrent-elles surtout? — Quelles sont les plus fréquentées?

Connaissez-vous dans votre voisinage une mine de houille? — Connaissez-vous une mine de fer? — Y a-t-il une carrière de pierre, de marbre? — Une mine de sel gemme ou un marais salant? — Y a-t-il une source minérale ou thermale? — Avez-vous visité une mine, une carrière, etc.?

INDUSTRIES MANUFACTURIÈRES

127. L'une des plus considérables industries manufacturières est l'industrie **métallurgique**, qui a pour objet la fabrication et l'emploi des métaux.

L'industrie métallurgique la plus importante est celle du **fer**, puisque c'est avec le fer qu'on fabrique l'*acier*, et avec l'acier les outils, armes, machines, etc.

Les usines où l'on fabrique et où l'on façonne la *fonte*, le *fer*, l'*acier*, sont pour la plupart des établissements immenses dont chacun constitue à lui seul presque une petite ville.

Elles sont autant que possible situées près des mines de fer et de houille, afin d'éviter les frais de transport, très coûteux, du minerai et du combustible.

La France de l'Ouest en a fort peu; le *Nord* et le *Massif Central*, au contraire, ont de grandes régions d'usines : par exemple celles de **Lille,** d'*Anzin*, de *Maubeuge*, du **Creuzot,** de **Saint-Étienne,** de **Rive-de-Gier,** de *Bessèges*, etc.

128. D'autres industries très importantes se rattachent à la **construction**, telles que la maçonnerie, la menuiserie, etc. ; d'autres encore à l'**ameublement**, telles que l'ébénisterie, les bronzes, la fabrication du verre, du cristal, etc.

Pour les *industries d'ameublement* **Paris** a une sorte de spécialité.

On fabrique des **cristaux** et des glaces à *Saint-Gobain*, *Baccarat;*

Des **porcelaines** et des **faïences** à *Sèvres*, à *Limoges*, à Gien, à Bordeaux;

Des horloges et des **montres** à *Besançon* et dans plusieurs vallées du Jura.

129. Les matières premières pour le **fil** et les **étoffes** sont le **coton**, le *chanvre*, le *lin*, fournis par des plantes; la laine, la *soie*, qui proviennent d'animaux.

Le coton est apporté des *pays chauds* pour être travaillé dans nos manufactures.

Les plus grandes manufactures d'étoffe de **coton** se trouvent dans le *Nord* et le *Nord-Ouest*, autour de **Lille,** de **Rouen,** du Havre.

Le chanvre et le lin servent à fabriquer la **toile.**

La laine sert à fabriquer le **drap** ; les plus grandes fabriques de draps ou de *lainages* sont, dans le *Nord* et le *Nord-Ouest,* à **Roubaix**, *Sedan*, **Reims**, *Elbeuf*, Louviers ; dans le *Sud*, à *Lodève* et à *Mazamet*.

La production de la *soie* française est peu abondante ; mais on en importe de Chine, du Japon, d'Italie, et on la travaille en France.

Industries textiles.

Les plus célèbres fabriques de **soieries** de toute l'Europe se trouvent à Lyon.

130. Les industries qui servent à l'alimentation tiennent de très près à l'agriculture.

Le blé est transformé en farine par la mouture ; le raisin fournit le *vin* et l'eau-de-vie. La meilleure eau-de-vie se prépare dans les environs de *Cognac*.

La brasserie, qui tire la bière de l'orge et du houblon, est une industrie spéciale au *Nord* et au *Nord-Est* de la France.

Le cidre, qu'on boit en *Normandie*, est extrait de la pomme.

La fabrication du sucre de betterave se fait presque exclusivement dans le *Nord*.

Questionnaire.

Quelle est la plus considérable des industries manufacturières ? — Pourquoi l'industrie du fer est-elle la plus importante? — Où se trouvent en général les usines métallurgiques ? — Pourquoi sont-elles ainsi placées ? — Quelle est la partie de la France qui contient le moins d'usines de fer? — Celle qui en contient le plus ? — Citez de grandes usines de fer.

Citez des industries qui se rattachent à la construction et à l'ameublement. — Où se trouvent rassemblées les industries d'ameublement ? — Où fabrique-t-on des cristaux et des glaces ? — Des porcelaines et faïences ? — Des montres?

Parlez des filatures et tissages. — Quelles sont les matières employées ? — D'où viennent-elles ? — Où se trouvent les plus grandes manufactures d'étoffes de coton ? — Les plus grandes fabriques de draps? — D'où vient la soie? — Où fabrique-t-on les plus belles soieries ?

Citez des industries relatives à l'alimentation. — Où se trouvent les principales brasseries ? — Où fabrique-t-on de l'eau-de-vie ? — Du cidre ? — Du sucre de betterave ?

Quelles sont les manufactures qui se trouvent dans votre voisinage? — Pourquoi y a-t-il ou n'y a-t-il pas d'usines de fer? — De fabriques de porcelaine ou de faïence? — Est-ce seulement le hasard qui fait qu'une fabrique est établie dans votre voisinage?

CHAPITRE III

COMMERCE

131. Le **commerce** *intérieur* est celui qui se fait entre les différentes parties d'un même pays ; le commerce *extérieur*, celui qui se fait avec les pays étrangers.

Exporter, c'est envoyer des produits à l'étranger ; *importer*, c'est recevoir des produits de l'étranger.

Le commerce extérieur de la France s'élève annuellement à plus de **huit milliards** de francs.

La France *importe* (c'est-à-dire *reçoit*) du **coton**, du **thé**, des **denrées coloniales**, etc., que ne lui fournit pas le sol ; de la **houille**, des **métaux**, du **blé**, etc., qu'il ne produit pas en assez grande quantité, ou bien encore des *étoffes*, des *machines*, etc.

Elle *exporte* du **vin**, des **fruits**, des **soieries**, des **vêtements**, des **articles de luxe**, tels que des bijoux, des bronzes, des **meubles**, des **œuvres d'art**.

132. C'est avec l'**Angleterre** que la France fait le plus d'affaires, ensuite avec les **États-Unis** (Amérique du Nord), la **Belgique**, l'*Allemagne*.

Puis viennent l'*Italie*, la *Russie* et la *Suisse* ; la République Argentine et le Brésil dans l'Amérique du Sud ; la Chine et le Japon en Asie.

La plus grande partie de notre commerce continental se fait entre *Paris* et la frontière du *Nord-Est*, qui s'ouvre sur l'Europe.

Port du Havre.

133. Le commerce maritime se fait par les *ports de mer*, où arrivent et d'où partent les marchandises d'importation et d'exportation.

Les relations commerciales des différents ports dépendent des mers sur lesquelles ils s'ouvrent. Ainsi Marseille fait surtout le commerce avec l'*Algérie* et le *Levant* ; le Havre, avec l'*Amérique* et l'*Angleterre*, etc.

134. Les ports de France qui reçoivent ou expédient le plus de marchandises et de navires sont :

Marseille, le **Havre**, **Bordeaux**, **Dunkerque**, *Calais*, *Boulogne*, *Dieppe*, *Cette*, *Nantes*, Saint-Nazaire, Cherbourg et Rouen.

Marseille est de beaucoup au premier rang ; mais cette ville est, avec *Cette*, le seul port français de la Méditerranée, tandis qu'il y a huit grands ports sur l'Océan, sur la Manche et sur la mer du Nord, en face de l'Angleterre et de l'Amérique.

Questionnaire.

Qu'est-ce que le commerce intérieur ? — Donnez le sens des mots *importer*, *exporter*. — A combien s'élève par an le commerce extérieur de la France ? — Quels sont les objets ou matériaux qu'elle importe ? qu'elle exporte ? — Avec quels pays la France fait-elle le plus d'affaires ? — Vers quelle partie de la frontière se fait surtout le commerce continental ? — Quels sont les ports commerçants les plus considérables de France ? — Combien y en a-t-il sur la Méditerranée ? — Combien ailleurs ? — Cela ne s'explique-t-il pas par la situation de la France par rapport aux autres pays commerçants ?

Quels sont les objets dont vous vous servez qui ont dû être importés de l'étranger ? — Êtes-vous dans le voisinage d'un port ? — Cherchez les matières ou les objets qui sont envoyés dans ce port pour être exportés ; les matières ou les objets qui y sont importés de l'étranger pour être introduits en France.

2

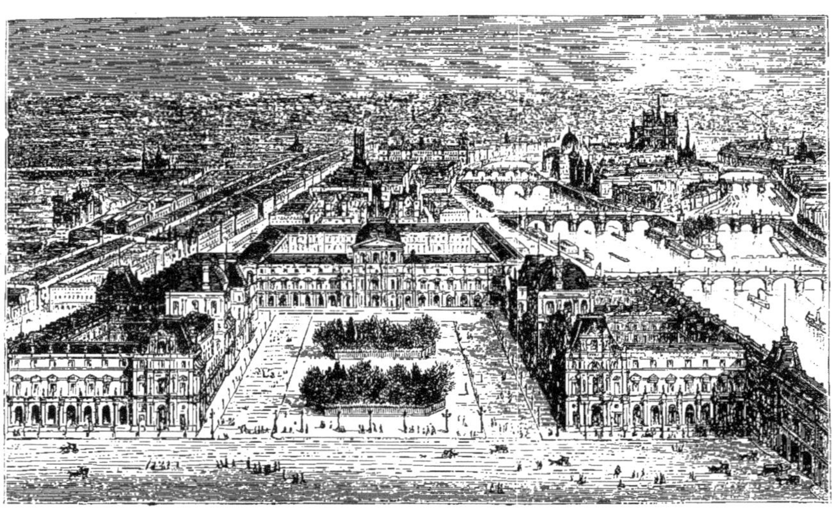

Vue de Paris.

CHAPITRE PREMIER

ÉTUDE DES RÉGIONS[1]

135. La **région du Nord** donne naissance à l'*Escaut*. Le pays est une *plaine* ouverte de tous côtés, parsemée seulement de quelques monticules isolés, et coupée de *canaux* dans tous les sens.

Le *climat* est assez froid, à cause de la situation septentrionale, et aussi parce que les vents du Nord ne sont arrêtés par aucun obstacle.

1. Il ne suffit pas d'étudier la France par *bassins de fleuves* ou par *divisions administratives* pour bien la connaître. Notre pays est partagé en un certain nombre de *régions* naturelles : les unes correspondent à peu près aux grands bassins, ce sont plutôt les régions de vallées et de plaines ; d'autres, comme la Bretagne, n'ont aucun rapport avec la division en bassins ; d'autres enfin, comme le Massif Central, ont leur unité par elles-mêmes, en dehors des bassins qu'elles dominent. De plus, chacune de ces régions présente par son climat, ses habitants, ses cultures, son industrie, etc., un caractère particulier. C'est là la véritable division *géographique* de la France, celle qui peut le mieux faire comprendre notre pays à ceux qui l'habitent.

Nota. — Voy. p. 39 la carte d'ensemble.

Les habitants appartiennent presque tous à la race *flamande ;* ils sont en général grands et blonds. Un grand nombre exercent le métier d'ouvriers dans les usines.

136. La région du Nord est le pays le plus riche de toute la France par l'agriculture et par l'industrie.

Le blé, le *houblon* et la **betterave** sont les principales cultures ; mais la production la plus importante est la **houille**, dont les gisements s'étendent depuis l'*Escaut* jusque vers le *Pas de Calais*.

Le département du Nord, compris dans la région, ne contient pas moins de 1 600 000 habitants, c'est la vingt-quatrième partie de la population totale de la France.

137. Nulle part en France les villes ne sont plus serrées les unes contre les autres. **Lille**, près de la Lys (180 000 hab.), est une place forte et une ville de manufactures ; les principales fabriques sont les filatures d'**étoffes**, les **raffineries de sucre**, les brasseries, où l'on produit la **bière**.

Roubaix (90 000 hab.) et **Tourcoing** ont fini par se rejoindre ; elles sont situées à quelques kilomètres de la frontière belge. Le **drap** est leur principale industrie.

Valenciennes, sur l'Escaut, est à côté des plus grandes mines de **houille** de la France, exploitées surtout à **Anzin** et à **Denain**.

Arras et *Douai*, sur la Scarpe, *Hazebrouck*, ont de grands établissements manufacturiers.

Saint-Pierre-lès-Calais, ville presque toute nouvelle, fabrique des **tulles**.

Saint-Quentin est une ville de grande activité industrielle.

Amiens (75 000 hab.), sur la Somme, a des fabriques de *toiles*, au milieu de prairies coupées de flaques d'eau et de tourbières.

La côte, quoique vaseuse, est importante à cause de sa situation en face de l'Angleterre et des pays du Nord. Aussi on y trouve trois grands *ports :* **Dunkerque, Calais** et **Boulogne** ; c'est par les deux derniers que passent presque tous les voyageurs entre la France et l'Angleterre.

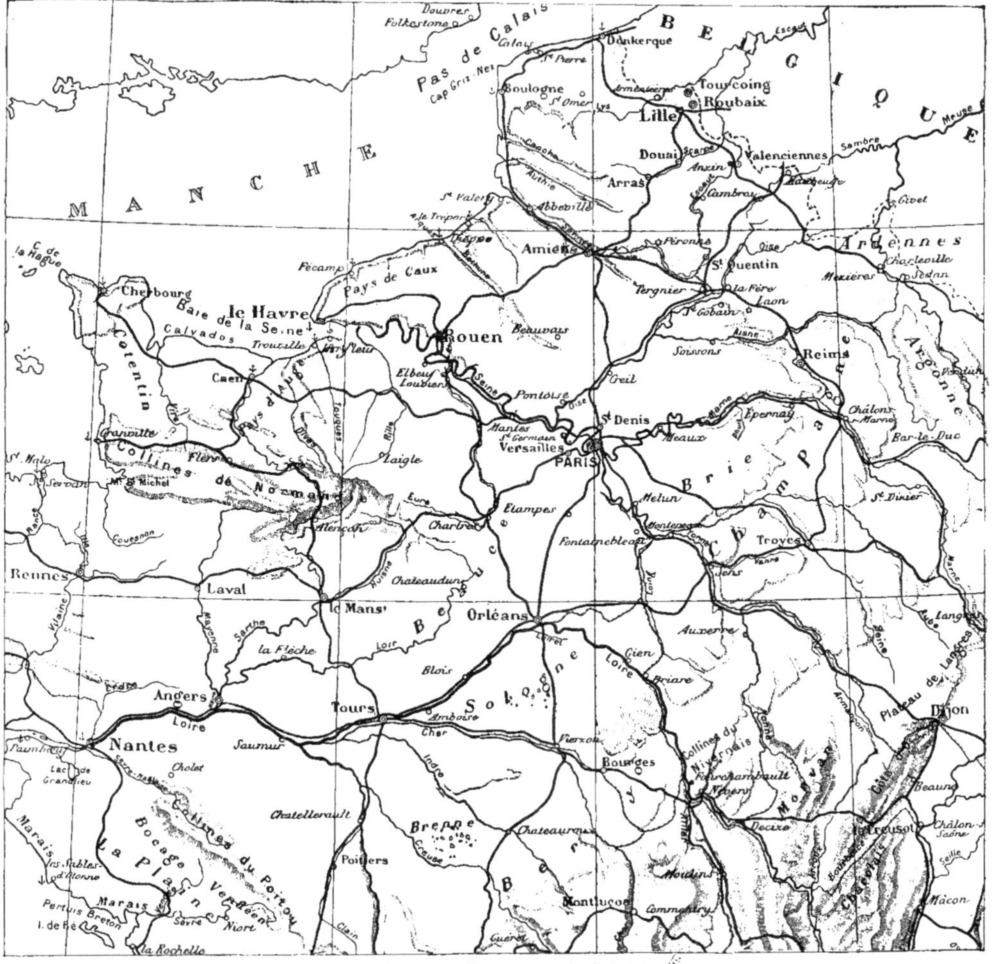

Régions du Nord, parisienne, normande, de la Loire.

Dunkerque est le quatrième port de la France. Ses navires vont surtout dans les mers du Nord.

138. Par terre, les communications se font surtout avec la *Belgique* ou avec *Paris*. Les chemins de fer sont plus nombreux que partout ailleurs en France.

La région du Nord est aussi celle qui a le plus de **canaux** : ils servent principalement au transport de la houille.

Questionnaire.

Où est située la région du Nord ? — Quel est le fleuve qui la parcourt ? — Décrivez cette région. — Parlez de ses habitants. — Parlez de l'agriculture et de l'industrie dans la région du Nord. — Quelle est la production la plus importante ? — Énumérez les villes de l'intérieur dans la région du Nord. — Parlez spécialement de Lille, de Roubaix, de Valenciennes. — A quoi le littoral de la région du Nord doit-il son importance ? — Parlez des ports qui s'y trouvent. — Quel est le pays et quelle est la ville avec laquelle cette région a le plus de communications par chemin de fer ? — Y a-t-il beaucoup de canaux dans la région du Nord ?

139. La **région parisienne** est arrosée par la *Seine* et se prolonge vers le bassin de la *Somme*.

Elle forme comme une sorte de vaste cirque, dont les gradins s'élèvent au Nord, à l'Est et au Sud, en pentes insensibles, et qui s'ouvre au Nord-Ouest, vers la *Manche*.

Elle est donc accessible de tous les côtés.

Au milieu de cette dépression se trouve la ville de Paris.

140. Le large bassin de Paris est le *vrai centre* de la France, bien qu'il soit plus rapproché du Nord que du Sud. On y trouve comme un résumé de tout le pays, avec ses diverses cultures et ses industries.

Vers l'Est, en *Champagne*, s'étendent des plaines crayeuses; au Sud, des *forêts* et des hauteurs granitiques; au centre, en *Brie* et en *Beauce*, des plateaux peu élevés couverts de *blé* sur presque toute leur étendue.

Les principaux produits industriels sont : les **étoffes**, les machines, le **sucre de betterave**.

141. Paris (2 270 000 hab.), sur les deux rives de la Seine, au centre du bassin, est la **capitale de la France**, la ville la plus peuplée du monde après Londres. Le *gouvernement* et les grandes administrations y ont leur siège; les principaux établissements d'instruction publique y sont rassemblés.

De nombreux monuments, comme l'*église Notre-Dame*, l'*Hôtel de Ville*, le *Louvre*, etc., rappellent les diverses époques de notre histoire.

Presque toutes les œuvres françaises de science, d'art, de littérature, sont d'abord publiées dans la capitale.

Paris est aussi la première ville d'industrie et de **commerce** de la France; le chiffre seul de ses habitants indique qu'il s'y fait une consommation énorme de toutes choses. Tout autour de la ville, on fait produire chaque année à la terre, à force de travail et d'engrais, plusieurs récoltes de légumes ou de fruits.

L'industrie parisienne consiste surtout en **vêtements**, **ameublements**, machines, bronzes, menus objets qui portent dans le monde entier le nom d'**articles de Paris**.

Enfin la ville est une *place forte* · en cas de guerre, elle peut décider du sort de notre pays.

Paris est donc à tous égards la capitale de la France. D'ailleurs ses habitants se renouvellent perpétuellement, et la plupart des Parisiens sont originaires des divers points du territoire.

142. Les villes sont nombreuses dans la région parisienne. On peut citer principalement :

Au Sud, **Troyes**, sur la Seine, où l'on fabrique beaucoup de *bonneterie*.

Fontainebleau, dont le château historique et la forêt sont célèbres.

A l'Est, **Reims** (95 000 hab.), où l'on travaille d'énormes quantités de **laine** et où l'on vend le *vin de Champagne*.

Saint-Dizier et *Châlons-sur-Marne*, marchés de *fer*. *Saint-Gobain*, grande fabrique de *glaces*.

Au Nord, *Creil*, ville d'industrie et l'une des plus importantes gares de France.

A l'Ouest, *Versailles*, célèbre par son château.

Les voies de communication par eau ou par terre rayonnent de Paris vers tous les points de la France.

Indiquez la situation de la région parisienne. — Décrivez-la. — Quelles en sont les productions ? — Parlez de Paris. — Parlez spécialement de l'industrie et du commerce de Paris. — Énumérez les autres villes de la région parisienne, en donnant quelques indications sur chacune d'elles. — Dites un mot sur les voies de communication.

RÉGION NORMANDE

143. La **région normande** s'ouvre sur la mer de la *Manche*; elle n'a pas de montagnes, mais seulement des *plaines*, des collines et de faibles plateaux, comme le plateau de *Caux*.

Elle est traversée par le cours inférieur de la *Seine* et par un grand nombre de petites rivières, qui toutes vont à la Manche.

144. Le *climat* est humide et doux, le pays vert et fertile. Il y a beaucoup de prairies et de **bestiaux**, et un nombre incalculable de *pommiers*. Avec les pommes on fabrique le *cidre*, qui remplace le vin dans le pays.

La Normandie est un pays **manufacturier** autant qu'agricole. On travaille le **coton** à *Rouen* et aux environs, la **laine** à *Louviers*, à *Elbeuf*.

145. Les villes principales sont **Rouen** et le **Havre**, toutes deux sur la Seine, toutes deux peuplées de 105 000 habitants.

Rouen est une vieille ville, avec de beaux monuments, des fabriques et un port où peuvent arriver les navires.

Le Havre est le plus grand port de France après Marseille. Il est situé à l'embouchure de la Seine; on y a creusé de vastes bassins pour recevoir les navires.

Des *paquebots transatlantiques* partent à heures fixes du Havre pour l'Amérique. Le Havre est pour ainsi dire le *Port de Paris* et reçoit du **coton** pour les filatures de toute la région.

Autres villes : **Cherbourg**, port de guerre au nord de la presqu'île de *Cotentin*. On y a créé une rade en construisant une digue au milieu de la mer.

Louviers, **Elbeuf**, villes manufacturières; **Dieppe**, port de commerce, *Honfleur*, port à l'embouchure de la Seine, vis-à-vis du Havre; **Caen**, port sur l'Orne.

On va prendre les bains de mer, en été, à **Dieppe**, à **Etretat**, à **Trouville**, etc.

146. La région normande communique par terre surtout avec *Paris*, par mer surtout avec l'*Angleterre*; il s'y fait ainsi un mouvement continuel de trafic.

Où est la région normande? — A-t-elle des montagnes ? des plaines ? — Que produit-elle ? — Que fait-on avec les pommes? — Est-ce une région manufacturière ? - Qu'y fabrique-t-on ? — Quelles sont les deux plus grandes villes? — Parlez de Rouen, du Havre, de Cherbourg. — Quelles sont les autres villes principales ? — Quels sont les lieux de bains de mer? — Avec quel pays la région normande communique-t-elle surtout?

RÉGION DE LA LOIRE

147. La **région de la Loire** comprend toute la *partie plate* du bassin de ce fleuve. En effet, après avoir reçu l'Allier, la Loire sort du Massif Central, s'élargit et coule dans une région de *plaines* ou de collines, qui lui forme comme un second bassin, *tout différent du premier*.

La vallée moyenne de la Loire est d'une grande fertilité. On y récolte des **vins** et des **céréales**. Cependant la *Sologne*, entre le Cher et la Loire, et la *Brenne*, entre l'Indre et la Creuse, sont marécageuses et infertiles.

148. De grandes villes se succèdent sur les deux rives du fleuve, et de beaux *châteaux*, comme ceux de Blois, de Chambord, d'Amboise, s'élèvent de toutes parts.

Les villes principales sont :

Orléans, au point où la Loire est très rapprochée de la Seine et où le fleuve se détourne vers l'Ouest.

Tours, au milieu de campagnes fertiles, près du confluent du Cher et de l'Indre avec la Loire, au centre d'un important croisement de chemins de fer.

Angers (70 000 hab.), sur la Maine, près de la Loire, et au débouché des trois vallées de la Mayenne, de la Sarthe et du Loir. Les environs d'Angers contiennent d'importants gisements d'ardoises.

Nantes (125 000 hab), port situé au point où la marée commence à rendre la Loire praticable aux navires de mer. Nantes est le port d'approvisionnement de toute la région et possède d'importantes raffineries de sucre. Malheureusement le fleuve y devient de moins en moins profond; les gros navires s'arrêtent à *Saint-Nazaire*, à l'entrée du fleuve.

Autres villes : **le Mans**, sur la Sarthe, avec de grandes fabriques de *toiles*.

Bourges, exactement au centre de la France; *Saumur*, sur la Loire, *Poitiers* dans la vallée de la Vienne.

Vierzon, sur le Cher, et *Châtellerault*, sur la Vienne, villes très industrielles.

149. Des *canaux* assez nombreux suppléent à l'irrégularité de la Loire, qui nuit à la navigation. En outre, cette région est le lieu de passage de nombreux *chemins de fer* qui se dirigent vers tous les points de la France

Questionnaire

Décrivez la région de la Loire. — Marquez bien nettement la partie du bassin de la Loire à laquelle elle correspond. — A quelle région appartient le cours supérieur de la Loire? — Le cours tout entier de l'Allier? — Quelles sont les productions de la région de la Loire? — Cette région est-elle très séparée du bassin parisien? — Énumérez les villes principales de la région. — Parlez spécialement de Nantes et Saint-Nazaire, d'Angers —
Indiquez les régions avec lesquelles la région de la Loire communique facilement, celles avec lesquelles elle communique difficilement.

RÉGION BRETONNE OU DU NORD-OUEST

150. La **région bretonne** forme une longue presqu'île à l'ouest de la France. C'est donc avant tout un pays *maritime*. La principale rivière est la *Vilaine*.

Le terrain est peu fertile. C'est un *plateau de granit*, où le rocher perce souvent le sol, et où croissent des bruyères, des chênes. Une partie du pays est encore à l'état de landes.

Le voisinage de la mer tempère le *climat* et donne une grande quantité de pluie.

La population bretonne est petite maigre, robuste, tenace; dans les campagnes, on parle encore l'ancienne langue bretonne, dernier reste des langues celtiques; le costume ancien s'y est conservé.

151. La Bretagne a peu de cultures; pourtant, au bord de la mer, la douceur du climat permet d'obtenir des *primeurs*, qu'on expédie dans l'intérieur de la France.

L'industrie, peu active, est dispersée dans les villages ou les hameaux, et non pas concentrée en grandes manufactures, comme dans le Nord. On fabrique surtout de la *toile*.

152. La plus grande ville est **Rennes** (60 000 hab.), sur la Vilaine; mais les villes les plus actives se trouvent au bord de la mer : chaque repli de la côte enferme un petit port de cabotage ou de pêche.

Brest (65 000 hab.), à l'extrémité occidentale de la Bretagne et de la France, est *notre premier port militaire*, grâce à son admirable rade.

Saint-Malo, à l'embouchure de la Rance, est un port de commerce et de *pêche*, auquel touche le port militaire de *Saint-Servan*.

Lorient, au sud de la presqu'île, à l'embouchure du Blavet, est un *port militaire*.

153. La Bretagne, presque isolée du reste de la France, a longtemps manqué

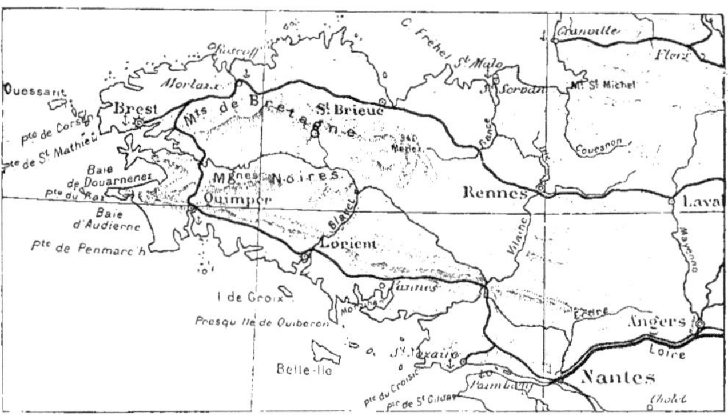

Région bretonne.

de grandes routes. Aujourd'hui encore elle a peu de communications par terre.

Questionnaire.

Où est située la région bretonne? — Décrivez-la. — Par quelle rivière est-elle parcourue? — Quel en est le climat? — Parlez de la population. — Quelle langue parle-t-on encore en Bretagne? — Parlez des cultures, de l'industrie. — Quelle est la plus grande ville de l'intérieur? — Où se trouvent presque toutes les villes? — Parlez de Brest, de Lorient. — Citez les autres villes. — La Bretagne a-t-elle beaucoup de communications par terre?

RÉGION DE L'OUEST

154. La **région de l'Ouest** correspond au pays bordé par la *mer* à l'Ouest, et parcouru par la *Charente* et la *Vendée*.

La contrée est parsemée de *collines*; le *climat* y est doux et un peu moins humide qu'en Bretagne.

155. La culture principale est celle de la vigne, d'où l'on extrait l'*eau-de-vie* par le procédé de la distillation.

156. Les villes les plus importantes sont : **Angoulême**, sur la Charente, où l'on fabrique beaucoup de *papier*;
Cognac (sur la Charente), qui a fini par donner son nom à l'*eau-de-vie*.

Le bord de la mer est une région de sables et de *marais*, bordée d'îles au climat très doux. L'industrie principale est l'exploitation du *sel marin*, qui se fait dans les *marais salants*. Au Sud, près de *Marennes*, les habitants entreprennent en grand la culture des *huîtres*.

Les ports principaux sont:
La Rochelle, port de commerce; **Rochefort**, sur la Charente, grand *arsenal* et port de guerre.

La région de l'Ouest est le point de passage entre la Garonne et la Loire.

Questionnaire.

Où est située la région de l'Ouest? — Par quelles rivières est-elle parcourue? — Parlez de son aspect, de son climat. — Quelle est la culture principale? — Parlez des villes de l'intérieur. — Décrivez le bord de la mer. — Quelles sont les industries qui s'y pratiquent? — Parlez des ports.

RÉGION DE LA GARONNE OU DU SUD-OUEST

157. La **région de la Garonne** occupe toute la partie Sud-Ouest de la France. Elle est parcourue par la *Garonne* et par ses principaux affluents.

Dominée au Sud par les *Pyrénées*, au Nord et à l'Est par le *Massif Central*, elle descend en pente douce vers l'*océan Atlantique*, à l'Ouest.

Le *climat* y est tempéré, la terre fertile, excepté au bord de la mer, où s'étendent les dunes et les sables des **Landes**.

158. Le pays est plus **agricole** qu'industriel. Les plaines de la Garonne sont couvertes de blé, d'arbres fruitiers, de **vignes**. Les environs de Bordeaux forment comme un *immense vignoble*. Dans certains cantons qui donnent des vins renommés, la vigne est cultivée avec le même soin que les plantes les plus rares.

Les habitants de la région du Sud-Ouest sont gais, vifs, entreprenants.

159. Les villes principales sont :
Bordeaux (220 000 hab.), grand port sur

la Garonne, à 100 kilomètres environ de la mer. Les navires en emportent surtout des **vins**, et rapportent à Bordeaux les *cafes* du Brésil, les *cuirs* et les *laines* de l'Amérique du Sud, etc.

Libourne, sur la Dordogne, au milieu des vignes.

Périgueux, sur l'Isle.

Agen, sur la Garonne, au milieu des blés et des arbres fruitiers.

Montauban, sur le Tarn.

Toulouse, sur la Garonne (140 000 hab.), ville ancienne, et qui de tout temps fut importante à cause de sa situation sur la *route naturelle* de l'Océan et de la Méditerranée et au confluent de trois vallées.

160. Par l'estuaire de la Gironde, la région peut faire un commerce actif avec tout le globe et surtout avec l'Amérique. Partout ailleurs la côte ne présente qu'une ligne de sables où les navires ne trouvent pas d'abris.

Questionnaire.

Indiquez la situation et la configuration de la région du Sud-Ouest. — Parlez du climat. — Quelle est la seule partie infertile ? — En quoi consiste la richesse du pays ? — Par où se fait surtout le commerce maritime ? — Parlez des habitants de la région. — Parlez de Bordeaux et de Toulouse. — Citez les autres villes.

RÉGION DES PYRÉNÉES

161. La **région des Pyrénées** s'étend au sud de la France et au nord de l'Espagne, entre l'Océan et la Méditerranée.

Elle est *montagneuse;* ses plus hautes cimes sont couvertes de neige et de glaciers : aussi le *climat* n'est-il doux que dans les vallées. La partie orientale, près de la Méditerranée, est plus chaude que la partie occidentale.

162. Les hauts sommets des Pyrénées, leurs vallées tantôt abruptes et sauvages, tantôt larges et verdoyantes, offrent de grandes beautés et attirent beaucoup de voyageurs.

Une des plus célèbres vallées est celle de *Gavarnie*, au fond de laquelle s'ouvre un *cirque* de montagnes couvertes de neige.

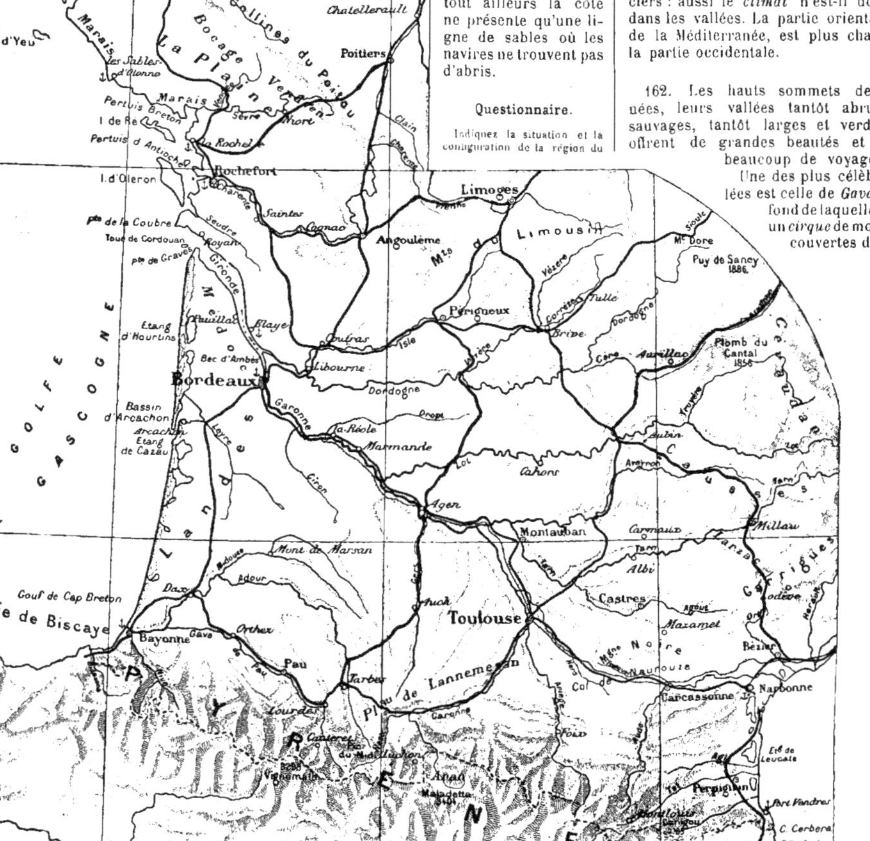

Régions de l'Ouest, de la Garonne, des Pyrénées.

Les habitants du pays sont agiles, vigoureux, comme tous les montagnards. Dans l'Ouest, ils appartiennent à l'antique race des *Basques*.

163. De grands cours d'eau, comme l'*Adour* et la *Garonne*, prennent leur source dans les Pyrénées. De petites rivières ou des torrents, qu'on appelle *Gaves* dans les Pyrénées occidentales, descendent vers la mer ou vers les fleuves.

La contrée produit du *vin* dans la plaine ; du *blé*, du *maïs*, des herbages, dans les vallées ; les pentes des montagnes sont couvertes de *pâturages* et de *forêts*. On y trouve de beaux marbres.

Cette région possède un grand nombre de sources thermales ou minérales, dont les principales sont : les *Eaux-Bonnes*, Cauterets, *Barèges*, Bagnères-de-Luchon.

164. Les villes importantes sont situées dans la plaine, au pied des montagnes. Les principales sont : **Bayonne**, port sur l'Adour ; **Pau**, où le climat est très doux en hiver.

165. Les communications sont difficiles avec l'Espagne, à cause de la grande hauteur des passages, ou *ports*, qui sont presque tous situés au voisinage des neiges ; deux *chemins de fer* longent la mer aux deux bouts de la chaîne et pénètrent en Espagne.

Une seule route va de France en Espagne par les montagnes ; elle franchit le col du *Somport*.

Questionnaire.

RÉGION DU MASSIF CENTRAL

166. La **région du Massif Central** occupe tout le centre montagneux de la France, depuis le *col de Naurouze*, au Sud, jusqu'aux *monts du Morvan*, au Nord, depuis le *Rhône* et la *Saône*, à l'Est, jusqu'aux sources de la *Charente*, à l'Ouest. Elle domine les bassins de la *Loire*, de la *Garonne* et du *Rhône*.

Elle est extrêmement accidentée : c'est le pays des **Cévennes**, des **monts d'Auvergne**, des **Causses** ; les vallées des fleuves y ressemblent à de gigantesques ravins, qui ne s'élargissent un peu qu'en approchant des plaines.

Le sol est presque partout composé de *granit* ou de matières *volcaniques*.

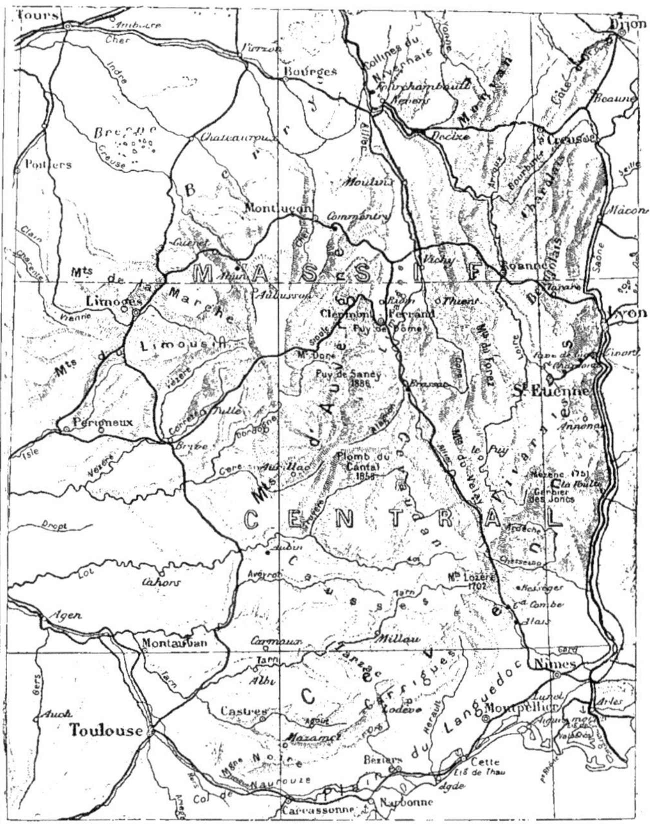

Région du Massif Central.

167. Le *climat* est rude, extrême en chaud comme en froid. Dans les hautes vallées ou sur les plateaux, le thermomètre descend souvent jusqu'à 20 degrés au-dessous de zéro, et la neige est épaisse pendant tout l'hiver. Dans l'été, la température est brûlante, surtout au fond des vallées étroites.

168. Les productions végétales sont peu abondantes, la vigne ne croît nulle part, le blé ne vient que dans les vallées basses. Il est remplacé par le *seigle*. Le Massif Central est surtout une contrée de *forêts* et de *prairies*.

Si l'on excepte la vallée de la **Limagne**, qui est d'une fertilité exceptionnelle, la région est maigre et pauvre, et pendant longtemps a mal nourri ses habitants.

Aujourd'hui encore, les *Auvergnats* et les *Limousins* ont conservé l'habitude d'émigrer en grand nombre vers les villes de la plaine, surtout vers Paris. Aux approches de l'hiver, les populations des Cévennes et des Causses descendent vers les contrées voisines, où le climat est plus doux.

169. Cependant cette contrée, qui paraît si déshéritée par la nature, recèle la **houille** et le **fer**. Elle est devenue, avec la région du Nord, le *grand pays minier* de la France, et elle prend ainsi une importance de plus en plus grande. La houille est exploitée sur les deux versants des

Cévennes et aux environs des monts d'Auvergne.

Les **eaux minérales** sont aussi très abondantes.

170. La plupart des villes du Massif Central sont des établissements industriels, auprès desquels est venue se grouper peu à peu la population, composée en majorité d'ouvriers.

La ville la plus importante du Massif, **Saint-Etienne**, près de la Loire, a 125 000 habitants; elle n'en avait que 15 000 au commencement du siècle. Cette augmentation est due au développement de l'industrie. Saint-Etienne extrait la **houille**, travaille le **fer** et fabrique des **rubans de soie**.

En faisant le tour du Massif Central, on rencontre d'abord, au Nord, l'énorme usine du **Creusot**, avec les usines ou les mines d'**Epinac** et *Blanzy*.

Plus au Sud se trouvent **Rive-de-Gier**, *Firminy*, groupés autour de Saint-Etienne, sur l'un comme sur l'autre versant des Cévennes; plus au Sud encore, **Alais**, **Bes-sèges**, la *Grand'Combe*, déjà voisins de la Méditerranée.

En continuant le tour du Massif Central et en remontant au Nord par l'Ouest, on trouve *Carmaux*, *Aubin*, **Commentry**, enfin **Decize** e **Fourchambault**.

Le Massif Central est donc entouré comme d'une *ceinture de mines de houille ou de fer* et d'usines. D'autres mines, situées dans le centre de la région, ne prendront d'importance qu'avec l'ouverture de nouvelles voies de communication.

171. Autres villes du Massif Central :

Le Puy, près de la Loire, est dans un pays volcanique; **Roanne**, plus bas sur la Loire, a des fabriques d'étoffes.

Clermont-Ferrand est la grande ville de la Limagne, au pied du Puy de Dôme.

A l'Ouest, **Limoges** (65 000 hab.), sur la Vienne, fabrique des porcelaines; *Aubusson*, sur la Creuse, fabrique des tapis.

Vichy, le **Mont-Dore** et la **Bourboule** sont célèbres par leurs *eaux minérales*.

Questionnaire.

Quelle partie de la France occupe la région du Massif Central? — Quel aspect présente-t-elle? — De quels terrains est-elle surtout composée? — Parlez du climat. — Quelles sont les productions végétales? — Le Massif Central est-il en somme riche ou pauvre? — Les habitants y restent-ils? — Le Massif Central a-t-il une richesse particulière? — Quelle est-elle? — Y a-t-il longtemps qu'on l'exploite. — Parlez de Saint-Etienne. — Citez les principales villes ou les établissements métallurgiques du Nord, du Sud, de l'Ouest. — Quelles sont les autres villes du Massif? — Citez les villes d'eaux minérales.

RÉGION MÉDITERRANÉENNE

172. La **région méditerranéenne** comprend le bord de la Méditerranée avec la partie inférieure de la vallée du Rhône.

C'est comme une France à part. Le *climat* y est chaud, le soleil brûlant, le ciel d'un bleu éclatant, l'air sec; mais aussi la température est très inégale, et quelquefois il descend subitement des Cévennes un vent glacial et violent, connu sous le nom de *mistral*.

Le pays est entrecoupé de parties très fertiles et de petits déserts, tels que la Crau, à l'est du Rhône.

Les habitants se distinguent des Français du Nord; ils sont très vifs, exubérants, toujours en mouvement.

173. Les principales cultures sont la *vigne*, qui disparaît peu à peu à cause du phylloxéra, le **mûrier**, l'olivier.

L'industrie consiste surtout dans la production et la préparation de la **soie**, qui est ensuite travaillée à Lyon.

174. Les villes sont nombreuses; presque toutes datent du temps des Romains; quelques-unes ont conservé de beaux monuments anciens à peu près intacts. Elles présentent ainsi un aspect tout particulier.

Les principales sont :

Béziers, grand centre de commerce pour le *blé* et le *vin;*

Montpellier, ville de grandes écoles;

Nîmes (65 000 hab.), remplie de monuments romains; *Avignon*, *Aix*.

175. La côte regarde l'*Afrique* et les pays de la *Méditerranée;* elle doit donc être le siège d'une grande activité commerciale.

Mais la partie occidentale est trop sablonneuse et malsaine, et les seuls ports fréquentés sont ceux de **Cette** et de **Port-Vendres**.

Cette, qui exportait autrefois des vins de France, reçoit aujourd'hui des vins d'Espagne, d'Italie, d'Algérie. Le port fait un grand trafic.

La partie orientale, au contraire, découpée en anses nombreuses, a trois villes de premier ordre :

Marseille (360 000 hab.), le port le plus commerçant de la France, l'un des plus fréquentés de l'Europe.

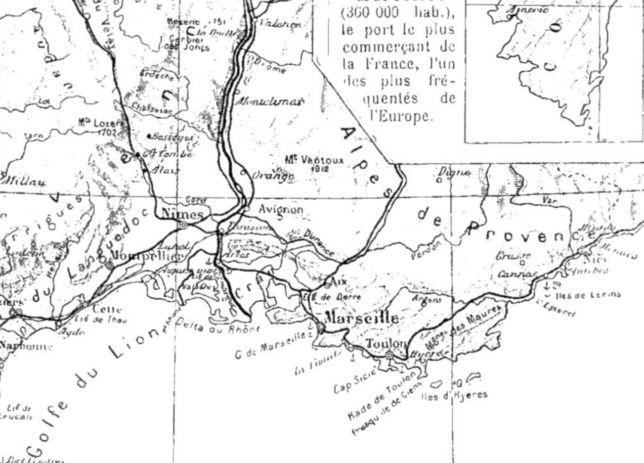

Région de la Méditerranée, Corse.

Depuis l'ouverture du canal de Suez, c'est la ville française dont les négociants ont le plus de relations avec l'Inde, la Chine, le Japon.

Toulon (70 000 hab.), *le grand port de guerre de la France du Midi, le Brest de la Méditerranée.*

Nice (65 000 hab.), qui reçoit en hiver de nombreux étrangers, attirés par la douceur du climat.

176. L'île de **Corse**, toute en montagnes, est couverte de grandes forêts ou de fourrés appelés *maquis*. Les habitants ont conservé leur ancien costume et la plupart de leurs usages antiques. Ils sont rudes, énergiques, violents. Beaucoup vivent presque en nomades, menant leurs troupeaux sur les pentes des montagnes.

La Corse a peu d'industrie, peu d'agriculture.

Les villes principales sont : *Ajaccio, Bastia*.

Les principales communications se font avec Marseille.

Questionnaire.

Que comprend la région méditerranéenne ? — Parlez du climat. — Quel est l'aspect du pays ? — Parlez des habitants. — Quelles sont les principales cultures ? — La principale industrie ? — Existe-t-il toujours beaucoup de vignes ? — Qu'est-ce que la plupart des villes offrent de particulier ? — Citez les principales. — Quelle importance présente la côte ? — La partie orientale est-elle très habitée ? — Parlez de Marseille, de Toulon, de Nice. Parlez de l'île de Corse. — Quelles sont les mœurs des habitants ? — Citez les villes principales.

RÉGION DES ALPES

177. La **région des Alpes** est entièrement montagneuse ; elle renferme la plus haute cime de l'Europe, le *Mont-Blanc*, et une foule d'autres montagnes, couvertes de neiges et de glaciers, qui offrent des beautés grandioses. Le *climat* est inégal et souvent froid.

Les pentes des montagnes sont revêtues de pâturages partout où l'on a respecté les forêts, et les vallées y sont bien cultivées. Mais dans les parties où les habitants ont fait disparaître les forêts pour étendre les pâturages, comme dans le *Sud du Dauphiné* et dans la *Provence*, les montagnes et les vallées ont été ravinées par les pluies, dévastées par les torrents, et le pays est devenu fort pauvre.

178. Il y a peu de commerce et peu d'industrie dans la région des Alpes.

179. Les principales villes sont .

Grenoble, place forte sur l'Isère, dans la belle vallée du Grésivaudan. Grenoble fabrique surtout des *gants de peau* et du *papier*.

Chambéry, ancienne capitale de la Savoie.

Aix-les-Bains, ville d'eaux, près du lac du Bourget.

Briançon, place forte, près du passage du Mont-Genèvre, à 1320 mètres au-dessus de la mer.

Autres lieux intéressants : *Évian*, sur les bords du lac de Genève ;

Chamonix, dans une admirable vallée, au pied du Mont-Blanc. Les étrangers s'y rendent en foule pour visiter le pays.

180. Les voies de communication y ont toujours été peu nombreuses, comme dans tous les pays de montagnes. Cependant les passages du Mont-Cenis, du Mont-Genèvre, sont depuis longtemps franchis par des routes.

Un chemin de fer traverse toute l'épaisseur de la chaîne et passe de France en Italie par un tunnel de 12 kilomètres de longueur creusé dans le voisinage du *Mont-Cenis*. Quelques autres lignes moins importantes vont rejoindre la vallée du Rhône et la Méditerranée.

Questionnaire.

Décrivez la région des Alpes. — Est-elle riche ? — Pourrait-elle le devenir plus qu'elle ne l'est actuellement? — Parlez du déboisement et du reboisement. — Enumérez les villes principales de la région. — Les communications sont-elles faciles dans les Alpes ? — Quelle est la plus grande ligne de chemin de fer ?

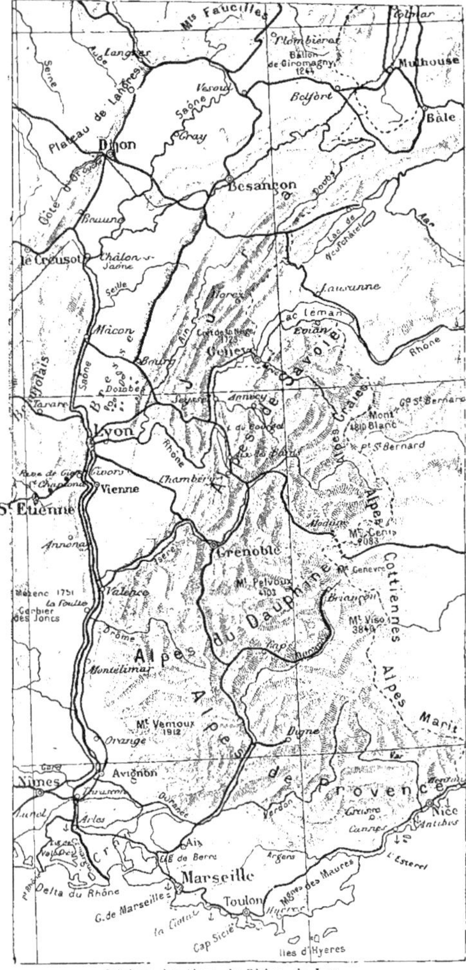

Régions des Alpes, du Rhône, du Jura.

RÉGION DU RHÔNE

181. La **région du Rhône** est parcourue par le *Rhône* et la *Saône*.

C'est une contrée assez froide, parce qu'elle est éloignée de la mer et reçoit les vents du Nord, qui y passent comme dans un couloir en descendant la vallée de la Saône.

182. Les productions principales sont la *vigne* et le *blé*.

Comme la vallée du Rhône a longtemps été le seul chemin entre la Méditerranée et les pays du Nord, cette région étroite a pris une grande importance.

183. **Lyon** (375 000 hab.), au confluent de la Saône et du Rhône, est la seconde

Région du Nord-Est.

ville de France, et le centre de l'industrie de la **soie**, que tissent des milliers de métiers.

Annonay, au sud de Lyon, a des fabriques de papier et de grands établissements pour la préparation de la *soie*.

Dijon, au Nord, est exactement au point de passage entre la région de la Seine et celle du Rhône, et au centre du pays des **vins** dits de *Bourgogne*.

Mâcon et **Chalon**, sur la Saône, font aussi un grand commerce de **vins** et sont en rapports actifs avec Lyon, qui est comme la capitale de cette région tout entière.

Belfort, tout à fait au Nord, entre le Jura et les Vosges, est une place forte qui défend l'entrée du passage appelé la *Trouée de Belfort*. — C'est la seule ville de l'Alsace qui soit demeurée française.

Questionnaire.

Quel est le climat de la région du Rhône? — Quelles en sont les productions? — A quoi tient l'importance de cette région? — Parlez de Lyon. — Parlez des autres villes de la région. — Parlez spécialement de Belfort.

RÉGION DU JURA

184. La **région du Jura** forme un *long massif* avec des vallées étroites, *froides*, dirigées du Nord-Est au Sud-Ouest, et des *Cluses* ou coupures transversales. Les montagnes sont couvertes de *forêts* ou de *pâturages*, les vallées sont cultivées et renferment des *villes industrielles*. Une des plus grandes industries du pays est l'*horlogerie*. Les montagnards fabriquent des *fromages*.

185. La plus grande ville est **Besançon**, place forte qui défend la France à l'Est. Besançon a de nombreuses fabriques d'horlogerie.

Salins a d'importantes sources d'eaux salées. *Morez* fabrique une grande quantité de *montres*, d'*horloges*, d'*ustensiles de cuisine*.

Seyssel produit de l'asphalte.

Questionnaire

Décrivez la région du Jura. — Quelles en sont les productions? — Quelle y est l'industrie principale? — Énumérez les villes. — Parlez de Besançon.

RÉGION DU NORD-EST

186. La **région du Nord-Est** est assez accidentée : les *Vosges* s'y élèvent à l'Est; les *Ardennes* et l'*Argonne* la parcourent à l'Ouest.

La *Moselle* et la *Meuse* y coulent.

Le *climat* est inégal, à cause de l'éloignement de la mer; il est froid en hiver. La neige paraît de bonne heure et persiste longtemps.

Les habitants appartiennent pour la plupart à la race *lorraine*; ils sont énergiques, courageux, actifs. Beaucoup d'*Alsaciens* ont émigré parmi eux.

Le pays a peu de cultures. Les industries principales sont celles du **fer** et des *étoffes*.

187. Les villes sont *presque toutes fortifiées*, à cause du voisinage de l'Allemagne. Les principales sont :

Nancy (75 000 h.), qui est devenue la plus grande ville de l'Est par ses beaux monuments, ses établissements d'instruction, ses fabriques, etc.;

Baccarat, qui fabrique les plus beaux cristaux de France ;

Toul, place forte;

Mézières et *Charleville*, qui sont réunies l'une à l'autre: la première, place forte ancienne, peu peuplée; la seconde, ville industrielle, nouvelle et pleine d'activité; **Sedan**, qui fabrique des draps.

188. Une partie de cette région n'appartient plus à la France depuis 1871. C'est l'Alsace à l'Est, et la Lorraine septentrionale, dont l'Allemagne s'est emparée.

L'*Alsace* comprend le versant oriental des Vosges et une partie de la vallée du Rhin. Elle forme une belle plaine couverte de cultures et de villes industrielles entre les Vosges et le Rhin.

Les villes principales sont **Strasbourg**, ville très forte près du Rhin, et **Mulhouse**, ville industrielle, près de la *Trouée de Belfort*.

La Lorraine septentrionale a pour ville principale **Metz**, place forte sur la Moselle.

Les habitants de l'Alsace et de la Lorraine ont toujours été remarquables par leur énergie, leur amour du travail, leur attachement à la France.

Questionnaire

Décrivez la région du Nord-Est. — Parlez de ses habitants. — Quelles y sont les industries principales? — Pourquoi les villes y sont-elles fortifiées? — Énumérez les villes principales en donnant quelques indications sur chacune d'elles. — Parlez de l'Alsace. — Quelles sont les villes principales? — Parlez de la Lorraine septentrionale. — Quelle en est la plus grande ville? — Parlez des habitants de la région.

RÉSUMÉ. — *Distinguez les régions de montagnes et les régions de plaines. — Montrez que les premières sont celles d'où les eaux descendent en se séparant, les secondes celles où elles aboutissent en se réunissant. — Indiquez l'importance de ceci au point de vue de la population, du commerce, des communications, etc. Quelle région habitez-vous? — Quelles sont les régions les plus voisines de celle que vous habitez? — Quelle est la plus grande ville de votre région? — Quelle en est la production caractéristique? — Quelle y est la plus grande industrie?*

CHAPITRE II

POPULATION DE LA FRANCE

189. Un pays peut présenter un chiffre d'habitants très considérable et cependant être faiblement peuplé, s'il est très étendu. Il faut donc connaître le rapport entre l'étendue et la population : c'est ce qu'on appelle établir la *densité* de la population.

En général, la population est plus dense dans les *plaines fluviales* et au *bord de la mer*, où l'agriculture, la pêche, le commerce offrent plus de ressources. Elle est moins dense dans les *montagnes*, où le sol est pauvre et l'accès difficile.

190. Les habitants des *plaines* s'adonnent surtout à l'agriculture; ceux des *montagnes* élèvent le *bétail* ou exploitent les *forêts*; ceux du *bord de la mer* sont presque tous

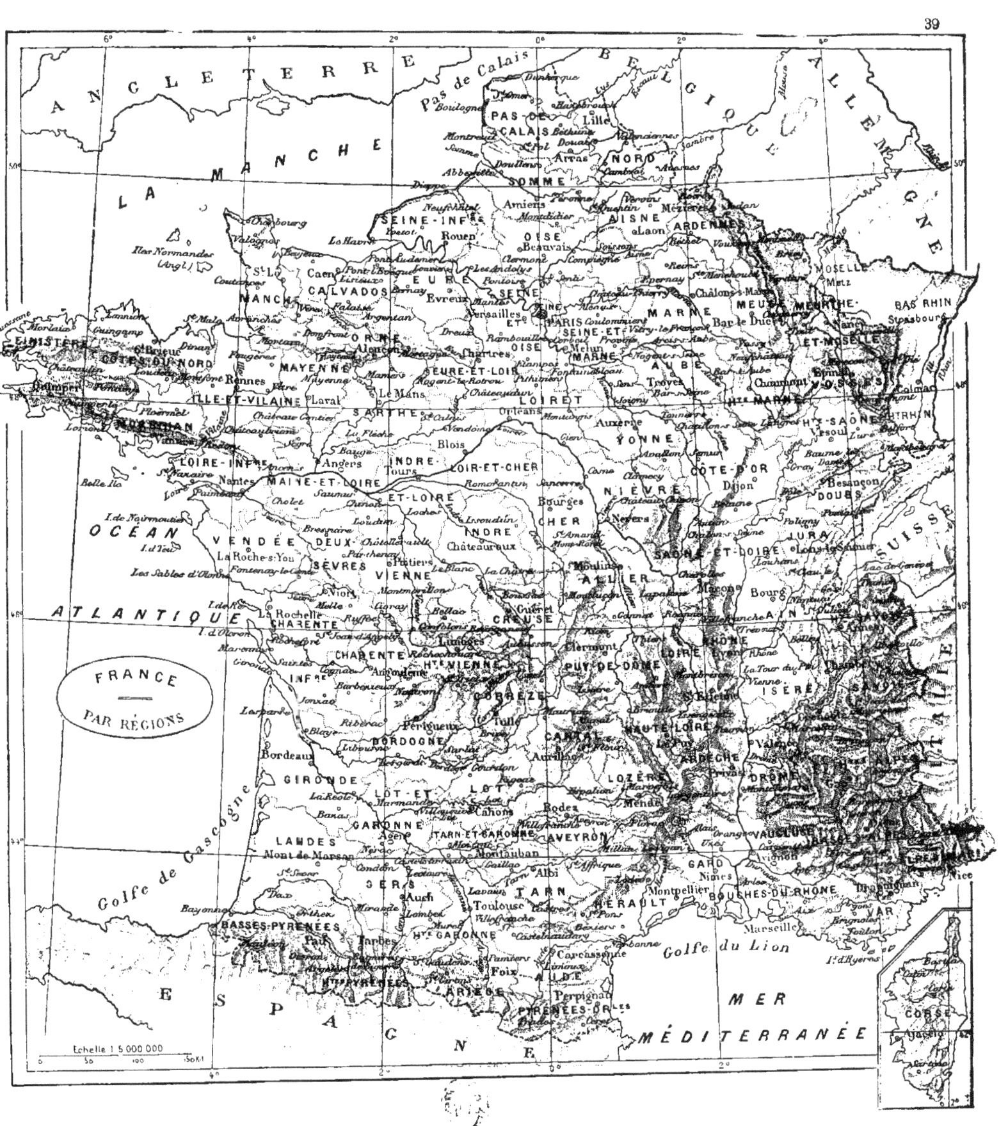

pêcheurs ou marins ; ceux des *villes* vivent plutôt de l'**industrie** et du **commerce**.

191. La population se renouvelle par les *naissances* ou par l'*immigration*, c'est-à-dire par l'arrivée d'étrangers ; elle diminue par la *mortalité* ou par l'*émigration*, c'est-à-dire par le départ d'habitants qui vont s'établir dans les pays étrangers.

Dans les contrées de l'Europe l'émigration est en général plus forte que l'immigration.

Pour connaître le chiffre des habitants d'un pays, on fait à des époques fixes le *recensement* de la population. En France ce dénombrement a lieu tous les cinq ans.

192. D'après le recensement de 1881, la

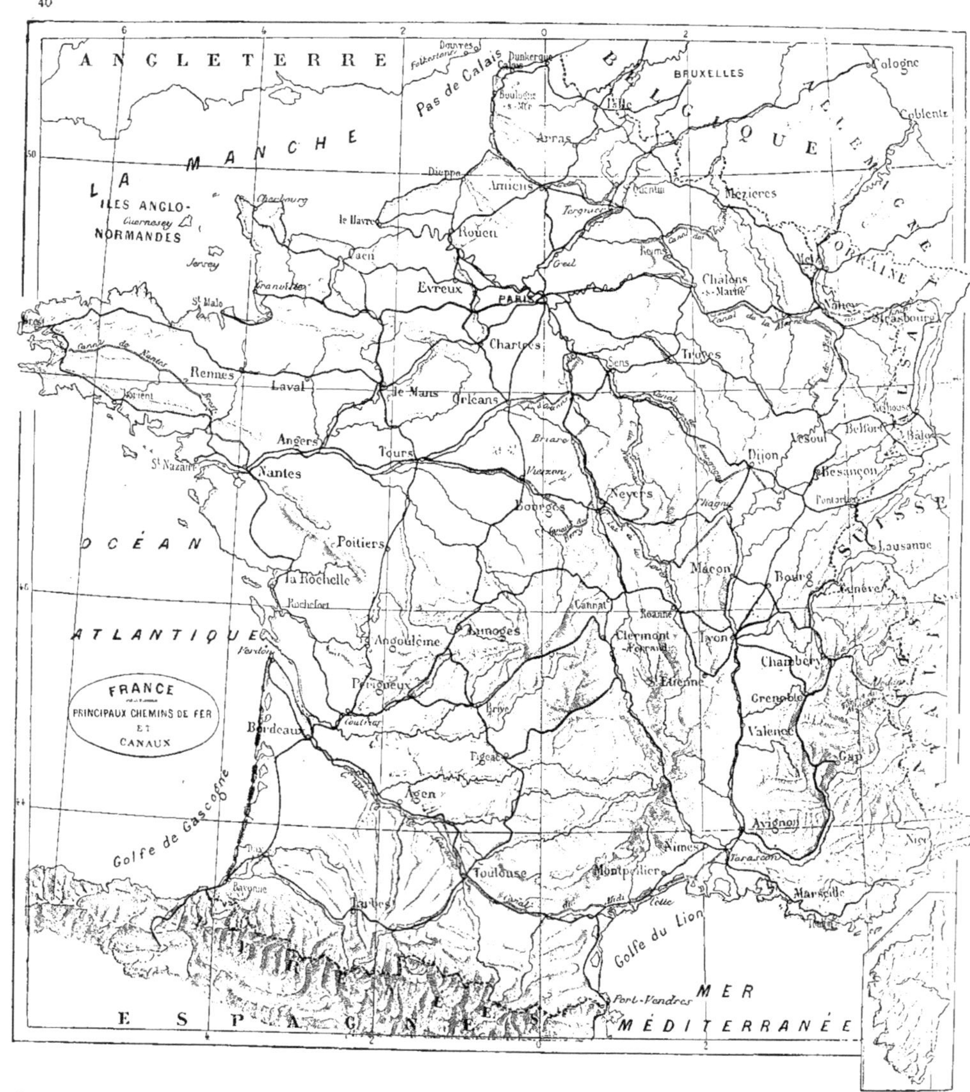

France renferme environ 38 millions d'habitants (37 672 048); elle en a à peu près 44 millions en comptant l'Algérie et les colonies. — L'augmentation de la population s'est un peu ralentie depuis un certain nombre d'années.

Comparaison avec d'autres États :
France............... 38 millions.
Chine.......... 350 à 400 —
Russie d'Europe ...... 84 —
États-Unis d'Amérique. 50 —
Allemagne........... 45 —

Angleterre........... 35 millions.

193. Pour connaître la densité de la population d'une contrée, on suppose que les habitants sont répartis également sur tou. le territoire. De cette manière on compte

En Belgique.. 187 hab. par kil. carré.
En Angleterre 112   —
En Allemagne 84   —
En France ... 71   —
En Russie ... 12   —

Ainsi la Russie, qui a 84 millions d'habitants, est moins habitée que la France; la Belgique, qui en compte seulement 5 500 000, est plus habitée que la France.

En France, les parties les plus peuplées sont le *Nord*, les *environs de Paris* et de *Lyon*, la côte de *Provence;* les moins peuplées sont le *Massif Central* et les *Alpes*

194. Les départements où la densité de population est la plus forte sont :

La Seine.. 5844 h. par k. c.; 2 800 000 h.
Le Nord .. 282   —   1 600 000
Le Rhône. 265   —   740 000

Les départements où elle est la plus faible sont :

La Lozère....... 28 h. p. k. c.; 143 000 h.
Les Hautes-Alpes 22   —   120 000
Les Basses-Alpes 19   —   130 000

195. Dix villes de France dépassent 100 000 hab. et réunissent, à elles seules, *4 millions d'hommes.*
Ce sont **Paris, Lyon, Marseille, Bordeaux,** *Lille, Toulouse, Nantes, Saint-Etienne, Rouen, le Havre.*

Questionnaire.

Qu'appelle-t-on densité de population? — Pourquoi est-il utile de connaître la densité de la population ? — Où les hommes sont-ils en général plus nombreux ? — Moins nombreux ? — Comment se renouvelle et comment diminue la population ? — Quel est le chiffre de la population de la France ? — Faites la comparaison avec quelques autres États. — Comparez la densité de population dans quelques États. — Quelles sont les parties de la France les plus habitées? — Les moins habitées ? — Citez quelques départements. — Quelles sont les dix villes de France les plus peuplées ?
La commune que vous habitez est-elle très peuplée ? — Cherchez le chiffre d'habitants de votre département. — Quelle est la ville la plus peuplée de votre voisinage?

CHAPITRE III

VOIES DE COMMUNICATION

196. Les **routes** et **chemins** de France sont divisés, suivant leur importance, en routes nationales, routes départementales, chemins de grande communication, *chemins vicinaux.*
Autrefois les routes étaient rares : dans les pays de montagnes elles; manquaient presque entièrement; dans d'autres pays, tels que la Bretagne ou la Vendée, on ne trouvait que des *chemins creux* difficilement praticables.
Aujourd'hui la France est couverte d'un immense réseau de routes qui réunissent entre elles toutes les parties du pays.
Dans les régions de hautes montagnes cependant, bien des points ne sont encore accessibles que par des sentiers plus ou moins larges, et les routes vont chercher les parties abaissées ou *cols* pour passer d'un versant à l'autre.

CHEMINS DE FER

197. Les **chemins de fer** offrent sur les routes l'avantage de donner une rapidité plus grande et de permettre le transport de masses plus considérables et plus lourdes.
La France a aujourd'hui 30 000 *kilomètres* de lignes ferrées.
La *Belgique*, l'*Angleterre*, l'*Allemagne*, la *Suisse*, la *Hollande*, proportionnellement à leur étendue, ont plus de chemins de fer.

198. C'est dans les **plaines** que les voies ferrées sont le plus nombreuses, parce qu'on a moins de peine à les y construire et qu'elles y rencontrent plus de villes.
Dans les **montagnes**, les difficultés sont grandes; il faut monter peu à peu par de longues courbes, ou percer la montagne par des *tunnels.*
Pour passer de **France** en **Italie** on a dû creuser un **tunnel** de 12 *kilomètres* à travers les Alpes.
Dans le Massif Central aussi on a dû accomplir des travaux considérables. La ligne de Clermont-Ferrand à Nîmes, par la sauvage vallée de l'Allier, est presque partout taillée dans le roc. A travers le Plomb du Cantal sont creusés deux tunnels superposés, dont l'un donne passage à la route des voitures, l'autre au chemin de fer.
Les chemins de fer sont exploités par des *grandes compagnies*, au nombre de six, ou par l'État.

199. Les lignes les plus suivies sont celles qui partent de **Paris** vers la **frontière** et les **pays voisins.**

Les principales sont :
La ligne de **Paris** au **Havre** par Rouen.
La ligne de Paris à **Cherbourg** par *Caen.*
La ligne de Paris à Brest par le **Mans** et *Rennes.*
La ligne de Paris à **Nantes** et Saint-Nazaire par Orléans, Tours, *Angers.*
La ligne de Paris à **Bordeaux** et en **Espagne** par Tours, Bordeaux, Bayonne.

La ligne de Paris à **Toulouse** par Orléans, *Limoges.*
La ligne de Paris à **Nîmes** par *Clermont-Ferrand.*
La ligne de Paris à la **Méditerranée** par Dijon, **Lyon, Marseille,** *Toulon, Nice;* avant Marseille, une ligne s'en détache et va jusqu'en **Espagne.**
La ligne de Paris en **Italie** par Dijon, *Mâcon, Chambéry;* elle franchit les *Alpes* par le *tunnel* dit *du Mont Cenis.*
La ligne de Paris en **Suisse** par Dijon.
La ligne de Paris en **Suisse** par Belfort.
La ligne de Paris à **Strasbourg** et en **Allemagne** par Nancy.
La ligne de Paris en **Belgique** par *Saint-Quentin.*
La ligne de Paris à **Lille** et en **Belgique** par Amiens.
La ligne de Paris à la **mer du Nord** par Amiens, Boulogne, Calais. C'est par cette ligne qu'on va en **Angleterre**, en s'embarquant à Boulogne ou à Calais.
Entre ces lignes se croisent d'autres voies ferrées extrêmement nombreuses.

200. Quelques-unes se continuent à travers toute la France en tournant pour ainsi dire *autour de* **Paris.**
Ainsi une ligne relie Rouen, Orléans, *Troyes, Châlons,* Reims, Amiens.
Une autre ligne va de **Caen** à **Tours**, à *Bourges*, à Roanne, à Lyon.
Une autre de **Brest** à **Nantes**, à *la Rochelle*, à Bordeaux.
Une autre de **Bordeaux** à **Clermont-Ferrand**, à Saint-Étienne, à Lyon.
Une autre de **Bordeaux** à **Toulouse**, *Montpellier* (puis *Marseille*).
Dans le *Sud-Est*, l'*Est* et le *Nord-Est*, on trouve une ligne de **Lyon** à Besançon, Nancy, *Mézières* et Lille.

201. Ainsi les chemins de fer français s'étendent dans tous les sens; mais ce sont tout naturellement les pays les plus commerçants et les plus industriels qui en ont le plus grand nombre.
Par exemple, nulle part il ne s'en trouve plus qu'au our de *Paris*, de *Lille*, de *Lyon.*
On a commencé à établir de petites lignes d'*intérêt local*, qui servent surtout à amener aux lignes principales les produits industriels et agricoles.

Questionnaire.

Quelles sont les différentes espèces de routes et chemins ? — Existe-t-il aujourd'hui plus de routes qu'autrefois ? — Dans quelles parties du pays en existe-t-il le moins ?
Quel est l'avantage des chemins de fer sur les routes

ordinaires ? — La France a-t-elle beaucoup de chemins de fer ? — En a-t-elle plus que les autres pays ? — Où les chemins de fer sont-ils nombreux et pourquoi ? — Quels travaux faut-il faire pour construire des chemins de fer dans les montagnes ? — Parlez d'un grand tunnel.

Comment sont exploités les chemins de fer ? — Quelles sont les lignes les plus importantes ? — Citez les lignes de Paris, d'abord en ne donnant que les deux points extrêmes, et ensuite en citant les points intermédiaires. — Citez les principales lignes qui ne passent pas par Paris. — Autour de quelles villes y a-t-il surtout des chemins de fer ? — Parlez des lignes d'intérêt local.

Êtes-vous dans un pays où il existe beaucoup de chemins de fer ? — Pourquoi y en a-t-il ou n'y en a-t-il pas beaucoup ? — Le lieu que vous habitez est-il sur une ligne de chemin de fer ? — Comment iriez-vous au chef-lieu de votre département ou des départements limitrophes ? — Au chef-lieu de votre arrondissement ou des arrondissements limitrophes ? — Comment iriez-vous à Paris, à Lyon, à Marseille, à Bordeaux, à Lille, au Havre ? — Demandez combien on met de temps aujourd'hui, et combien on en aurait mis autrefois pour aller, du lieu que vous habitez, à Paris, par exemple.

RIVIÈRES ET CANAUX

202. L'avantage du transport par les **cours d'eau** est que les prix sont beaucoup moins considérables; en effet, une **rivière** est une *route toute faite;* en outre, un seul bateau porte encore plus qu'un train de chemin de fer : seulement on va beaucoup moins vite.

203. Mais les rivières ne sont pas navigables partout, et il n'en existe pas partout.

Le bassin de la Seine, dont les pentes sont très égales, est celui qui présente le plus de cours d'eau navigables naturellement.

La Seine, la *Marne* et l'*Oise* sont très suivies par la navigation. La Basse-Seine reçoit même de gros navires.

Au contraire, la *Loire,* dont les eaux sont très irrégulières, le *Rhône,* dont le courant est trop rapide, la *Garonne,* qui a peu de profondeur, se prêtent moins bien au transport par eau.

204. Ce qu'il faut aussi remarquer, c'est que, les bassins de fleuves étant séparés les uns des autres, les cours d'eau naturels n'établissent pas de communication d'un bout à l'autre d'un même pays.

C'est pourquoi on a construit les **canaux,** *rivières creusées de main d'homme.*

Certains canaux *suivent une rivière* dans la partie où elle n'est pas navigable : on les appelle **canaux latéraux**; les plus considérables sont ceux qui suivent la **Garonne** et la **Loire.**

D'autres mettent en communication *deux bassins;* on les appelle **canaux de jonction.** Ce sont les plus importants, mais les plus difficiles à établir, car il faut qu'ils gravissent et descendent les pentes qui séparent les deux bassins.

Pour y parvenir, on fait arriver l'eau des parties élevées vers la *ligne de partage* ou *bief.* De là elle descend des deux côtés, mais on la retient par des *écluses,* à travers lesquelles les bateaux descendent ou montent graduellement comme sur un escalier liquide.

205. Les principaux canaux, comme les principaux chemins de fer, ont pour but de faire communiquer **Paris** et la Seine avec les autres parties de la **France.**

Ce sont :

Le canal de **Saint-Quentin,** qui réunit la Seine à l'Escaut par l'*Oise* et par la *Somme* (Paris, Saint-Quentin, Lille, Amiens).

Le canal de la **Sambre,** qui réunit la Seine à la Meuse par l'*Oise* et la *Sambre* (Paris, Maubeuge, Namur en Belgique).

Le canal des Ardennes, qui réunit la Seine à la **Meuse** par l'*Oise* et l'*Aisne* (Paris, Mézières).

Le canal de **la Marne au Rhin,** qui réunit la Seine au Rhin par la *Marne,* la *Meuse* et la *Moselle* (Paris, Châlons, Nancy, Strasbourg).

Le canal de **Bourgogne,** qui réunit la Seine au Rhône par l'*Yonne* et la *Saône* (Paris, Dijon).

Le canal du Nivernais, qui réunit la Seine à la Loire par l'*Yonne* (Paris, Decize).

Le canal d'**Orléans,** qui réunit la Seine et la Loire par le *Loing,* et qui se divise en deux parties, l'une sur Briare, l'autre sur Orléans.

206. D'autres canaux font communiquer les bassins autres que la Seine.

Le canal d'Ille et Rance réunit la *Rance* à la *Vilaine* (Rennes, Saint-Malo).

Le canal de Nantes à Brest réunit la rade de **Brest** à la Loire par le *Blavet* et la *Vilaine* (Brest, Nantes).

Le canal du **Midi,** le plus long de tous les canaux français, réunit la **Garonne** au **Rhône** par le *Lhers,* le *Fresquel,* l'*Aude* (Bordeaux, Toulouse, Cette, Arles).

Le canal du **Centre** réunit la **Loire** au **Rhône** par la *Saône* (Nevers, Mâcon, Lyon).

Le canal du **Rhône au Rhin** réunit les deux fleuves par la Saône, le Doubs et l'*Ill* (Lyon, Mâcon, Mulhouse, Strasbourg).

C'est dans le *Nord,* et surtout dans la *Flandre,* qu'il y a le plus de canaux.

LE FLOTTAGE

207. Une rivière est **flottable** lorsque, n'ayant pas encore assez d'eau pour porter des embarcations, elle en a assez pour entraîner des pièces de bois isolées ou réunies en radeau.

Dans les pays de montagnes et de forêts, on coupe les arbres sur place et on les abandonne au cours de l'eau. Le transport ne coûte pour ainsi dire rien et peut se faire par masses énormes.

Une des parties de la France où le flottage est le plus usité est la région du **Morvan** et du **Nivernais.**

Questionnaire.

Quel est l'avantage du transport par les cours d'eau ? — L'inconvénient ? — Quelles sont les rivières les plus navigables ? — Moins navigables ? — Qu'est-ce que les canaux ? — Parlez des différentes espèces de canaux. — Quelle difficulté rencontre-t-on pour établir un canal de jonction ? — Qu'a-t-on imaginé ?

A quelle ville et à quel bassin se rattachent les principaux canaux ? — Énumérez-les. — Dites quelles rivières ils réunissent et quelles villes ils font communiquer. — Parlez des canaux qui n'aboutissent pas à la Seine. — Quel est le plus long de tous les canaux français ? — Quand dit-on qu'une rivière est flottable ? — Parlez du flottage. — Où se fait-il surtout ?

Existe-t-il beaucoup de canaux dans le pays que vous habitez ? — Pourquoi y en a-t-il ou n'y en a-t-il pas ? — Habitez-vous près d'une rivière navigable ou flottable ? — Cherchez si l'on pourrait aller par rivière ou par canal du lieu que vous habitez à Paris, à Lyon, à Marseille, à Bordeaux, à Lille, au Havre et comment on trait.

CHAPITRE IV

COMMUNICATIONS AVEC L'ÉTRANGER

208. Les habitants d'un pays ont intérêt à communiquer entre eux, et au moins autant avec les pays étrangers. En effet, ils vont y chercher les produits qui leur manquent ou y vendre les objets qu'ils ont fabriqués. De cette façon ils s'approvisionnent et ils s'enrichissent.

209. La France est en rapport avec les autres contrées **par terre et par mer.**

Il ne faut pas croire que la mer soit un obstacle aux communications et que la terre les facilite. C'est presque le contraire qui est vrai.

La mer est toujours ouverte, tandis que la terre est souvent fermée, par exemple par de hautes montagnes.

Ainsi pendant longtemps, pour aller de *France* en *Italie* et en *Espagne,* on ne suivait guère que la voie de mer, à cause des *Alpes* et des *Pyrénées,* qui fermaient la route de terre. Aujourd'hui encore, malgré les chemins de fer, on préfère souvent la mer pour le transport des marchandises, parce qu'il est ainsi moins coûteux.

210. La situation de la France est très favorable pour le commerce extérieur. Du côté du continent, la plaine du **Nord-Est** forme comme une grande route aplanie jusqu'en Russie.

211. La **Manche** et la **mer du Nord** mettent notre pays en rapport avec l'*An-*

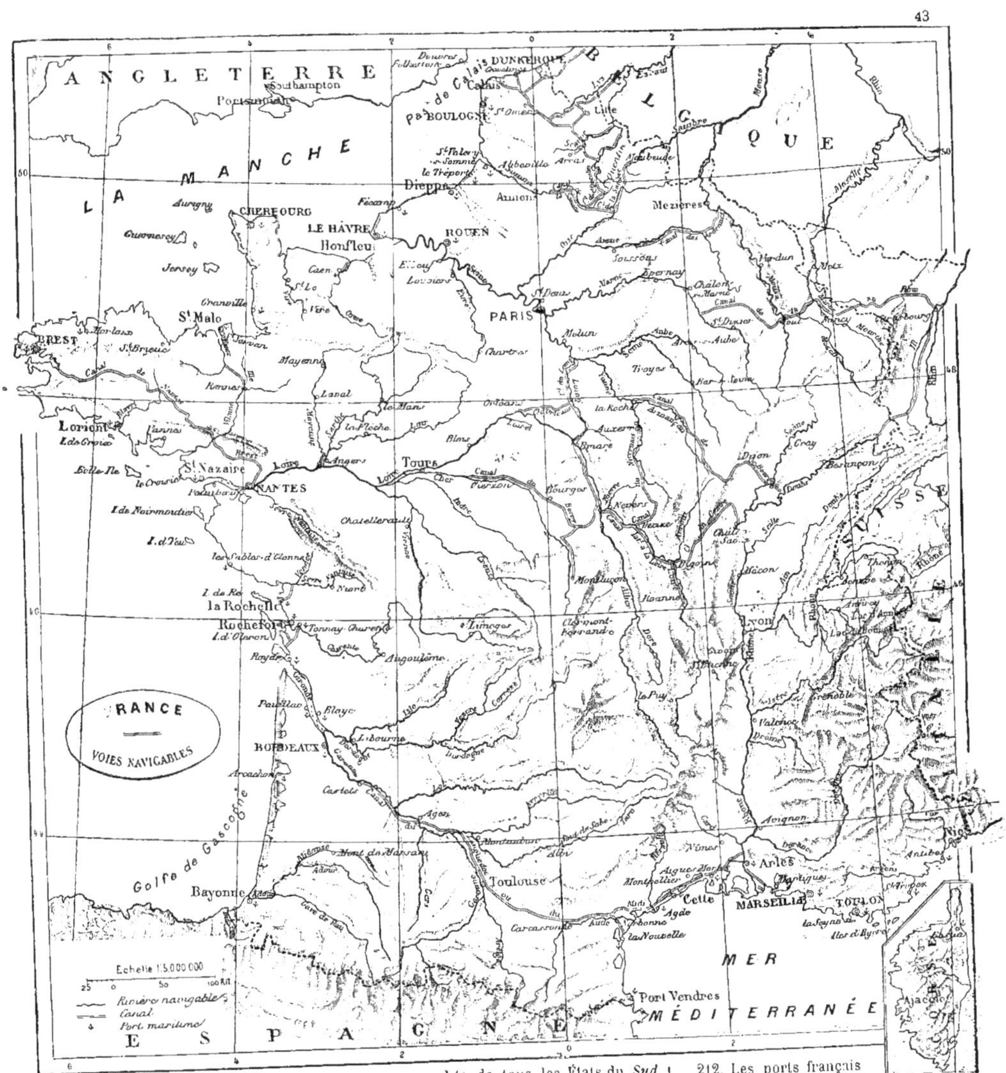

gleterre, l'*Allemagne*, la *Russie*, les pays *Scandinaves*.

L'océan **Atlantique** est la route qui mène d'*Europe* vers les deux *Amériques* et vers l'*Afrique occidentale*.

Enfin, par la **Méditerranée**, la France est rapprochée de tous les États du *Sud de l'Europe* et de l'*Afrique septentrionale*. Depuis que le canal de Suez a été creusé, elle est située au point de départ du chemin maritime le plus direct vers l'*Asie méridionale* et *orientale*.

212. Les ports français d'où se font des départs de navires à *jour fixe* sont :

Sur le détroit du Pas de Calais, **Calais**, le port le plus fréquenté pour le *passage en Angleterre*. La traversée de Calais

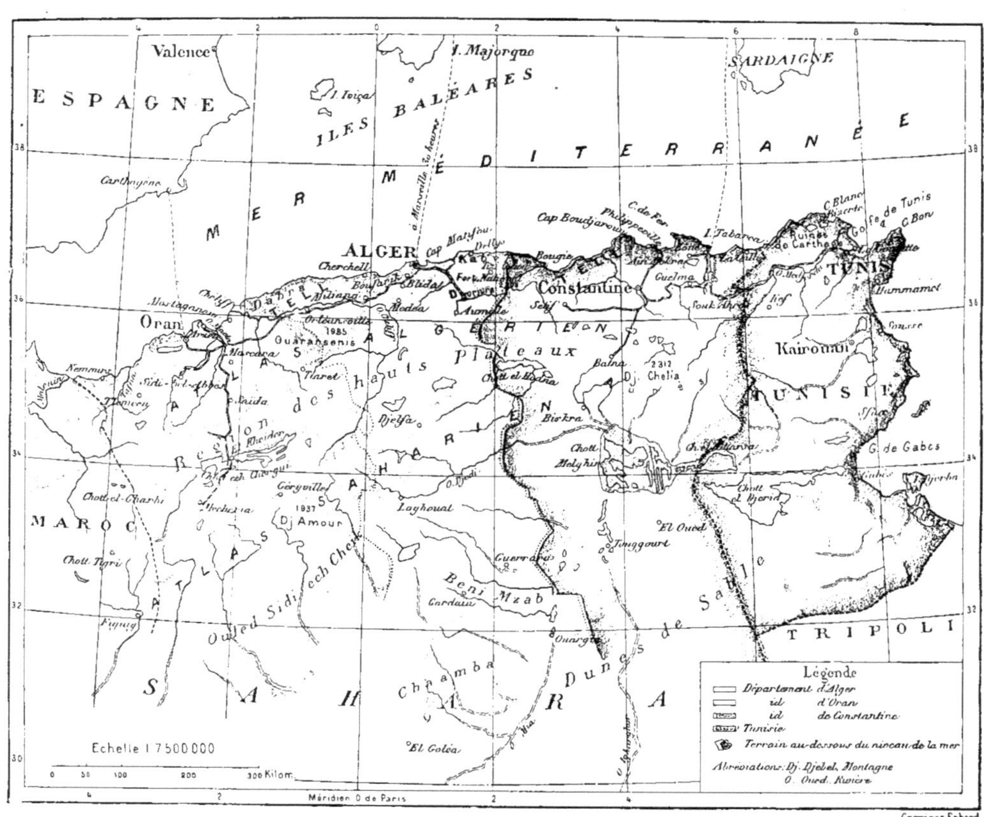

à *Douvres* s'accomplit en une heure et demie. Mais il existe entre la France et l'Angleterre un si grand mouvement commercial, que, pour le faciliter, davantage on songe à creuser un *tunnel sous-marin* qui permettrait d'aller en wagon de *Paris* à *Londres*.

Sur la Manche, **Boulogne** et *Dieppe*, ports fréquentés pour la traversée entre la *France* et l'*Angleterre*;

Le Havre, à l'embouchure de la Seine, par où se font surtout les communications avec *New-York* et l'*Amérique du Nord*.

Sur l'Atlantique, **Nantes** sur la Loire, et **Saint-Nazaire** à l'embouchure de ce fleuve, d'où partent les paquebots périodiques vers les *Antilles* et l'*Amérique centrale*.

Bordeaux, d'où se dirigent les paquebots périodiques vers les *Antilles* et l'*Amérique du Sud* (*Brésil* et *Plata*) et vers le *Sénégal*.

213. Sur la Méditerranée, **Marseille**, où une nombreuse flotte de navires à vapeur communique avec toutes les parties du monde, principalement avec l'*Algérie*, située à moins de deux jours de distance, avec l'*Italie*, l'*Espagne*, la *Turquie*, l'*Asie Mineure*, l'*Égypte*: puis, par le canal de Suez, avec l'*Inde*, la *Malaisie*, l'*Australie*, la *Chine* et le *Japon*.

Port-Vendres se trouve au point du littoral français le plus rapproché de l'*Algérie*.

De nombreux câbles sous-marins unissent la France aux diverses parties du monde; citons principalement celui qui joint *Brest* à *New-York*.

Questionnaire.

Pourquoi chaque pays a-t-il besoin de communiquer avec l'étranger? — Les communications sont-elles plus faciles par terre que par mer? — Donnez des exemples. — Montrez pourquoi la situation de la France est favorable pour le commerce extérieur. — Avec que pays surtout la Manche et la mer du Nord mettent-elles la France en relation? — l'océan Atlantique? — la Méditerranée? — Parlez des avantages du percement de l'isthme de Suez. — Voyez sur la mappemonde les anciennes et les nouvelles routes maritimes vers l'Asie.

Quels sont les ports où il y a des communications à jour fixe entre la France et l'Angleterre? — entre la France et les États-Unis? — entre la France et les Antilles? — entre la France et l'Amérique du Sud? - Parlez des communications de Marseille avec les pays de la Méditerranée, l'Asie et l'Océanie.

Quels sont les principaux câbles sous-marins entre la France et les autres pays?

Habitez-vous un port ou près d'un port? — Quel est le port le plus voisin? — Comment y aller? — Comment iriez-vous à Londres, à New-York, à Rio-de-Janeiro, dans l'Inde, en Chine ou au Japon?

Parmi les objets dont vous vous servez ou parmi les produits qui servent à votre nourriture, désignez séparément ceux qui peuvent provenir du pays même que vous habitez, ou de la France en général, ou d'un pays étranger — Demandez si le pays que vous habitez envoie des objets ou des productions du sol dans les autres parties de la France ou à l'étranger.

LIVRE V

ALGÉRIE. — COLONIES

CHAPITRE PREMIER

ALGÉRIE ET COLONIES, PROTECTORATS

214. Une **colonie** est un territoire occupé par une nation dans une autre partie du monde, pour y recueillir des produits naturels et s'assurer les bénéfices du commerce avec la population indigène.

De plus, les colonies étendent au loin l'influence de la mère patrie, et elles constituent des points de refuge ou d'attaque pour les flottes ou pour les armées.

On donne le nom de **protectorat** au droit de surveillance exercé sur un État indigène qui continue à être indépendant, au moins en apparence.

215. Les colonies et protectorats français, en y comprenant l'**Algérie**, occupent sur le globe un espace de 1 *million* de kilomètres carrés, deux fois à peu près la surface du sol français, mais on n'y compte que 8 *millions* d'habitants.

C'est bien peu, surtout si l'on fait la comparaison avec l'*Angleterre*, dont les possessions occupent 20 *millions* de kilomètres carrés, et contiennent plus de 250 *millions* d'habitants.

La France a eu jadis de grandes colonies; elle les a perdues pour ne pas avoir compris combien il était important de les soutenir. Celles que nous avons actuellement ne sont *ni assez connues ni assez visitées par les Français*.

216. Presque toutes nos possessions sont situées dans des pays chauds, la végétation y est plus riche et plus éclatante qu'en France; le cotonnier, la canne à sucre, le caféier, etc., y croissent en abondance.

Outre les Français qui peuplent ces territoires éloignés, il s'y trouve également les *indigènes*, à peine civilisés, ou même parfois tout à fait sauvages.

Dans les contrées tropicales, les Français ne peuvent pas mener la même vie que dans leur pays. Ils doivent prendre certains soins d'hygiène; le travail manuel leur est pénible, aussi n'y a-t-il guère d'industrie. C'est l'Europe qui leur fournit des objets fabriqués et qui reçoit en échange les produits naturels du sol.

217. Principales possessions ou colonies françaises:

En Afrique : l'**Algérie**, le Sénégal, le *Gabon*, l'île de la Réunion. Protectorat : la **Tunisie**.

En Asie : l'**Inde française**, la **Cochinchine française**. Protectorats : le *Cambodge*, l'*Annam* et le **Tonkin**.

En Océanie : la *Nouvelle-Calédonie*, les îles *Marquises* et *Taïti*.

En Amérique : la *Guyane*, la **Martinique**, la **Guadeloupe**, *Saint-Pierre* et *Miquelon*.

CHAPITRE II

ALGÉRIE

218. L'**Algérie** n'est pas une colonie ordinaire : c'est comme une *partie de la France*, située au nord-ouest de l'Afrique et séparée de la mère patrie par la Méditerranée.

Elle est bornée, au Nord par la **mer Méditerranée**, à l'Ouest par l'État de **Maroc**, à l'Est par la régence de **Tripoli** et par la **Tunisie**.

Ses limites de l'Est et de l'Ouest sont conventionnelles; au Sud on ne peut pas dire exactement où l'Algérie s'arrête dans la région du *Sahara*.

L'Algérie est plus grande que la France; elle couvre environ 660 000 kilomètres carrés (France, 530 000), mais beaucoup de parties de cette surface sont inhabitées et inhabitables.

LITTORAL

219. La côte de la Méditerranée est peu découpée; on n'y trouve ni caps bien saillants, ni golfes profonds.

Elle est presque partout composée de falaises ou de rochers abrupts.

Les points principaux sont, de l'Est à l'Ouest : le cap de *Fer*, la baie de *Philippeville*, le cap *Boudjaroun*, la baie d'*Alger*, la baie d'*Oran*.

RELIEF DU SOL

220. L'Algérie est un pays accidenté.

Au bord de la mer s'étendent des montagnes et des vallées enchevêtrées les unes dans les autres. Cette région porte le nom de **Tell**.

Au centre, dans le même sens que la côte, s'élève un long **plateau** qui forme comme le dos de la contrée, et qui est bordé, au Sud et au Nord, par des chaînes de montagnes.

Au Sud s'ouvrent à perte de vue les grandes plaines de sable ou de rochers du **Sahara**, légèrement ondulées.

Ces trois parties se succèdent comme trois grandes bandes dirigées de l'Est à l'Ouest dans le sens de la latitude.

221. Les montagnes de l'Algérie font partie de la grande chaîne de l'**Atlas**, qui couvre aussi le Maroc et la Tunisie.

On divise souvent l'Atlas en *petit Atlas* au Nord, le long de la mer, *moyen Atlas* au centre, et *grand Atlas* au Sud.

Les massifs principaux en Algérie constituent le **Djurjura** au Nord-Est, le **Djebel-Aurès** au Sud-Est.

Le *Djebel-Chélia* (*djébel* signifie montagne), dans l'Aurès, est le point culminant (2330 mètres).

Les sommets algériens n'atteignent ni la hauteur des Alpes, ni celle des Pyrénées, mais ils sont plus élevés que les sommets du Massif Central.

Questionnaire.

Rappelez les cinq parties du monde, les cinq Océans. — Indiquez leur situation par rapport à l'Europe, par rapport à la France.

Qu'est-ce qu'une colonie? — Quelle importance y a-t-il pour une nation à avoir des colonies? — Qu'est-ce que le protectorat? — Quelle est l'étendue et la population des colonies et protectorats français, en y comprenant l'Algérie? — Comparez à l'Angleterre.

Dans quelles contrées nos colonies sont-elles généralement situées? — Quelle différence présentent-elles avec la France? — Quels peuples y trouve-t-on à côté des Français? — Quelle est la vie que mènent les Européens aux colonies?

Énumérez les principales colonies ou possessions, ou protectorats, en Afrique, en Asie, en Océanie, en Amérique.

Où est située l'Algérie? — Quelles en sont les bornes? — Sont-elles bien déterminées? — Parlez de son étendue en la comparant à celle de la France.

Décrivez la côte algérienne de la Méditerranée. — Citez-en les points principaux.

L'Algérie est-elle un pays accidenté? — Citez et décrivez chacune des trois régions qui la composent. — Montrez dans quel sens elles vont.

A quelle grande chaîne se rattachent les montagnes de l'Algérie? — Comment divise-t-on souvent l'Atlas? — Quels en sont les massifs principaux en Algérie? — Le point culminant? — Les plus hauts sommets sont-ils égaux à ceux des Alpes, des Pyrénées, du Massif Central?

HYDROGRAPHIE

222. L'Algérie est un pays insuffisamment arrosé; en effet, les pluies y sont très rares, et la chaleur si forte, que beaucoup de ruisseaux tarissent à peu de distance de leur source.

Les cours d'eau qu'on appelle *oued* ne sont pas navigables; mais ils peuvent distribuer au sol l'humidité qui le rend fertile. Aussi cherche-t-on à les régulariser et à les utiliser le plus possible, soit par des *barrages*, soit par des *canaux d'irrigation*.

Les eaux courantes se trouvent surtout dans le **Tell**, qu'elles traversent pour descendre à la mer.

223. Les principales rivières sont, de l'Est à l'Ouest :

La *Seybouse*,
Le **Chéliff**,
La *Macta*.

Le **Chéliff**, à peu près égal en longueur à la Seine, est la plus grande rivière algérienne ; comme tous les cours d'eau du pays, il n'a presque pas d'eau en été et coule à travers des bancs de sable.

224. Sur le **Plateau**, les eaux courantes sont rares, et descendent pour la plupart dans de grands étangs saumâtres ou salés appelés **Chotts**, sortes de bassins sans écoulement.

Cependant, en utilisant tous les ruisseaux de cette région pour arroser le sol, on pourra la rendre fertile.

225. Le **Sahara** reçoit fort peu de pluie. C'est à peine si l'on voit des eaux à la surface du sol.

Vers la frontière de la Tunisie s'étendent des *Chotts* à moitié desséchés, où l'eau, le sel et le sable se mélangent.

Partout ailleurs, sur des centaines de lieues, il n'y a que de rares sources, enfoncées en terre et situées souvent à d'immenses intervalles.

Quelquefois aussi on peut suivre le lit desséché d'anciennes rivières qui ne sont plus que des couloirs de sable.

Les eaux ne manquent pas complètement, mais elles sont souterraines.

Questionnaire.

L'Algérie est-elle très arrosée ? — Pourquoi ne l'est-elle pas ? — Les cours d'eau sont-ils navigables ? — Quelle utilité offrent-ils ? — Comment cherche-t-on à en tirer parti ? — Où se trouvent surtout les eaux courantes ? — Énumérez les principales rivières. — Parlez du Chéliff.

Que trouve-t-on sur le Plateau ? — Le Plateau peut-il être fertilisé ? — Le Sahara est-il arrosé ? — Que contient-il près de la Tunisie ? — Que trouve-t-on dans les autres parties du Sahara ? — Parlez des sources du Sahara et des puits artésiens.

CLIMAT, PRODUCTIONS, VILLES PRINCIPALES

226. L'Algérie est un pays chaud et sec, mais dont certaines parties sont très fertiles, à la seule condition d'être arrosées. Les productions varient suivant qu'on est dans le Tell, sur le Plateau ou dans le Sahara.

227. Le **Tell** est la région la plus riche ; il occupe à peu près le quart du pays. La température y est chaude dans les vallées, plus douce au bord de la mer, fraîche sur les points élevés.

On y cultive le **blé**, la *vigne*, le *tabac*, les *légumes* et les arbres fruitiers de la France. En même temps, les plantes des pays chauds, comme l'*oranger*, le citronnier, le **dattier**, y croissent en pleine terre.

Les pentes des montagnes sont souvent couvertes de forêts, où poussent le *cèdre*, le *chêne-liège*, l'*olivier sauvage* ; on y exploite des carrières de *marbre*.

Enfin les mines donnent d'excellent **fer**, du *cuivre*, du plomb ; mais la houille manque, de sorte que, le métal ne pouvant être travaillé en Algérie, il faut l'envoyer en France à l'état de minerai.

228. Le **Tell** est la partie de l'Algérie la plus habitée ; c'est là que se sont établis presque tous les Européens, et que s'élèvent les plus grandes villes.

Les villes algériennes sont irrégulières, elles ont des rues tortueuses, étroites, afin que le soleil n'y pénètre pas. Les maisons, blanchies à la chaux, n'ont que fort peu d'ouvertures au dehors, suivant l'usage arabe. Dans beaucoup de villes cependant, on a commencé à percer de grands boulevards et à construire des maisons à la française.

229. Les *ports* les plus importants sont, de l'Est à l'Ouest :

Bône, situé près de la Seybouse ; dans le voisinage de la ville se trouvent les mines de fer de *Mokta-el-Hadid*, les plus riches de toute l'Algérie ;

Philippeville, le port le plus rapproché de Marseille ;

Alger, sur le golfe du même nom, la capitale de l'Algérie.

Alger, que les Arabes appellent la Ville de marbre, à cause de la blancheur de ses maisons, a 70 000 habitants ; quatorze villes de France seulement sont plus peuplées qu'elle. Aujourd'hui c'est une ville toute française, avec de larges rues, des monuments, des écoles.

Au sud de la ville s'étend la plaine de la *Métidja*, dont la fertilité est devenue proverbiale.

Oran, voisine de l'Espagne et du Maroc, est le premier port de commerce de l'Algérie.

230. La plus grande et la plus importante des villes de l'intérieur est **Constantine**, sur un haut plateau bordé de précipices, au fond desquels coule le Roumel.

Le pays voisin est aussi riche en blé que la Beauce ou la Brie, et le marché aux grains de Constantine est le plus fréquenté de toute l'Algérie.

Les autres villes sont, de l'Est à l'Ouest :

Sétif, située au milieu de champs de blé ;

Blida, près d'Alger, célèbre par ses beaux jardins d'oliviers et d'orangers ;

Miliana, dans les montagnes du voisinage d'Alger et *Tlemcen*, plus près d'Oran, également riches par l'agriculture.

231. Le **Plateau**, qui se prolonge au sud du Tell, s'élève à 800 mètres environ au-dessus de la mer ; il occupe à peu près la sixième partie de l'Algérie.

Le climat y est moins égal que dans le Tell ; on y éprouve d'extrêmes chaleurs, et aussi des froids très vifs. L'hiver y amène des tourmentes de neige très redoutables, mais l'air y est sec et salubre.

Le Plateau a des parties fertiles, cependant les cultures y sont encore peu étendues ; ses productions principales sont l'herbe, le sel et l'**alfa**.

L'**alfa** est une plante textile qui couvre des espaces sans bornes. C'est aujourd'hui la grande richesse du Plateau. L'alfa est exporté dans toute l'Europe, et surtout en Angleterre, pour servir à la *fabrication du papier*.

Les villes sont rares sur le Plateau ; la population y est en partie nomade.

Les principaux lieux habités sont *Batna* à l'Est, *Géryville* à l'Ouest ; ce sont surtout des positions militaires.

232. Le **Sahara** algérien s'étend au sud du Plateau, et fait partie du grand désert africain.

Il est composé de plateaux peu élevés ou de larges vallées de sables et de rochers. L'horizon s'y étend en bien des points à perte de vue ; aucun aspect n'est plus sauvage et plus grandiose.

Le climat est d'une extrême sécheresse : une année entière peut s'écouler sans qu'il pleuve. La température, très chaude pendant le jour, s'abaisse beaucoup la nuit, et il gèle assez souvent.

Le Sahara n'est point cependant tout entier stérile ou inhabité. Dès qu'une source amène un peu d'eau à la surface du sol, elle y crée une **oasis**, c'est-à-dire une forêt de palmiers et d'autres grands arbres, sous lesquels s'abritent des cultures, des villages et même des villes.

Les *dattes* sont la grande richesse du pays. Non seulement les habitants s'en nourrissent, mais ils les transportent à l'aide de leurs dromadaires jusque dans les villes de la côte, d'où on les exporte en Europe.

Le seul moyen d'augmenter les ressources du Sahara, c'est d'aller chercher l'*eau souterraine* ; aussi beaucoup de puits artésiens y ont déjà été creusés.

Les oasis les plus étendues renferment d'assez grandes villes, mais tout africaines. Les principales sont :

Laghouat et **Biskra**, au Nord ;
Ouargla, au centre, et *El-Goléa*, tout à
fait au Sud.

Laghouat.

233. *Les animaux.* — On trouve encore en Algérie un assez grand nombre
d'animaux sauvages.

Parmi les animaux domestiques, les plus
nombreux sont les *bœufs*, les *moutons*, les
chevaux, les *ânes*, les **chameaux**.

Le **cheval** algérien appartient à la race
arabe. Il est célèbre par la beauté de ses
formes et par sa vitesse.

Le **chameau**, ou plutôt le **dromadaire**,
est par excellence l'animal du désert. Son
extrême sobriété lui permet de traverser
les espaces du Sahara, et c'est grâce à lui
que les habitants des oasis communiquent
entre eux.

Les animaux féroces sont le *chacal*,
l'*hyène* et, le plus redoutable de tous, le
lion, qui devient extrêmement rare.

Questionnaire.

Décrivez le climat de l'Algérie. — A quelle condition
est-elle fertile ? — Parlez du Tell. — Quel est son climat ?
— Quelles en sont les productions ? — Que trouve-t-on
sur les pentes des montagnes ? — Parlez des mines.
Le Tell est-il habité et a-t-il de grandes villes ? —
Décrivez l'aspect des villes algériennes. — Quels sont les
ports les plus importants ? — Énumérez les principales
villes du Tell dans l'intérieur. — Revenez en particulier
sur Constantine.
Parlez du Plateau ; de son climat ; de ses productions.
— Parlez spécialement de l'alfa. — Y a-t-il beaucoup
de villes sur le Plateau ? — Quels sont les deux points
principaux ?
Décrivez le Sahara algérien. — De quoi fait-il partie ?
— Quel en est le climat ? —Le Sahara est-il partout infertile ? — Parlez des oasis. — Quelle est la principale
production du Sahara ? — L'exporte-t-on ? — Comment
les ressources et la fertilité du Sahara pourraient-elles
être augmentées ? — Quelles sont les principales villes
du Sahara.

234. *Population.* — C'est en 1830 que les
Français ont entrepris la conquête de l'Algérie ; depuis ce temps, un grand nombre
d'Européens sont venus s'y établir comme
colons à côté des indigènes.

Les Européens sont au nombre de 420 000,
sur lesquels il y a 230 000 **Français** et 30 000
juifs naturalisés français, 95 000 *Espagnols*, etc.

Les Européens sont en général des industriels, des commerçants, des ouvriers,
ou bien encore ils sont propriétaires de
domaines qu'ils cultivent.

Le fond de la population algérienne est
formé par les **Berbères** ou **Kabyles** et par
les **Arabes**, peuples de *race blanche*, bien
qu'ils aient en général le teint très foncé.

Les Kabyles sont les véritables habitants
du pays. Ils sont sédentaires, cultivent la
terre dans les campagnes, s'emploient
comme ouvriers dans les villes.

Les Arabes, bien différents des Kabyles,
composent la population nomade ; ils con-
naissent à peine la propriété, vivent sous
la tente, se déplacent fréquemment en
conduisant avec eux de grands troupeaux.
Ils sont venus jadis de l'Est en conqué-
rants.

Les indigènes parlent surtout la langue
arabe.

La population totale de l'Algérie est de
3 300 000 habitants.

GÉOGRAPHIE ADMINISTRATIVE

235. L'Algérie n'est pas considérée comme
une colonie, elle fait *partie intégrante de la
France.*

On y a institué, pour représenter le gouvernement, un *gouverneur général civil*,
qui réside à Alger, et dont les pouvoirs
s'étendent sur toute l'Algérie.

60 000 hommes de troupe occupent le
pays ; ils y forment le 19ᵉ corps d'armée.

236. L'Algérie tout entière est partagée
en deux espèces de territoires, le *territoire
civil* et le *territoire militaire.*

Le premier est administré par l'autorité
civile (*préfet*, etc.) et est partagé en *trois
départements ;* le second est gouverné par
l'autorité militaire.

Le Tell et une partie du Plateau comprennent surtout les territoires civils ; le
reste du Plateau et le Sahara sont des
territoires militaires.

Les premiers sont subdivisés, comme en
France, en *arrondissements* et *communes*,
les seconds en *subdivisions* et *cercles.*

237. Le département de **Constantine**
(chef-lieu : **Constantine**) forme les cinq
arrondissements de **Bône**, **Philippeville**,
Bougie, **Guelma** et **Sétif**.

Le département d'**Alger** (chef-lieu : Alger) forme les quatre arrondissements de
Tizi-Ouzou, **Médéa**, **Miliana** et **Orléans-
ville**.

Le département d'**Oran** (chef-lieu :
Oran) forme les quatre arrondissements de
Mostaganem, **Mascara**, **Sidi-bel-Abbès** et
Tlemcen.

238. *Communications. Commerce extérieur.* — L'Algérie n'a pas encore beaucoup
de routes et elle a peu de chemins de fer.

Les principales lignes ferrées vont d'**Alger**
à Oran, d'*Oran* à *Méchéria* (sur le Plateau),
de *Philippeville* à **Constantine** et Batna,
de *Bône* à Constantine.

Un chemin de fer réunit **Constantine** à
Tunis ; un autre réunira bientôt **Constantine** à Alger.

Le commerce extérieur est presque uni-
quement maritime ; il se fait surtout avec
la **France**, l'*Angleterre*, l'*Espagne*, l'*Italie*.
Il s'élève à plus de 400 *millions* de francs
par an.

L'Algérie reçoit des *objets fabriqués :*
étoffes, outils, machines.

Elle exporte surtout des *produits natu-
rels :* **blés**, *légumes*, *fruits* (primeurs), *alfa*,
liège, minerais de **fer** et de **cuivre**. Elle
commence à exporter des *vins*.

Des lignes de paquebots réguliers la relient à la France ; les ports d'où ils partent
sont *Bône*, *Philippeville*, **Alger**, *Oran*. Les
ports français où ils arrivent sont : *Ajaccio*,
Marseille, *Port-Vendres*. C'est de ce dernier
point que la traversée est la plus courte.

239. Du côté de la terre, les communications extérieures sont encore très difficiles.

On a songé à construire un chemin de
fer traversant le Sahara, pour aller au
centre du continent.

On a aussi pensé à mettre la Méditerranée en communication avec les étangs
du Sahara, *dont plusieurs sont au-dessous
du niveau de la mer*, de façon à former là
un grand bassin maritime.

La réalisation de ces projets est encore
incertaine.

240. Cependant l'Algérie peut prendre une
très grande importance et devenir une véritable **France** *africaine*. Le Tell est une
des plus belles et des plus fertiles régions
qu'il y ait dans le voisinage immédiat de
l'Europe.

Mais il reste encore beaucoup à faire,
et l'Algérie n'est pas encore ce qu'elle doit
devenir : une terre absolument française
par les mœurs et la civilisation.

Questionnaire.

ment chaque département est-il divisé ? — Marquez les différences et les ressemblances avec la France.

Énumérez les trois départements et leurs arrondissements.

Quelles sont les lignes de chemins de fer de l'Algérie ? — Le commerce extérieur est-il surtout maritime ou continental ? — Avec quels pays se fait-il principalement ? — Quelles sortes d'objets reçoit l'Algérie ? — Quelles productions expédie-t-elle ? — Existe-t-il entre la France et l'Algérie des lignes de paquebots réguliers ? — Quels sont les ports d'où ils partent et où ils s'arrêtent ? — De quel port français la traversée en Algérie est-elle la plus courte ?

Les communications extérieures sont-elles faciles du côté de la terre ? — Quels projets a-t-on formés pour les faciliter ?

L'Algérie peut-elle acquérir une grande importance ? — Comment ?

Dites quelles ressemblances et quelles différences vous trouvez entre le climat du pays que vous habitez et celui de l'Algérie. — Quelles ressemblances et quelles différences existent en ce qui concerne les productions ? — Quelles sont les productions que votre pays a comme l'Algérie ? — Celles qu'il n'a pas ? — Dites la même chose pour les animaux. — Dites en quoi l'administration de la France et celle de l'Algérie diffèrent ou se ressemblent. — Comment iriez-vous du pays que vous habitez à Alger ?

TUNISIE

241. La **Tunisie** est depuis 1881 sous le protectorat de la France.

Les bornes de la Tunisie sont, à l'Est et au Nord, la mer *Méditerranée* ; à l'Ouest, l'*Algérie*, et au Sud, la *régence de Tripoli*.

La côte de la Méditerranée est plus découpée en Tunisie qu'en Algérie.

Les points principaux sont le golfe de *Gabès*, le cap **Bon**, le golfe de **Tunis**, le cap **Blanc** de **Bizerte**.

242. L'**Atlas** se continue en Tunisie et vient finir au cap Bon. Le pays est partagé comme l'Algérie en régions du *Tell*, du *Plateau*, du *Sahara*.

La plus grande rivière est la *Medjerda*, qui commence en Algérie et finit près de Tunis.

Les productions de la Tunisie sont analogues à celles de l'Algérie ; elles ont été jusqu'à présent peu exploitées.

Les *Turcs*, les *Berbères* et les *Arabes* sont les principaux peuples établis dans le pays.

Les villes principales sont : **Tunis**, capitale, près des ruines de *Carthage* ; le port de Tunis s'appelle *la Goulette* ;

Sfax, port de commerce sur le golfe de Gabès.

Kairouan, ville ancienne, dans l'intérieur des terres.

La population est d'environ 2 millions d'habitants.

Questionnaire.

Depuis quand la Tunisie est-elle placée sous le protectorat de la France ? — Ressemble-t-elle à l'Algérie ? — Quelles en sont les bornes ? — Énumérez les points de la côte tunisienne de la Méditerranée. — Décrivez les régions de la Tunisie. — Quelle est la plus grande rivière ? — Les productions sont-elles semblables à celles de l'Algérie ? — Sont-elles très exploitées ?

Quels sont les peuples établis en Tunisie ? — Citez les villes. — Parlez spécialement de Tunis. — Quelle est la population de la Tunisie ?

Quelle situation la possession de la Tunisie et de l'Algérie donne-t-elle à la France dans la Méditerranée occidentale ?

CHAPITRE III

POSSESSIONS ET COLONIES FRANÇAISES

AFRIQUE

243. *Sénégal.* — La colonie française du **Sénégal** est située à l'ouest de l'Afrique, le long du fleuve *Sénégal*, dont elle suit le cours sur une grande étendue. Elle n'occupe qu'un petit espace de côte.

Le fleuve *Sénégal* est navigable sur la plus grande partie de son cours, mais son embouchure est souvent obstruée par des bancs de sable.

La contrée qu'il arrose est extrêmement chaude, humide, malsaine pour les Européens ; elle est couverte de forêts.

Les productions principales sont le *riz*, la **gomme**, l'ivoire, l'*arachide* dont on extrait de l'huile.

La population est de 200 000 hab. Elle se compose principalement d'indigènes, qui presque tous appartiennent à la race noire.

244. La capitale est **Saint-Louis**, à l'embouchure du fleuve.

Le petit port français de *Dakar*, au sud du *cap Vert*, sert de point de relâche aux navires qui parcourent l'Atlantique.

Le Sénégal offre des ressources au commerce ; il est bien situé pour ouvrir un accès vers les contrées populeuses du *Soudan*. Quelques rapports ont déjà été établis avec les tribus du *Niger*. On cherche même à y diriger des chemins de fer.

245. *Ouest africain.* — Ce grand territoire, récemment acquis par la France, se trouve sur la côte occidentale de l'Afrique, au sud du golfe de Guinée.

Il s'étend depuis le **Gabon** jusqu'à la rive droite du fleuve **Congo**, découvert dernièrement, l'un des plus puissants cours d'eau de la terre. Il est arrosé par le fleuve Ogooué.

246. *Ile de la Réunion.* — A l'est de l'Afrique, la France possède quelques îlots et territoires au nord de Madagascar et l'île de la **Réunion**.

247. L'île de la **Réunion**, située dans l'*océan Indien*, au sud de l'équateur, est une terre volcanique que domine le *Piton des Neiges.*

Le climat de la Réunion est très chaud ; la végétation, le long des ruisseaux, est admirablement fournie et verte.

Les productions sont la **canne à sucre**, le *café*.

Ce serait une des contrées les plus favorisées, si elle n'était exposée à des tempêtes appelées *cyclones*, qui, en quelques instants, ruinent les maisons et anéantissent les récoltes.

La population est de 175 000 habitants.

La capitale est *Saint-Denis* ; le port le plus fréquenté est *Saint-Pierre*.

Questionnaire.

Reprenez l'énumération des colonies françaises en Afrique.

Où est située la colonie du Sénégal ? — Occupe-t-elle un grand espace de côtes ? — Quel est le point saillant ? — Parlez du fleuve Sénégal, de la contrée qu'arrose. — Quelles en sont les productions ? — Quelle en est la capitale ? — Quelle est la population ? — Y a-t-il beaucoup d'Européens ? — Cherche-t-on à aller jusqu'au Niger ?

Où se trouve le comptoir du Gabon ? — Peut-on de là s'avancer vers le Congo ?

Quelles sont les possessions françaises à l'est de l'Afrique ? — Parlez spécialement de la Réunion, de ses productions, de ses villes.

ASIE

248. *Possessions françaises de l'Inde.* — L'Inde est une grande presqu'île au sud de l'Asie, sur l'*océan Indien*.

La France, après avoir été sur le point de posséder l'Inde presque entière, ne possède plus que cinq villes : *Mahé*, sur la côte occidentale ; *Karikal*, **Pondichéry**, *Yanaon*, sur la côte orientale ; *Chandernagor*, sur un bras du Gange.

Leur population totale ne dépasse pas 280 000 habitants.

Pondichéry est la capitale et la ville la plus importante.

249. *Cochinchine française.* — La **Cochinchine française** est située au sud-est de l'Asie, dans l'Indo-Chine, sur l'*océan Pacifique.*

Elle comprend le territoire arrosé par le grand fleuve **Mékong** ou Cambodge, à son embouchure.

Le pays est bas, extrêmement chaud et humide, peu salubre, excepté dans l'intérieur. Il est découpé en une foule d'îles par les *arroyos*, canaux naturels dérivés des rivières.

Dans le voisinage de la mer le sol est mouillé et comme spongieux.

La population est de 1 600 000 habit. elle comprend des indigènes au teint cendré, et un millier de Français.

La capitale est **Saigon**, grand port de commerce, bien que situé assez loin de la mer, sur la rivière de Saigon.

Au nord de la Cochinchine française se trouve le *royaume du Cambodge*, placé sous le protectorat de la France.

250. Enfin, au nord-est de l'Indo-Chine s'étend un pays très peuplé, le **Tonkin** arrosé par le fleuve Song-Koï.

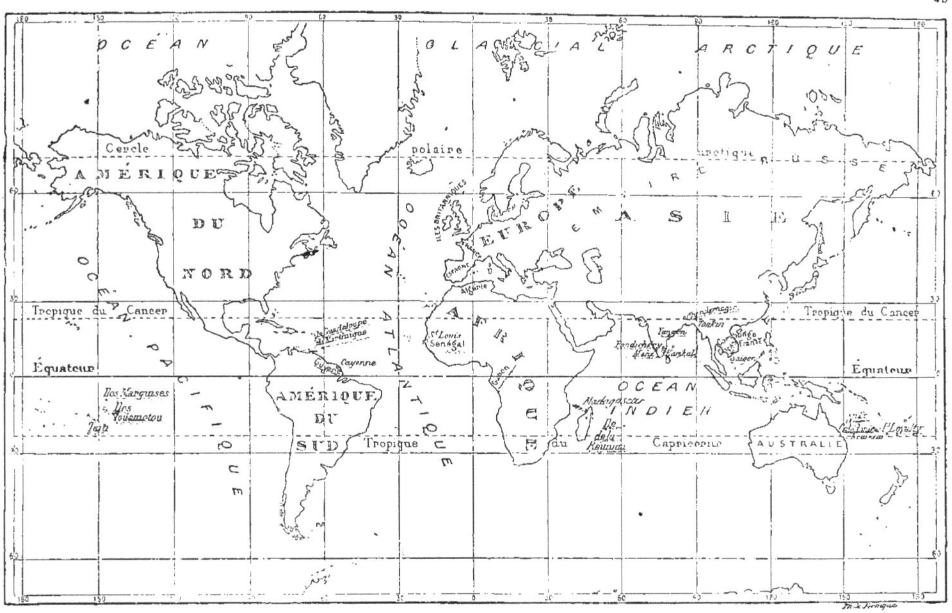

Planisphère avec les colonies françaises.

Le *Mékong* et surtout le *Song-Koï* sont des routes naturelles pénétrant vers l'intérieur de la Chine, dont les produits pourraient alimenter un commerce important.

Cochinchine.

La France, depuis 1884, exerce sur le Tonkin et sur l'*Annam* un droit de protectorat. Elle domine ainsi dans la plus grande partie de l'*Indo-Chine*.

Questionnaire.

Reprenez l'énumération des colonies françaises en Asie. — Parlez de l'Inde française. — Énumérez les villes possédées par la France. — Où est située la Cochinchine française ? — Parlez du Mékong. — Parlez du climat et de l'aspect de la Cochinchine française. — Combien y a-t-il d'habitants ? — Combien de Français ? — Parlez de Saïgon. — Qu'est-ce que le royaume du Cambodge ? — Parlez du Tonkin. — La France a-t-elle un droit de protectorat sur le Tonkin ? — Depuis quand ?

OCÉANIE

251. *Nouvelle-Calédonie*. — La **Nouvelle-Calédonie** est une grande terre située dans l'*océan Pacifique*, au nord-est de l'Australie.

Le climat y est assez sain, mais le sol est pauvre. Les ressources principales consistent dans des *mines*, jusqu'à présent peu exploitées.

La population est composée d'hommes appartenant à une *race noire*, sauvages, féroces et même anthropophages.

L'île sert de lieu de transportation pour les condamnés. Mais quelques *colons libres* s'y sont aussi établis.

Nouvelle-Calédonie.

Les îles *Marquises* et les îles *Taïti* ou de la *Société* sont des terres volcaniques, situées bien loin à l'est de la

Nouvelle - Calédonie. Le climat y est doux, la population pacifique.

Questionnaire.

Reprenez l'énumération des colonies françaises en Océanie.

Parlez de la Nouvelle-Calédonie, de son climat, de ses ressources. — Parlez de la population. — De quoi se compose-t-elle ? — N'y a-t-il dans l'île, en fait de Français, que des condamnés ?

Parlez des îles Marquises et Taïti.

AMÉRIQUE

252. Guyane. — La *Guyane française* est située au nord-est de l'Amérique méridionale, sur *l'océan Atlantique*.

C'est un pays extrêmement chaud, humide et malsain. Il est couvert de forêts et arrosé par de grands fleuves peu connus.

Les productions principales sont les bois et l'*or*.

La population est composée d'indigènes sauvages ; les *Français* y sont fort peu nombreux. Quelques condamnés sont déportés à la Guyane.

La capitale est *Cayenne*.

POSSESSIONS DES ANTILLES

253. *Martinique et Guadeloupe*. — La **Martinique** est une île volcanique, dont le sommet principal est la *montagne Pelée*.

La **Guadeloupe**, également volcanique, est partagée en deux îles : la **Guadeloupe** à l'Ouest, et la *Grande-Terre* à l'Est.

Le volcan de la *Soufrière*, dans la Guadeloupe, a encore des éruptions.

Les îles des Antilles sont chaudes, boisées, arrosées par des ruisseaux rapides.

Elles produisent du **sucre**, du **café**, de la vanille, du coton.

Les villes principales de la Martinique sont **Fort-de-France** et *Saint-Pierre*.

Les villes principales de la Guadeloupe sont la *Basse-Terre* et la *Pointe-à-Pitre*.

La plupart des navires relâchent à **Fort-de-France**, qui est un des centres les plus importants de la navigation entre la France et l'Amérique centrale.

254. *Amérique du Nord*. — La France a longtemps possédé le *Canada*, qui forme aujourd'hui une grande colonie anglaise, mais où beaucoup d'habitants parlent encore le français.

Près de l'île de Terre-Neuve, dans l'*Atlantique*, au nord-est de l'Amérique septentrionale, se trouvent les deux petits îlots de *Saint-Pierre* et *Miquelon*.

Ce sont les seules possessions de la France qui ne soient pas situées dans les pays chauds.

Elles n'ont d'importance que par la pêche de la *morue*, qui se fait en grande partie sur le *banc de Terre-Neuve*. Cette pêche alimente le monde entier et produit chaque année plusieurs millions de francs.

Questionnaire.

Reprenez l'énumération des colonies françaises en Amérique. — Parlez de la Guyane, de son climat, de ses productions. — Les Français y sont-ils nombreux ? — Quelle en est la capitale ?

Parlez de la Martinique. — Parlez de la Guadeloupe. — Quelles en sont les productions ? — Quelles sont les villes de la Martinique, de la Guadeloupe ? — Quelle est la plus importante ?

La France a-t-elle ou autrefois une grande colonie dans l'Amérique du Nord ? — Quels sont les deux petits îlots qui lui restent ? — Quelle différence présentent-ils avec nos autres colonies ? — Quelle est l'industrie qui s'y exerce ? — Est-elle importante ?

Comparez les différentes colonies de la France : au point de vue de leur plus ou moins d'éloignement, de leur étendue, de leur climat, de leurs productions. — Faites la liste des productions qui manquent en France et que nous envoient nos colonies.

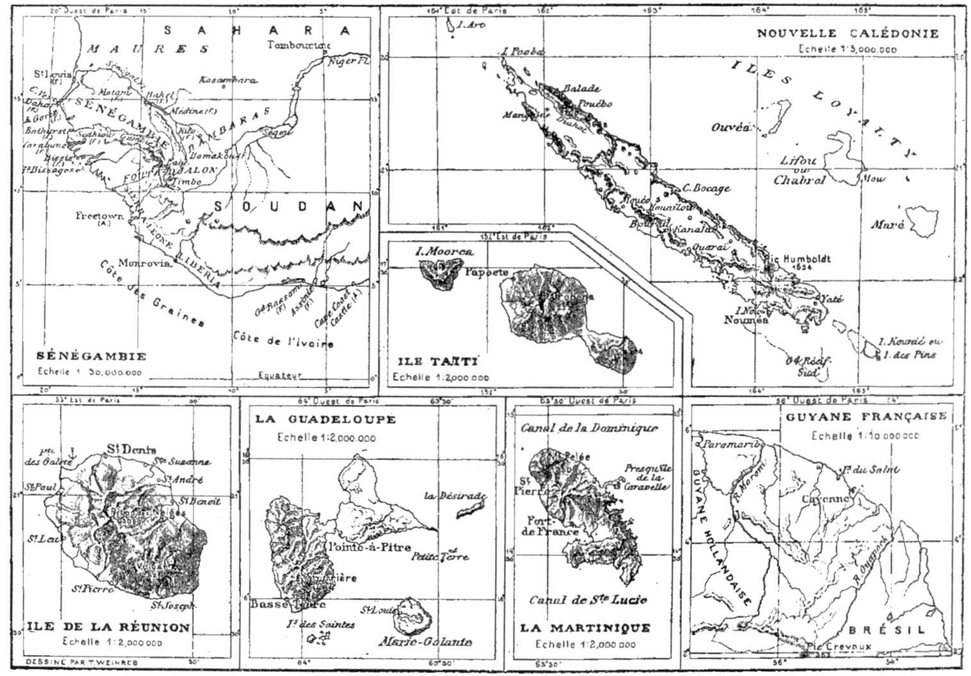

LA TERRE FERME

1. Notre **Globe** n'est pas absolument sphérique et sans inégalités.

Dans certaines parties, sa surface forme des élévations que nous appellons **montagnes** ou **plateaux**; en d'autres, elle se creuse, forme des *vallées*, ou disparaît sous les eaux des *lacs* et des *mers*.

Les **continents** ou la terre ferme ne sont donc que les *parties les plus en relief;* les espaces remplis par les eaux sont les *parties enfoncées, déprimées*.

2. Les **montagnes** sont les parties de la surface terrestre qui s'élèvent au-dessus du terrain environnant, avec des pentes plus ou moins rapides. Les plus hautes ont près de 9000 mètres au-dessus de la mer. Le Mont-Blanc, dans les Alpes françaises, en a 4810. Les hautes montagnes, avec leurs cimes couvertes de neige, présentent un spectacle admirable.

Les **plateaux** sont, comme les montagnes, des portions élevées de la surface terrestre; mais ils forment des terrasses peu inclinées ou horizontales. Leur surface est souvent aride; les eaux s'y étendent en marécages, en lacs, ou s'échappent vers les plaines en se creusant des lits profonds.

Les **collines** sont des hauteurs de très petite dimension.

3. Dans la masse des montagnes ou des plateaux, il y a des parties creuses, qu'on appelle **vallées** ou *vallons*. C'est dans les vallées que la pente du sol amène naturellement les eaux. Les parties les plus resserrées portent le nom de **gorge** ou de **défilé**. Un **col** est une dépression qui permet de passer d'une vallée dans une autre.

4. Les *montagnes*, les *plateaux* ou les *collines* sont rarement isolés. Le plus souvent les montagnes se suivent sur une grande longueur et prennent alors le nom de **chaîne de montagnes**: telles sont les *Pyrénées;* ou bien elles sont groupées en une vaste masse, et on leur donne le nom de **massif**: tel est le *Massif Central* en France.

5. Les **plaines** sont les parties plates et basses du sol. C'est dans les *plaines* et dans les *vallées* que les hommes trouvent le mieux les moyens de vivre, à cause des eaux qui fertilisent la terre et des facilités de communication. Il y a des plaines si vastes, qu'on peut y voyager pendant bien des jours sans apercevoir la moindre colline à l'horizon. Telle est la plaine de *Russie*, qui occupe la moitié de l'Europe.

6. Le bord de la mer s'appelle **côte**, **rivage** ou **littoral**. Il forme des *caps* où la terre s'avance dans les eaux, des *golfes* où l'eau s'avance dans les terres, des *îles* ou parties de terre entourées par les eaux, des *archipels* ou groupes d'îles, des *presqu'îles* ou *péninsules*, rattachées à la terre ferme par des *isthmes*, des *détroits* qui unissent entre eux deux espaces de mer.

7. La **mer** recouvre les trois quarts du Globe. Les grandes divisions de cette masse d'eau portent le nom d'**océans**.

L'eau de la mer est *salée*. Elle renferme, mêlé avec beaucoup d'autres substances, le sel dont nous nous servons.

Le fond de la mer se creuse en certaines parties jusqu'à *plus de huit kilomètres* au-dessous de la surface. Les plus hautes montagnes du globe, plongées dans ces gouffres, y disparaîtraient jusqu'au sommet. Quand le fond vient faire saillie au-dessus de l'eau, il forme des *îles;* mais souvent aussi il reste à une petite distance au-dessous de la surface: ce sont alors des *bancs* sous-marins, comme celui de *Terre-Neuve*, ou des *écueils* qui mettent les navigateurs en danger.

8. La mer est *plus chaude* dans la zone torride, *plus froide* ou même couverte de glace autour des deux pôles. Cette eau chaude et cette eau froide se mêlent, s'entre-croisent et circulent sur le globe, en formant des **courants**. L'eau des pôles se dirige vers l'équateur, chargée de *glaces flottantes* qui fondent peu à peu. Au contraire, l'eau des mers équatoriales se dirige vers les pôles, en se refroidissant graduellement. Les deux plus importants de ces courants sont le **Gulf-Stream**, ou courant du golfe, qui parcourt l'*Atlantique*, et le **Kouro-Sivo**, ou courant noir, qui parcourt le *Grand Océan*.

9. L'Océan subit d'autres mouvements, dus au *Soleil* et à la *Lune*, qui, passant tour à tour au-dessus de la mer, l'attirent ou la laissent redescendre. Deux fois par jour, la mer monte, ce qui amène le **flux** ou *marée* montante; elle redescend de même deux fois par jour, ce qui produit le **reflux** ou *marée* descendante. Ce flux et ce reflux sont faibles dans les mers fermées ou peu étendues, comme la *Méditerranée;* mais sur les côtes de l'*Océan* la marée s'élève de plusieurs mètres. Dans le cours des siècles, ces fortes marées rongent les rivages et transforment les rochers en *îles*, en *archipels* ou en *récifs*. Elles sont aidées dans ce travail d'*érosion* par les **vagues**, longues ondulations soulevées par le vent, et qui courent comme des rides mouvantes sur l'étendue des mers.

Les eaux, exposées à la chaleur du Soleil, s'évaporent dans l'air, où nous les voyons flotter en **nuages**.

10. Autour de la sphère terrestre s'étend une enveloppe transparente, extrêmement légère, formée d'*air*, et qui porte le nom d'**atmosphère**.

L'air est indispensable à la vie; nous le respirons, les plantes et les êtres vivants le respirent comme nous.

L'atmosphère n'est pas plus immobile que la mer. Le Soleil l'échauffe dans certaines parties plus que dans d'autres, et l'air chaud monte comme un ballon, tandis que l'air froid vient le remplacer. Le **vent** n'est autre chose que *de l'air qui se déplace*.

11. Sur certaines parties du Globe, les vents prennent un mouvement régulier comme les courants de la mer. Ainsi, les **vents alizés** soufflent toujours du Nord-Est dans l'hémisphère nord, du Sud-Est dans l'hémisphère sud.

Dans d'autres régions, en *Asie* par exemple, soufflent les **moussons**. Ce sont des vents périodiques, qui pendant une partie de l'année soufflent dans un sens, puis dans le sens opposé.

12. Il arrive parfois que des vents réguliers, comme les vents alizés, rencontrent d'autres courants et entrent en lutte avec eux. Il se produit alors de grands tourbillons, analogues à ceux qui se produisent dans l'eau quand deux courants se rencontrent: ce qui amène les **tempêtes**, **ouragans**, **trombes** et **cyclones**. Leur énergie est parfois telle, que les arbres sont déracinés, les navires jetés contre la côte et les vagues soulevées à une hauteur prodigieuse.

13. Les différences de chaleur et de froid, de sécheresse ou d'humidité, sont la cause des différents **climats**.

Autour de l'équateur, l'air est toujours *chaud; autour des pôles*, toujours *froid*. Le climat est également d'autant *plus froid* qu'on est *plus élevé* au-dessus des plaines.

D'autres causes le modifient: les vents sont plus humides et *plus tempérés* quand ils viennent de la *mer*, plus secs et *de température plus inégale* quand ils ont traversé de grands *espaces terrestres*.

14. Les nuages venus de la mer laissent retomber en *pluie* ou en *neige* une partie de la vapeur d'eau qu'ils contiennent.

Il y a des pays où le vent amène très souvent des nuages, d'autres où il n'en porte jamais. Les premiers sont fertiles. Les autres sont arides et forment des *déserts*. Faute d'eau, les végétaux n'y croissent pas, et les hommes n'y peuvent vivre, ou n'y vivent qu'en très petit nombre.

15. Sur les hautes montagnes où l'air est très froid, l'eau ne tombe pas en *pluie*, mais en *neige*. Cette neige ne peut pas toujours fondre en entier; on la désigne sous le nom de **neige persistante**.

Quand les masses de neiges persistantes s'agglomèrent sur une grande épaisseur, ces masses, en se gelant, constituent peu à peu des **glaciers**, qui descendent lentement vers les vallées.

16. L'eau qui tombe à la surface des continents n'y demeure pas. Une partie s'évapore de nouveau. Le reste s'enfonce sous la terre ou s'écoule immédiatement sur les parties inclinées.

Quand l'eau qui a disparu dans le sol jaillit plus loin et reparaît au jour, elle forme une **source**. L'eau se creuse alors un **lit**, et prend le nom d'*eau courante*. Elle rassemble en descendant d'autres courants d'eau, de *ruisseau* devient **rivière** et de rivière, **fleuve**.

17. Le **bassin** d'un cours d'eau est l'étendue de terrain qui lui fournit ses eaux; c'est en quelque sorte son *réservoir*.

On nomme **versant** l'ensemble des pentes qui versent leurs eaux du même côté.

Quand on descend le cours d'une rivière, d'un fleuve, la rive qu'on a sur la *droite* s'appelle **rive droite**; celle qu'on a sur la *gauche*, **rive gauche**.

Les cours d'eau qui viennent se jeter dans un cours d'eau principal sont ses **affluents**, et on nomme **confluent** le point où deux cours d'eau se rencontrent.

18. Quand l'eau courante trouve sur son chemin une dépression du sol qui *se creuse* comme une cuvette, elle la remplit et forme un **lac**, c'est-à-dire *une nappe d'eau entourée de terre*. La plupart des lacs laissent échapper le trop-plein de leurs eaux par un *déversoir* où recommence le cours d'eau. Mais d'autres, quelquefois très grands, gardent toute l'eau qu'ils reçoivent. Leurs bassins sont des *bassins fermés*. L'Asie en renferme plusieurs. A ces exceptions près, les eaux descendues des parties élevées de la terre s'écoulent graduellement jusqu'à la mer. Elles finissent par rentrer dans le grand réservoir des océans, d'où le Soleil les avait tirées à l'état de vapeurs.

MODIFICATIONS DU GLOBE

19. Les *eaux courantes* modifient la surface de la terre. En descendant des montagnes elles entraînent des particules de terre ou de roche, les transforment peu à peu en *cailloux* arrondis, en *grains de sable* ou en *vase* fine. C'est ce qu'on appelle des **alluvions**. Ces débris vont augmenter la surface des plaines, se déverser dans la mer par les *fleuves*, ou former des *deltas* qui s'agrandissent chaque jour.

20. La masse du Globe elle-même n'est pas absolument inerte, comme elle le paraît. Elle éprouve des secousses appelées **tremblements de terre**. La terre rejette aussi des masses d'eau chaude par des sources qu'on appelle **geysers**, ou même des cendres, des matières enflammées et liquides, des *laves* incandescentes ou des boues, par des ouvertures qu'on appelle **volcans**.

Ailleurs, comme en *Océanie*, des animaux presque invisibles construisent peu à peu des îles entières; c'est ce qu'on appelle les *îles* ou les *récifs de corail*.

21. Enfin, la masse même de la Terre n'est probablement qu'une *croûte* recouvrant un *globe de matière enflammée;* cette croûte, ou *écorce terrestre*, la partie solide qui nous porte, ne reste pas absolument stable. Certaines parties s'abaissent, d'autres s'élèvent, mais avec une excessive lenteur.

CONTINENTS. — PARTIES DU MONDE.
OCÉANS

22. Les eaux salées *occupent près des trois quarts* de la surface du Globe.

C'est dans l'hémisphère *boréal* que la masse des terres est le plus considérable; l'hémisphère *austral*, au contraire, est presque entièrement recouvert d'eau.

Les terres se divisent en trois continents : **l'ancien continent**, le **nouveau continent**, le **continent austral**.

L'ensemble des mers se divise en cinq océans : **l'océan Glacial arctique**, **l'océan Glacial antarctique**, **l'océan Atlantique**, **l'océan Pacifique**, **l'océan Indien**.

23. L'ancien continent s'étend entre l'*océan Glacial arctique* au Nord, l'*océan Pacifique* à l'Est, l'*océan Indien* au Sud, l'*océan Atlantique* à l'Ouest.

Le **nouveau continent**, ainsi appelé parce qu'il n'est connu des Européens que depuis une époque assez récente (1492), s'étend entre l'*océan Glacial arctique* au Nord, l'*océan Atlantique* à l'Est, l'*océan Glacial antarctique* au Sud, l'*océan Pacifique* à l'Ouest.

Le **continent austral** est situé entre l'*océan Pacifique* au Nord et à l'Est, et l'*océan Indien* à l'Ouest et au Sud.

Les continents, entourés par la mer, ne sont en réalité que des îles *très vastes*.

Les différents océans ne sont que des parties d'une même masse d'eau et communiquent tous entre eux.

24. L'océan Glacial arctique et l'océan Glacial antarctique sont voisins des deux pôles. Ils sont presque toujours gelés ou embarrassés par des masses de glaces appelées *banquises*.

L'océan Atlantique s'étend entre l'*ancien continent* à l'Est et le *nouveau continent* à l'Ouest; il est parcouru par le courant chaud du *Gulf-Stream*, venu de l'Équateur, et par les courants froids venus du pôle.

L'océan Pacifique, ou *Grand Océan*, s'étend entre le *nouveau continent* à l'Est et l'*ancien continent* à l'Ouest. C'est le plus grand de tous les océans; nulle part les îles ne sont aussi nombreuses. Par le Sud, il se confond avec l'*océan Antarctique;* au Nord, sa seule communication avec l'*océan Arctique* est le **détroit de Béring**. Il est, comme l'Atlantique, parcouru par un courant chaud, le *Kouro-Sivo*.

L'océan Indien s'étend au sud de l'*ancien continent*. Il est chaud, et les *cyclones* y sont d'une grande violence.

25. Les continents sont divisés en cinq parties du monde : **l'Europe**, **l'Asie**, **l'Afrique**, **l'Amérique**, **l'Océanie**.

L'*ancien continent* comprend l'**Europe** à l'Ouest, l'**Asie** à l'Est, l'**Afrique** au S.-O.

Le *nouveau continent* se compose de l'**Amérique**, divisée en *Amérique du Nord* et *Amérique du Sud*.

Le *continent austral* n'est que la plus grande île de l'Océanie, qui comprend en outre la plupart des îles du Pacifique.

26. *Terres polaires.* — Les régions du Globe situées aux environs des deux pôles sont encore aujourd'hui fort peu connues.

Au Nord s'étendent les **Terres arctiques**, composées d'un grand nombre d'îles et de détroits glacés, et d'une grande terre, le **Groenland**; au Sud, les **Terres antarctiques**, avec des glaciers immenses, d'où se détachent d'énormes glaçons flottants.

RACES HUMAINES

27. Les hommes appartiennent à différentes races, qu'on désigne généralement d'après la couleur de la peau.

On compte ordinairement sur le Globe quatre grandes **races** : la race **blanche**, la race **jaune**, la race **noire**, la race **rouge**.

Les hommes de la **race blanche**, à laquelle nous appartenons, habitent surtout l'*Europe* et l'*Asie occidentale*, mais par l'émigration ils se sont répandus dans le monde entier.

Les hommes de la **race jaune** ont la figure aplatie, les yeux bridés, les cheveux très noirs et laineux. Ils habitent surtout l'*Asie centrale et orientale*.

Les hommes de la **race noire**, ou *nègres*, ont le nez épaté, les cheveux crépus. Ils habitent surtout l'*Afrique*.

Les hommes de la **race rouge** ont le nez busqué, le visage long, la barbe rare. Ils habitent l'*Amérique;* leur nombre diminue tous les jours.

Questionnaire.

La Terre est-elle absolument ronde? — Par quoi sont remplies les parties les plus déprimées ?

Qu'est-ce que les montagnes? — Les plateaux? — Une colline? — Une vallée? — Un vallon? — Une gorge ? défilé? — Un col? — Citez une chaîne, un massif de montagnes. — Qu'est-ce que les plaines? — Citez une plaine.

Qu'est-ce que le littoral? — Qu'est-ce qu'une île? — Un détroit? — Un isthme? — Une presqu'île? etc.

Qu'appelle-t-on mer? — Océan? — Comment est composée l'eau de la mer? — Toutes les parties de la mer ont-elles la même température? — Y a-t-il des courants? — Quels sont les principaux? — D'où vient le mouvement de la marée? — Qu'est-ce que le flux? — Le reflux? — Les vagues?

Qu'est-ce que l'atmosphère? — L'air est-il immobile? — Parlez des vents réguliers, alizés, moussons. — Décrivez les tempêtes, cyclones, etc.

La température est-elle égale partout? — Qu'est-ce qui modifie le climat?

Que deviennent les vapeurs émanées des eaux? — La pluie tombe-t-elle partout également? — Comment s'explique la présence des neiges persistantes sur les montagnes? — Qu'est-ce que les glaciers? — Que devient l'eau tombée à la surface du sol? — Qu'est-ce qu'une source? — Un fleuve? — Un bassin? — Un versant? — Qu'est-ce que la rive droite? — La rive gauche? — Un affluent? — Qu'est-ce qu'un lac? — Où finissent par aboutir la plupart des eaux?

Les eaux courantes modifient-elles peu à peu la surface du Globe? — Qu'est-ce qu'un volcan? — Se produit-il de nouvelles terres? — Comment ?

Par quoi est occupée la surface du Globe? — Où sont surtout les eaux? les terres? — Citez les principaux continents; les océans. — Comment sont divisés les continents? — Dites où sont les diverses parties du monde. — Parlez des terres polaires.

Quelles sont les principales races d'hommes? — Décrivez les hommes de la race blanche. — Où habitent-ils? — A quelle race appartenons-nous ?

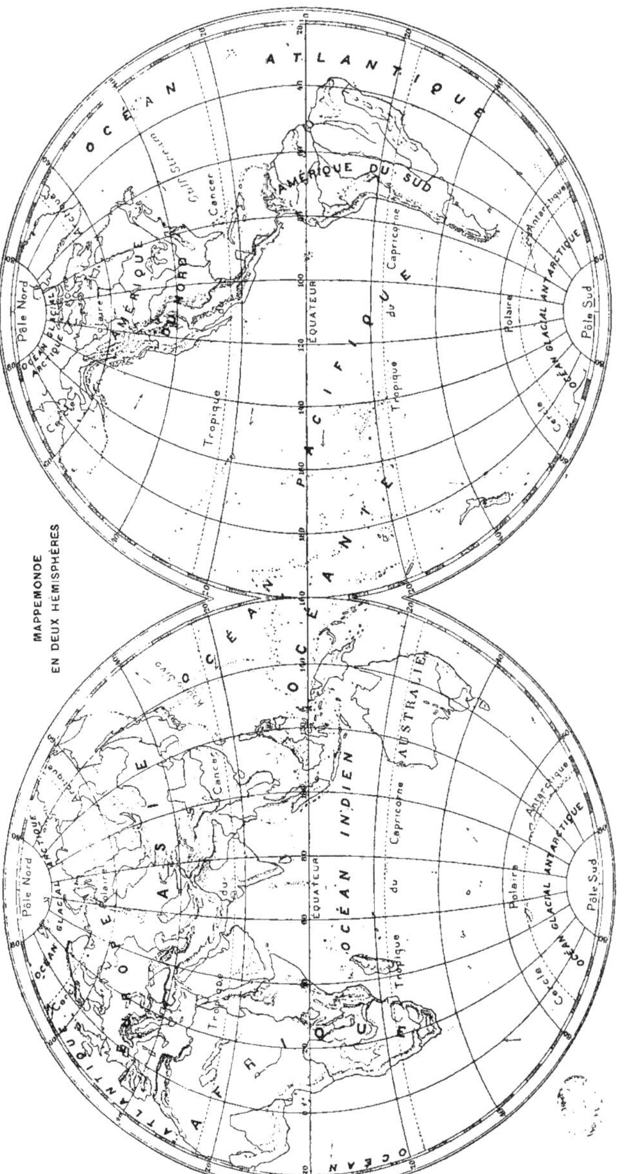

EUROPE

SITUATION — BORNES

28. L'**Europe** est située dans *l'hémi-sphère boreal*, et presque tout entière dans la zone tempérée.

C'est la plus petite des parties du monde.

Elle est bornée à l'Est par les monts *Oural* et la mer **Caspienne**; au Sud, par le **Caucase**, la mer **Noire**, la **mer Méditerranée**; à l'Ouest, par l'océan **Atlantique**; au Nord, par l'océan **Glacial arctique**.

CÔTES ET MERS

29. Aucune partie du monde n'a des *côtes* aussi découpées que l'Europe; l'Océan y forme un grand nombre de *mers secondaires*, d'îles et de presqu'îles.

L'océan Glacial, presque toujours chargé de glaces, baigne le nord de l'Europe. Il forme la **mer Blanche** et contient quelques îles inhabitables. Les plus grandes sont les terres de la *Nouvelle-Zemble*.

30. **L'océan Atlantique** borde les côtes d'Europe au Nord Ouest et à l'Ouest.

Il forme la mer **Baltique**, la mer du **Nord**, la **Manche**, la mer d'**Irlande** et le **golfe de Gascogne**.

Il baigne la presqu'île de **Scandinavie**; plus à l'Ouest, les îles Britanniques (*Grande-Bretagne* et *Irlande*), environnées des *Hébrides*, des *Orcades*, des *Shetland*, des *Fœroer*; et au Nord-Ouest, l'*Islande*.

Au Sud s'étend la **presqu'île Ibérique**, baignée d'un côté par l'Atlantique, de l'autre par la Méditerranée.

Les caps les plus importants sont: le *cap Nord*, au nord de l'Europe, le *cap Lindesnæs*, au sud-ouest de la Scandinavie; le *cap Land's End*, au sud-ouest de la Grande-Bretagne, le *cap Finisterre*, au nord-ouest de la presqu'île Ibérique, et le *cap Saint-Vincent*, au sud-ouest.

31. La mer **Baltique** communique avec la mer du Nord par les détroits du *Sund*, du *Cattégat* et du *Skager-Rack*. Elle forme les golfes de *Botnie*, de **Finlande**, de *Riga*. Ses principales îles sont : *Dago*, *Œsel*, **Rügen**, **Gottland**, **Seeland** et **Fionie**. Les eaux de la Baltique gèlent pendant l'hiver dans la partie septentrionale.

La mer du **Nord** forme le golfe du **Zuiderzée** et communique avec la **Manche** par le *Pas de Calais*.

La *mer d'Irlande* s'étend entre la Grande-Bretagne et l'Irlande.

32. Les côtes de l'Atlantique, en *Scandinavie* et au nord des *Iles Britanniques*, sont bordées d'îlots ou d'écueils, et découpées de golfes profonds, qui en Norvège se nomment *fiords*. Les côtes méridionales de la mer du Nord sont absolument plates (*Pays-Bas*); on les protège par des *digues* contre l'envahissement des eaux.

Plus au Sud, sur l'Atlantique, la côte est composée de rochers et de plages sablonneuses.

33. La **Méditerranée** (ou mer *au milieu des terres*) communique avec l'Atlan-

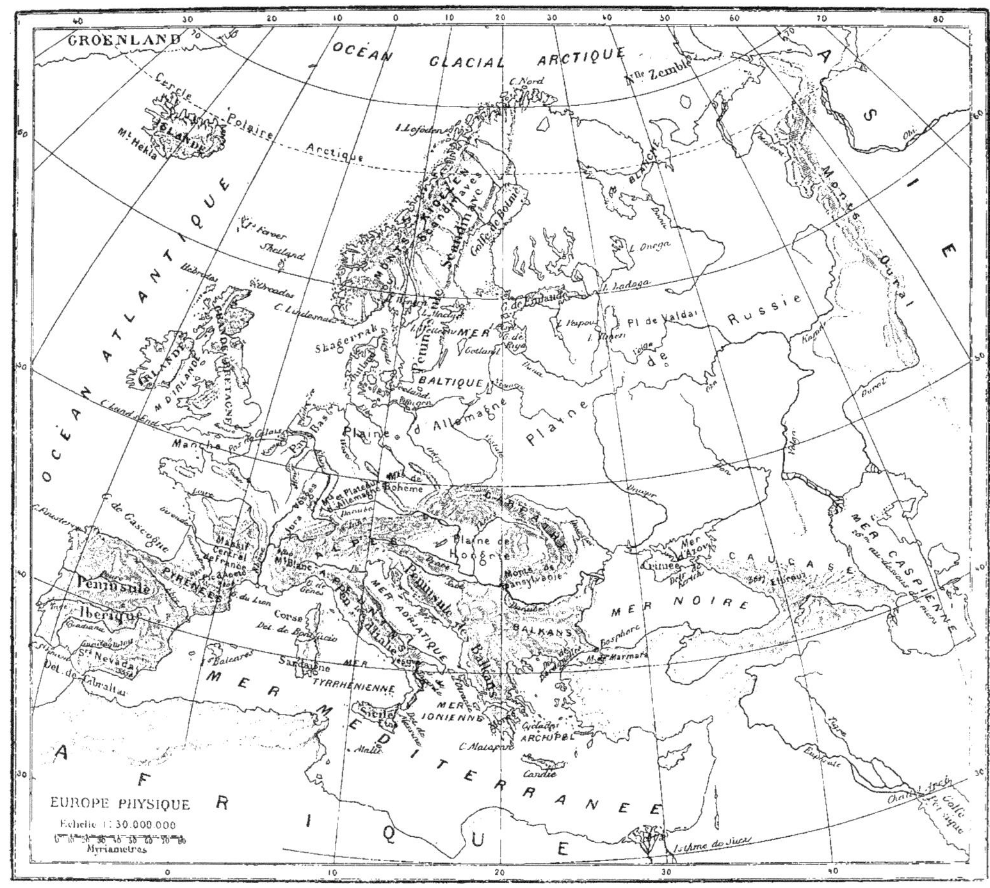

tique par le détroit de Gibraltar, et avec
l'océan Indien par le canal de Suez. Elle
s'étend entre l'*Europe*, l'*Asie* et l'*Afrique*.

Elle forme les deux golfes du *Lion* et de
Gênes et plusieurs mers secondaires : la
mer *Tyrrhénienne*, la mer *Ionienne*, la mer
Adriatique, la mer de l'*Archipel*, la mer
de *Marmara*, la mer *Noire*, la mer d'*Azov*.

34. Les principales presqu'îles sont : l'I-
talie, la péninsule des **Balkans**. Celle-ci
projette au Sud la presqu'île de **Morée**, qui
lui est rattachée par l'*isthme de Corinthe*.

Les principales *îles* sont : de l'Ouest à
l'Est : les *Baléares*, la **Corse** et la **Sardaigne**,
la Sicile, *Malte*, la **Crète** (ou *Candie*). Toutes
ces presqu'îles et îles sont montagneuses.

Le principal *détroit* est celui de **Messine**,
entre l'*Italie* et la *Sicile*.

Les caps principaux sont : la pointe de
Tarifa, au sud de l'Espagne ; le cap *Pas-
saro*, au sud de la Sicile ; le cap *Matapan*,
au sud de la Morée.

La Méditerranée est tiède et bleue. Le
soleil y est éclatant, les pluies y sont rares,
les marées insensibles.

35. La mer **Adriatique** est un vaste golfe
entre l'*Italie* et la presqu'île *des Balkans*.
On y pénètre par le *canal d'Otrante*.

La mer Ionienne est située entre l'*Italie*
et la Grèce. On y trouve les golfes de *Ta-
rente*, de *Lepante* et les **îles Ioniennes**.

La mer de l'Archipel, entre la presqu'île
des Balkans et l'*Asie*, tire son nom d'îles
nombreuses ; les principales sont l'*Archipel des Cyclades*, et *Eubée* ou *Négrepont*.

36. La mer Noire est bien plus grande que

les précédentes. On y arrive de l'Archipel
par le détroit des *Dardanelles*, la *petite*
mer de *Marmara*, et le Bosphore ou détroit de *Constantinople*.

Elle baigne la presqu'île de Crimée,
rattachée au continent par l'isthme de *Pe-
rekop*. A l'est de la Crimée s'ouvrent le
détroit de *Kertch* et la mer d'*Azov*.

37. La **mer Caspienne** est séparée des
autres mers. Sa surface est à 26 mètres
au-dessous du niveau des Océans.

RELIEF DU SOL. — OROGRAPHIE

38. Le sol de l'Europe se divise en deux
parties bien distinctes : une partie **Nord-
Est**, où dominent les plaines, une partie
Sud-Ouest, où dominent les montagnes

La **plaine** du Nord-Est comprend plus
de la moitié de l'Europe. C'est un immense

espace plat, à peine accidenté par quelques plateaux, dont le principal, le **plateau de Valdaï**, ne s'élève qu'à 350 mètres.

39. Le centre des **montagnes de la partie Sud-Ouest** est le massif des **Alpes**.

Les Alpes sont les montagnes les plus remarquables de l'Europe par leur hauteur, par leurs énormes glaciers, par leurs neiges perpétuelles, leurs sommets de roches dénudées, leurs pentes couvertes de pâturages ou de sapins, et les grands lacs qui s'étendent à leur pied. — Le plus haut sommet des Alpes et de l'Europe centrale est le **Mont-Blanc** (4810 mètres).

40. A l'*ouest des Alpes* s'élève le **Massif central** français; au *sud-ouest*, les **Pyrénées** et les **monts Ibériques**.

Les **Pyrénées** vont de la Méditerranée à l'Atlantique. Elles sont moins hautes que les Alpes; leur point culminant, le *Pic d'Aneto* ou de *Néthou*, a 3404 mètres.

Les **monts Ibériques** forment un vaste plateau entrecoupé de chaînes de montagnes. Au sud, se dresse la *Sierra-Nevada*, la chaîne la plus élevée de toute la péninsule (pic de *Mulahacen*, 3550 m.).

41. Au *sud des Alpes* commencent les **Apennins**, qui s'étendent le long de l'*Italie*. Les Apennins n'arrivent pas tout à fait à 3000 mètres.

A l'ouest de cette chaîne et près de la mer s'élève un volcan, le **Vésuve**.

Les *montagnes de Sicile* ont pour point culminant le volcan de l'Etna (3300 m.).

42. Au *sud-est des Alpes* s'étendent les **Balkans** et les monts **Helléniques**.

A l'Est des Alpes sont les **Carpates**, qui ne dépassent guère 2600 mètres).

Au *nord des Alpes* se groupent des chaînes secondaires, le **Jura**, les **Vosges**, les monts de la **Forêt-Noire**, les monts d'**Allemagne**, les monts de la **Bohême**.

43. Entre les chaînes de montagnes qui couvrent le Sud et l'Ouest de l'Europe s'étendent de grandes vallées et de vastes plaines : les vallées du **Danube**, du **Rhin**, du **Rhône**, ouvrent de grandes voies naturelles de communication.

Au *Sud* s'étend la plaine du Pô, à l'*Est* la plaines de Hongrie.

44. *Chaînes isolées.* — Les **monts Scandinaves**, ou *Kiœlen*, dans la *presqu'île Scandinave*, les montagnes d'**Angleterre** et d'**Écosse**, les montagnes d'**Islande**, les monts **Oural** et le **Caucase** sont tout à fait à part de la grande masse montagneuse de l'Europe.

Les **monts Scandinaves** n'ont que 2600 mètres; mais, comme ils se trouvent près des régions polaires, ils portent des neiges et des glaciers.

L'Islande a plusieurs volcans, dont le plus connu est l'*Hekla*.

Les montagnes d'Angleterre et d'Écosse sont peu élevées (1300 mètres).

Les **monts Oural** sont un *dos de pays*

élevé de 1200 à 1600 mètres, entre l'*Europe* et l'*Asie*.

Le **Caucase** appartient à l'*Asie* autant qu'à l'*Europe*; son principal sommet, l'**Elbrouz**, dépasse 5600 mètres.

HYDROGRAPHIE

45. L'Europe reçoit partout des pluies. Aussi est-elle parcourue par de nombreux cours d'eau, facilement navigables.

La plupart des grands fleuves descendent de deux *centres* principaux : le premier **au milieu des Alpes**, le second aux **environs du plateau de Valdaï**.

Autour de ces points se trouvent presque tous les lacs. Dans les Alpes, les lacs de Constance, de *Zurich*, des *Quatre-Cantons*, Léman ou de *Genève*, Majeur, de Côme, de Garde. — Près du plateau de Valdaï, les lacs Ladoga, Onéga, *Ilmen*, *Peïpous*. — En dehors de ces deux régions, la Suède a les lacs Wenern, *Wettern*, *Mœlar*; la Hongrie a le lac *Balaton*.

46. Les cours d'eau européens se partagent entre les *versants* du **Nord-Ouest** et du **Sud-Est**.

Le premier comprend les fleuves qui se jettent dans l'**océan Glacial** et dans l'**océan Atlantique**.

Le second, ceux qui se jettent dans la **Méditerranée**, l'Adriatique, la mer Noire et la **mer Caspienne**.

47. *Versant du Nord-Ouest.* — L'**océan Glacial** reçoit des cours d'eau considérables, mais souvent gelés.

Les principaux sont la Petchora et la Dvina.

L'océan Atlantique reçoit *indirectement* :

La Néva, la *Duna*, le *Niemen*, la Vistule et l'Oder, tributaires de la *mer Baltique*;

L'Elbe, la *Weser*, le Rhin, la Meuse, l'*Escaut* et la Tamise, tributaires de la *mer du Nord*;

La Seine, tributaire de la *Manche*.

Il reçoit *directement* : la Loire, la Garonne, le *Douro*, le Tage, le *Guadiana* et le Guadalquivir.

48. La **Néva** écoule les eaux des lacs *Onéga*, *Ilmen*, *Ladoga*.

L'Elbe coule d'abord au milieu des monts de Bohême, puis à travers de grandes plaines.

Le **Rhin**, célèbre dans l'histoire de l'Europe, prend sa source dans les Alpes, et coule comme un torrent jusqu'au *lac de Constance*. Puis ses eaux se précipitent par la *cataracte de Schaffhouse*. Ses principaux affluents sont : le *Mein*, rive droite; la *Moselle*, rive gauche.

Le Rhin est peu navigable. A son embouchure, il se confond à peu près avec la Meuse, au milieu de marécages et d'îles, dont les principales sont les *îles de Zélande*.

La **Tamise** est profonde, et porte de grands navires.

La **Loire** descend du Massif Central. La Garonne descend des Pyrénées; son estuaire est appelé Gironde.

Le Tage, dans sa partie supérieure, parcourt un plateau aride; à son embouchure il forme un large estuaire.

49. *Versant du Sud-Est.* — La **Méditerranée** reçoit *directement* : l'Èbre, le Rhône, le *Tibre*.

Elle reçoit *indirectement* : le Pô, tributaire de l'Adriatique; le Danube, le Dniestr, le Dniepr, tributaires de la *mer Noire*; le Don, tributaire de la *mer d'Azov*.

50. L'Èbre descend du versant méridional des Pyrénées.

Le Rhône vient *des Alpes*, où ses sources sont voisines de celles du *Rhin*. Il traverse le *lac Léman*.

Le *Tibre* est un bien petit fleuve; mais il passe à *Rome*, théâtre des plus grands événements de l'histoire.

Le Pô, tributaire de la mer Adriatique, coule au sud des Alpes, dans une vaste plaine. A son embouchure il forme un vaste *delta* qui avance continuellement.

51. Le Danube est, *après la Volga*, le plus grand fleuve de l'Europe. Il court de l'Ouest à l'Est, traverse un pays accidenté, puis la plaine de Hongrie et se jette par trois embouchures dans la *mer Noire*.

Les principaux affluents du Danube sont : l'Inn, la *Drave* et la *Save*, rive droite; la *Morava* et la **Theiss** ou *Tisza*, rive gauche.

Le Dniepr descend du plateau de Valdaï.

52. La **mer Caspienne** reçoit la Volga et l'Oural.

La Volga est le plus long fleuve européen. Ses principaux affluents sont l'*Oka* (rive droite), et la *Kama* (rive gauche). L'embouchure du fleuve forme un delta.

L'Oural est la limite conventionnelle entre l'*Europe* et l'*Asie*.

Nota. — La plupart des fleuves de la Méditerranée se terminent par un *delta* ensablé ou vaseux. La cause de cet ensablement est l'absence de marée.

CLIMAT ET PRODUCTIONS

53. Le **climat** de l'Europe est tempéré, mais les diverses parties du continent présentent des différences assez sensibles. L'Est et le Nord sont froids, et le long de l'océan Glacial règne le climat polaire. L'Ouest est plus doux et plus humide. Au Sud, le rivage de la Méditerranée est assez chaud pour permettre aux orangers et aux palmiers de vivre en pleine terre.

54. L'Europe fournit les produits les plus utiles à l'alimentation **céréales**, **vignes**, prairies, **bétail** et les matières nécessaires à l'industrie, **houille et métaux**, principalement le *fer*.

Un grand nombre de productions naturelles viennent des autres parties du monde sous la forme de *matières premières* et sont transformées en Europe par l'industrie.

GÉOGRAPHIE ÉCONOMIQUE ET POLITIQUE

55. L'Europe (10 *millions* de kil. carrés) contient 330 *millions* d'habitants, appartenant presque tous à la **race blanche**.

Ils composent plusieurs familles de peuples ; les **Slaves** à l'Est, les **Germains** au centre, les **Latins** au Sud-Ouest.

Les trois principales religions de l'Europe sont : le **catholicisme**, le **protestantisme**, la **religion grecque**.

Les *Juifs*, au nombre de 5 millions, sont répandus dans tout le continent.

56. L'Europe contient 18 Etats :
Au Nord, la Suède-Norvège ;
A l'Est, la Russie, la Roumanie ;
Au Centre, la Suisse, l'Autriche-Hongrie, l'Allemagne, le Danemark, les Pays-Bas ;
A l'Ouest, la Belgique, les Iles Britanniques, la France, l'Espagne, le Portugal ;
Au Sud, la Serbie, le Monténégro, la Turquie, la Grèce, l'Italie.

57. La **Suède** et la **Norvège** (6 000 000 d'hab.) occupent la presqu'île Scandinave, et forment deux royaumes réunis sous un même roi.

Les Norvégiens sont surtout pêcheurs et marins. La Suède produit du *fer* et du bois.

La capitale de la Suède est **Stockholm**, port sur la Baltique. La capitale de la Norvège est *Christiania*.

58. L'**Empire Russe** comprend la **Russie d'Europe** et un immense territoire en *Asie* (voy. p. 60).

La **Russie d'Europe** (84 000 000 d'hab.) se rattache par l'Est à l'Asie ; elle s'étend entre l'*océan Glacial* au Nord et la *mer Noire* au Sud ; elle touche par l'Ouest à la *Suède*, à l'*Allemagne*, à l'*Autriche*.

Productions principales : le **blé** (au Sud), le *bois*, le bétail.

La capitale est **Saint-Pétersbourg** (875 000 hab.) ; les villes principales sont : **Moscou** (610 000 hab.), Varsovie, Riga, Odessa.

La Russie est gouvernée par un empereur, qui porte le titre de *tzar*.

La Roumanie (5 000 000 d'hab.) se compose de la *Valachie* et de la *Moldavie* réunies. — La capitale est Bucarest.

59. L'**Autriche-Hongrie** (38 000 000 d'hab.) confine à la *Russie* à l'Est, à l'*Allemagne* au Nord, à l'*Italie* à l'Ouest, à la *Turquie* au Sud.

Elle se compose de l'Autriche et de la Hongrie, qui forment un seul empire, avec deux gouvernements distincts.

La Hongrie produit beaucoup de *blé*, l'Autriche des métaux, des bois.

L'Autriche est peuplée surtout d'*Allemands* et de *Slaves*. La capitale est **Vienne** (700 000 hab.). Les villes principales sont Prague, en Bohême, et Trieste, sur l'Adriatique.

La Hongrie est surtout peuplée de *Magyars* ou Hongrois.

La capitale est Buda-Pesth.

60. La **Suisse** (3 millions d'hab.) est à peu près au centre de l'Europe, entre l'*Autriche*, l'*Allemagne*, la *France*, l'*Italie*.

La grande richesse du pays est le *bétail*.

La capitale est *Berne* ; les villes principales sont *Zurich*, *Bâle*, *Genève*.

61. L'**Allemagne** (45 millions d'habitants) va des *Alpes* à la *mer du Nord* et à la *Baltique*. Elle confine à la *Russie* à l'Est, à l'*Autriche* au Sud, à la *France* à l'Ouest.

Elle a des mines de **houille**, produit du fer, de l'*acier*, des étoffes.

L'Empire est formé d'une confédération de 26 Etats, gouvernés par le *roi de Prusse*, qui a le titre d'Empereur d'Allemagne.

Les principaux Etats sont : les royaumes de **Prusse**, de **Bavière**, de **Saxe**.

La **Prusse**, au Nord, compte à elle seule 27 millions d'habitants.

La capitale est **Berlin** (1 200 000 hab.). Les plus grandes villes sont : Breslau, Kœnigsberg, à l'Est ; Magdebourg, au Centre ; Cologne, à l'Ouest.

La Bavière a pour capitale Munich.

La Saxe a pour capitale **Dresde** et pour ville principale Leipzig.

L'Alsace-Lorraine, incorporée à l'Empire en 1871, a pour villes principales Strasbourg et Metz.

Hambourg, sur l'*Elbe*, est un grand port de commerce.

62. Le **Danemark** (2 millions d'habitants), situé au nord de l'Allemagne, a pour capitale Copenhague. L'*Islande* lui appartient.

Les **Pays-Bas** (4 millions d'hab.), appelés aussi Hollande, sont bordés par la *mer du Nord*, et bornés à l'Est par l'*Allemagne*. La Hollande est un pays essentiellement *commerçant* et agricole.

La capitale est **Amsterdam** (330 000 hab.), mais La Haye est le siège du gouvernement.

Les Hollandais ont des colonies importantes : Sumatra, Java, *Bornéo*, les Moluques (voy. p. 69).

63. La **Belgique** (5 500 000 hab.), située au nord de la *France* et à l'ouest de l'*Allemagne*, est un pays de plaines fertiles, avec d'importantes mines de houille. On y fabrique surtout le fer, l'*acier*, les tissus.

Bruxelles (400 000 hab.) est la capitale du royaume. Anvers, sur l'*Escaut*, est un grand port.

64. Le **Royaume-Uni de Grande-Bretagne et Irlande** (35 millions d'hab.), appelé aussi **Angleterre**, comprend les *Iles Britanniques* (Angleterre, Ecosse, Pays de Galles, Irlande).

Productions principales : le bétail, la houille, les métaux.

L'*Irlande* est fertile, mais peu cultivée.

En **Angleterre**, les principales villes sont : **Londres** (London), sur la *Tamise*, la capitale de tout le royaume et la plus grande ville du monde (près de 4 *millions* d'habitants) ; **Liverpool**, **Manchester**, **Birmingham**.

Les grandes villes d'**Ecosse** sont Edimbourg, *capitale*, et **Glasgow** (510 000 hab.).

L'**Irlande** a pour capitale Dublin.

L'Angleterre est, avant tout, une puissance commerçante, maritime et coloniale. Sa marine marchande est à peu près égale à celle des autres Etats européens réunis.

L'Angleterre possède, en Europe, les *îles Anglo-Normandes*, Gibraltar, Malte.

Ses **colonies** contiennent plus de 200 *millions* d'habitants. Les principales sont :
En Asie, l'Inde anglaise (p. 60) ;
En Océanie, l'Australie (p. 69) ;
En Afrique, la Colonie du Cap (p. 62) ;
En Amérique, le Canada (p. 66).

65. L'**Espagne** (16 millions d'hab.) est au sud de la *France*.

Elle produit beaucoup de **vin**.

La capitale est **Madrid** (400 000 hab.). Villes principales : Barcelone, *Cadix*.

Principales colonies : Cuba en Amérique, les *Philippines* en Océanie (p. 68, 69).

Gibraltar, place forte au sud de l'Espagne, appartient à l'Angleterre.

Le **Portugal** (4 500 000 hab.) est situé à l'ouest de l'*Espagne*.

La capitale est **Lisbonne** (200 000 hab.).

66. L'**Italie** (28 millions d'hab.) confine par le Nord à la *France*, à la *Suisse*, à l'*Autriche*.

Elle produit du *vin*, du *marbre*.

Elle possède la Sicile et la Sardaigne.

Rome (270 000 hab.), sur le Tibre, est à la fois la *capitale du royaume* et le *siège de la Papauté*. Les villes principales sont : **Naples**, Palerme, au Sud ; **Florence**, au centre ; **Milan**, Turin, Gênes, Venise, au Nord.

67. La **Serbie** (1 700 000 hab.), entre l'*Autriche* et la *Turquie*, a pour capitale *Belgrade*.

Le Monténégro (235 000 hab.) a pour capitale *Cettigne*.

L'**Empire Ottoman** comprend la **Turquie d'Europe** (5 500 000 hab.) et la Turquie d'Asie (Turquie d'Asie, p. 60).

La Turquie d'Europe confine à l'*Autriche*, à la *Serbie*, à la *Grèce* ; elle possède l'île de **Crète** dans la Méditerranée.

Elle a perdu, depuis 1878, la *Bulgarie* et la *Roumélie*, indépendantes à condition de payer tribut. — La *Bosnie* et l'*Herzégovine* sont occupées par l'Autriche.

La capitale est **Constantinople** (600 000 hab.), sur le Bosphore.

L'Empire Ottoman possède en Afrique *Tripoli*, et est suzerain de l'*Egypte*.

La Grèce (2 millions d'hab.) confine, au Nord, à la *Turquie*. Sa capitale est Athènes.

COMMERCE ET COMMUNICATIONS

68. La France, l'Angleterre, l'Allemagne, la Belgique produisent surtout des *objets fabriqués* ; la Russie, la Hongrie, la Turquie, l'Italie fournissent surtout des productions naturelles ou *matières premières*.

EUROPE POLITIQUE

Echelle 1 : 22.000.000

50 100 200 300 400 500   1000 Kil

L'Europe reçoit de l'étranger des matières premières : de l'or, du *cuivre*, du *pétrole*, des *bois*, du *coton*, de la *laine*, des drogueries, du *sucre*, du *café*, du *thé*, du *blé*, des *viandes* conservées.

69. Le percement du canal de Suez a facilité les rapports avec l'Asie et l'Océanie.

Des services de navires à vapeur et des *câbles télégraphiques sous-marins* relient l'Europe aux autres parties du monde.

L'Angleterre est au *premier rang* pour l'industrie, le commerce et la marine ; ensuite viennent la *France*, l'*Allemagne*, la *Belgique*, la *Hollande*, la *Suède-Norvège*, l'*Italie*.

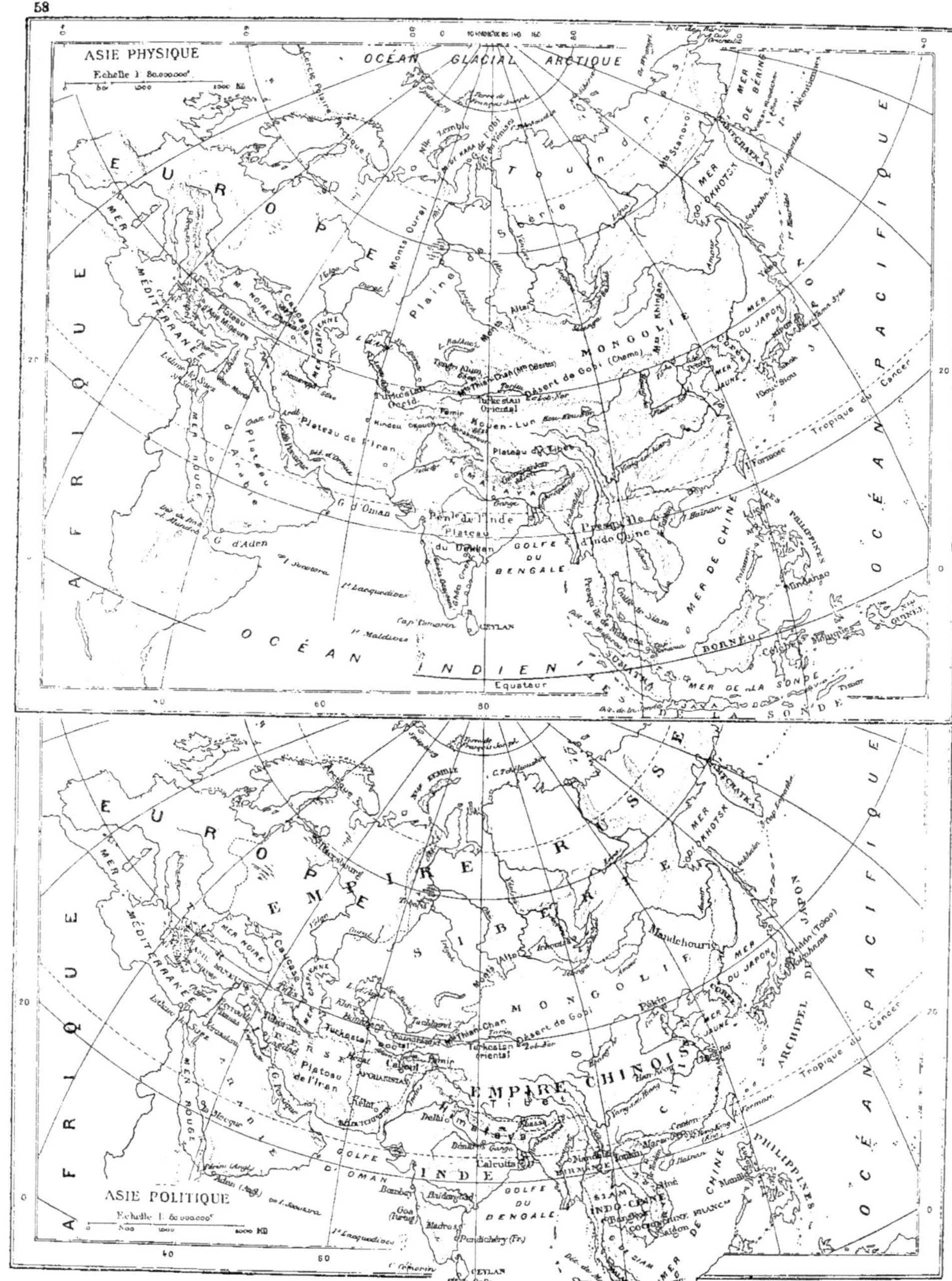

ASIE PHYSIQUE
Echelle 1: 80.000.000
OCÉAN GLACIAL ARCTIQUE
EUROPE
AFRIQUE
MER MÉDITERRANÉE
MER NOIRE
MER CASPIENNE
Plateau d'Asie Mineure
Plateau de l'Iran
Plateau Arabe
MER ROUGE
Plaine de Sibérie
Monts Oural
MONGOLIE
Désert de Gobi (Chamo)
Turkestan Oriental
Hindou Kouch
Pamir
Kuen-Lun
Plateau du Tibet
G. d'Oman
G. d'Aden
Presqu'île de l'Inde
Plateau du Dekkan
GOLFE DU BENGALE
Presqu'île d'Indo-Chine
MER DE CHINE
Iles Philippines
OCÉAN PACIFIQUE
MER DU JAPON
JAPON
MER OKHOTSK
KAMTCHATKA
MER DE BÉRING
Tropique du Cancer
Cap Comorin
CEYLAN
Iles Laquedives
Iles Maldives
OCÉAN INDIEN
Équateur
BORNÉO
SUMATRA
JAVA
MER DE LA SONDE
DE LA SONDE
Formose
Haïnan
NLLE GUINÉE

ASIE POLITIQUE
Echelle 1: 60.000.000
EUROPE
AFRIQUE
MER MÉDITERRANÉE
MER NOIRE
MER ROUGE
EMPIRE RUSSE
SIBÉRIE
Caucase
Tiflis
Turkestan
Tachkent
Plateau de l'Iran
Téhéran
Bagdad
GOLFE D'OMAN
Aden (Angl.)
Médine
La Mecque
Thian-Chan
Turkestan oriental
MONGOLIE
Désert de Gobi
EMPIRE CHINOIS
Tibet
Lhassa
Pékin
Mandchourie
CORÉE
JAPON
ARCHIPEL DU JAPON
Yédo (Tokio)
MER DU JAPON
MER OKHOTSK
KAMTCHATKA
OCÉAN PACIFIQUE
Tropique du Cancer
INDE
Delhi
Bénarès
Calcutta
Bombay
Goa (Port.)
Madras
Pondichéry (Fr.)
GOLFE DU BENGALE
BIRMANIE
SIAM
INDO-CHINE FRANÇE
Bangkok
Saïgon
Singapour
MER DE CHINE
PHILIPPINES
Formose
Haïnan
Canton
CEYLAN
Cap Comorin
Iles Laquedives

ASIE

SITUATION. — BORNES

70. L'**Asie** est la plus vaste et la plus peuplée des cinq parties du monde.

Elle est située en entier dans l'*hémisphère boréal*. L'Europe n'en forme, pour ainsi dire, que la pointe occidentale.

L'Asie est bornée au Nord par l'océan Glacial arctique ; à l'Est, par l'océan Pacifique ; au Sud, par l'océan Indien ; au Sud-Ouest, par la *mer Rouge* ; à l'Ouest, par la mer Méditerranée, la *mer Noire*, la *mer Caspienne*, les monts *Oural*.

CÔTES ET MERS

71. La côte *septentrionale* de l'Asie, tournée vers l'**océan Glacial**, est presque toujours bordée de glaces.

Elle forme les golfes de l'Obi et de l'Iéniséi, le cap Tcheliouskin, et elle se termine au cap Oriental, à l'entrée du détroit de Béring, en face de l'*Amérique*.

La côte *orientale*, qui longe l'**océan Pacifique**, s'étend du cercle polaire à l'équateur. A son extrémité nord, elle est toujours sous la glace ; à l'autre extrémité, elle n'a jamais d'hiver.

72. Cette côte est pour ainsi dire *doublée d'archipels*. Entre ces archipels et le continent, des **mers intérieures** communiquent avec l'océan Pacifique.

En partant du Nord, on rencontre : la presqu'île du Kamtchatka et l'archipel du Japon ; la presqu'île de Corée, l'*île Formose* et l'Archipel des Philippines : l'île de Bornéo ; la presqu'île d'Indo-Chine et celle de Malacca, terminée par le cap Romania, entre l'océan Pacifique et l'océan Indien.

Entre ces deux océans s'étendent les îles de Sumatra, Java, qui dépendent autant de l'*Asie* que de l'*Océanie*.

Presque toutes ces îles renferment des volcans ; le plus beau est le *Fousi-Yama*, au Japon.

Les mers intérieures sont : la mer de Béring, la mer d'Okhotsk, la mer du Japon, la mer Jaune et la mer de Chine.

Dans la mer de Chine s'ouvrent les deux golfes de *Tonkin* et de *Siam*.

Le détroit de Malacca réunit l'*océan Pacifique* à l'*océan Indien*.

73. Les côtes *méridionales* longent l'**océan Indien** ou *mer des Indes*, du cap Romania à l'Est jusqu'à l'*Arabie* à l'Ouest.

Elles forment le golfe du Bengale, la presqu'île de l'Inde, terminée au Sud par le cap Comorin, le golfe d'Oman et le golfe Persique, reliés par le détroit d'Ormuz.

Plus à l'Ouest, on rencontre la presqu'île d'Arabie, puis le détroit de Bab-el-Mandeb, qui unit la *mer des Indes* à la *mer Rouge*.

La seule grande île est Ceylan, au sud-est de l'Inde.

La mer Rouge, très étroite, séparée de la Méditerranée par l'isthme de Suez, s'allonge entre l'*Asie* et l'*Afrique*.

74. Sur la **Méditerranée** s'étendent la côte de Syrie, les *îles de* Chypre et *de Rhodes*, et les côtes de l'Asie Mineure, que longent aussi l'*Archipel* et la *mer Noire*.

La mer Caspienne n'est qu'un bassin d'eau salée, sans communication avec les océans.

RELIEF DU SOL. — OROGRAPHIE

75. L'Asie possède les plus hautes montagnes et les plateaux les plus élevés du Globe.

Le centre du continent est formé d'un vaste enchevêtrement de montagnes, dont le nœud central porte le nom de **Pamir**.

Le Pamir projette plusieurs chaînes vers les extrémités de l'Asie, et la divise ainsi en région distinctes. Pour passer d'une région à l'autre, il faut toujours franchir quelque grande *chaîne de montagnes*.

Pays à l'ouest du Pamir. — A l'ouest du Pamir une rangée de plateaux ou de chaînes va toucher à la Méditerranée. Ce sont le plateau de l'Iran, le plateau d'Asie Mineure et la chaîne du Caucase.

76. *Pays au sud-est du Pamir.* — Au sud-est du Pamir commence une triple chaîne, *qui domine toutes les autres montagnes du monde* : les monts **Himalaya**, Karakorum, Kouen-Lun. Le point culminant est le *Gaurisankar* (8840 mètres), dans l'Himalaya. Certains glaciers de l'Himalaya ont plus de 50 kilomètres de longueur.

Entre l'Himalaya, le Kouen-Lun et le Karakorum s'étend le **plateau du Tibet**, haut de 5000 mètres et comme isolé du reste de la Terre.

77. *Pays au nord-est du Pamir.* — Au nord-est du Pamir une troisième suite de chaînes aboutit à l'extrémité nord-est de l'Asie. Les principales sont les monts Altaï, les *monts Stanovoï* et les volcans du *Kamtchatka*.

Entre les monts Thian-Chan, Altaï et Kouen-Lun s'ouvre le Turkestan oriental ou Kachgarie. C'est un immense espace de terrain enfermé de tous côtés. Au Nord-Est, il prend le nom de Gobi ou Chamo.

Au *nord* des monts Thian-Chan et Altaï, jusqu'à l'océan Glacial, est la grande plaine de Sibérie.

78. *Pays au nord-ouest du Pamir.* — Au nord-ouest et à l'*ouest* du Pamir, s'étend la plaine du Turkestan occidental.

Le *sud* du continent offre quelques plateaux isolés : le *plateau d'Arabie* et le *plateau du Dekkan*.

HYDROGRAPHIE

79. L'Asie se partage en trois grands versants extérieurs : ceux de l'**océan Glacial**, du **Pacifique** et de la **mer des Indes**, et en plusieurs grands *bassins intérieurs ou fermés* : ceux de la **mer Caspienne**, du lac d'Aral, du Lob-Nor (lac Lob).

80. *Bassins fermés.* — La mer Caspienne reçoit l'Oural entre l'Europe et l'Asie. Le lac d'Aral reçoit le Syr-Darya et l'Amou-Darya. Le Lob-Nor reçoit le *Tarim*.

Tout à fait à l'ouest de l'Asie, près de la Méditerranée, un lac salé, la mer Morte ou lac Asphaltite, à 400 mètres au-dessous des mers, reçoit le *Jourdain*.

Dans ces bassins intérieurs, les eaux sont peu abondantes, à cause de la rareté des pluies, et se perdent souvent dans les sables.

81. *Bassins extérieurs.* — Les bassins extérieurs reçoivent, au contraire, des pluies ou des neiges abondantes, et sont très arrosés.

Versant de l'océan Glacial. — Les trois principaux cours d'eau sont l'Obi, l'Iéniséi et la Léna.

L'Obi forme à son embouchure un golfe étendu. Son plus grand affluent est l'*Irtych*.

L'Iéniséi reçoit l'*Angara*, sortie du lac Baïkal.

Ces fleuves sont chargés de glace pendant les trois quarts de l'année. Leurs rives, boisées ou cultivées vers le Sud, deviennent vers le Nord.

82. **Versant du Pacifique.** — Les principaux fleuves sont : l'Amour, le Hoang-Ho, le Yang-tsé-Kiang, le Mé-Kong.

L'Amour se jette au sud de la mer d'Okhotsk.

Le Hoang-Ho, ou *fleuve Jaune*, se jette dans la *mer Jaune*. Il change parfois d'embouchure, en détruisant tout sur son passage.

Le Yang-tsé-Kiang traverse un pays très riche et très peuplé, et se jette au sud de la mer Jaune.

Le Mé-Kong ou Cambodge se jette dans la *mer de Chine*.

83. **Versant de l'océan Indien.** — Les principaux fleuves sont : l'Iraouadi, le Gange avec le Brahmapoutra, l'Indus, le Tigre avec l'Euphrate.

L'Iraouadi se jette dans le *golfe du Bengale*.

Le Gange et le Brahmapoutra descendent des monts Himalaya. Ils forment ensemble un vaste delta et se jettent dans le *golfe du Bengale*.

L'Indus ou *Sindh* se jette dans le *golfe d'Oman*. — Le Tigre et l'Euphrate forment le Chatt-el-Arab, qui se jette dans le *golfe Persique*.

CLIMAT. — PRODUCTIONS

84. Comme l'Asie est voisine du *pôle* au Nord, et de l'*équateur* au Sud, elle offre plusieurs *climats* très différents. En général les climats y sont *extrêmes*, c'est-à-dire très froids et très chauds alternativement, à cause de l'éloignement des mers.

La Sibérie est une des régions les plus froides du Globe. Dans le Nord, le sol est toujours gelé, même en été. Les plateaux du Pamir et du Tibet sont froids ; mais certaines parties produisent de l'herbe en été.

Les deux plaines du Turkestan sont privées de pluies. En hiver il y fait très froid ; en été la chaleur est étouffante.

Les plateaux d'Iran et d'Asie Mineure ont également un climat inégal et renferment des *déserts*.

Dans l'*Arabie*, l'*Inde*, l'*Indo-Chine*, il fait toujours chaud.

L'*Arabie* est sèche et rocheuse.

L'*Inde* et l'*Indo-Chine*, au contraire, sont très fertiles. L'année y est partagée en deux saisons, l'une où il ne pleut presque jamais, l'autre où il pleut presque toujours.

La **Chine** et le **Japon** jouissent d'un climat tempéré, à cause du voisinage du Pacifique, et possèdent un sol extraordinairement fertile.

85. Les *productions* de l'Asie varient suivant les régions.

La Sibérie a des *forêts*, des *mines*, des *animaux* à riche *fourrure*; dans le Sud, des *grains*.

La **Chine** et le **Japon** produisent le riz, le thé, des *plantes* et des *bois précieux*.

L'**Inde**, l'**Indo-Chine** et les îles avoisinantes sont d'une étonnante fertilité; elles produisent le *riz*, le *sucre*, l'indigo.

L'*Arabie* produit le meilleur café, celui de *Moka*.

Dans le **Turkestan**, le plateau de l'Iran et l'Asie Mineure, il n'y a de végétation qu'au bord des rivières. Partout où l'eau n'arrive pas, la terre se dessèche.

GÉOGRAPHIE POLITIQUE ET ÉCONOMIQUE

86. Les habitants indigènes de l'Asie appartiennent dans l'*Est* à la **race jaune**, dans le *Sud* et l'*Ouest* à la **race blanche**.

Les trois religions dominantes sont: le mahométisme dans le Sud et l'Ouest, le brahmanisme dans le Sud, le bouddhisme dans l'Est.

La moitié du sol de l'Asie est possédée par des nations européennes; mais la partie demeurée indépendante renferme la plus grande population.

87. 1° *Pays de la mer Caspienne et de l'océan Glacial.* — L'**Empire Russe** s'étend, en Asie, de la *mer Noire* à l'*océan Pacifique*, et du plateau de *Pamir* à l'*océan Glacial*. Il ne cesse pas de s'agrandir vers le centre du continent.

La Russie d'Asie se compose de la **Sibérie**, du **Turkestan occidental**, de la **Lieutenance du Caucase**; elle n'a que 14 millions d'habitants, sur un espace beaucoup plus grand que l'Europe.

Il y a en Sibérie des mines d'*or* et d'*argent*, où travaillent les déportés.

Les villes principales sont *Irkoutsk* à l'Est, et *Tobolsk* à l'Ouest.

La Lieutenance du Caucase a pour capitale *Tiflis*.

88. 2° *Pays de l'océan Pacifique.* — L'**Empire Chinois** occupe la partie centrale de l'Asie, et s'étend, à l'Est, le long du *Pacifique*. Il comprend la *Mandchourie*, la *Mongolie*, le *Tibet*. La *Corée* est tributaire de cet empire.

La partie la plus riche est la **Chine** proprement dite, bordée par l'océan Pacifique.

La Chine produit le **thé** et la **soie**. Les Chinois sont habiles aux ouvrages délicats; ils fabriquent la porcelaine et travaillent le *bois*.

Leur civilisation est une des plus anciennes du monde; mais elle s'est pendant longtemps isolée du reste de la Terre.

La population de l'Empire Chinois approche de 400 *millions* d'habitants, qui appartiennent à deux familles faisant partie de la race jaune: la famille Tartare ou **Mandchoue**, et la famille **Chinoise**. Les Chinois ont la peau jaune, les yeux obliques, ils portent les cheveux réunis en une grande tresse et sont vêtus d'une longue robe.

89. C'est la Chine qui, après l'Europe, a les plus grandes villes. Mais la plupart sont peu connues, et leur population n'est évaluée qu'approximativement.

Parmi les principales villes sont **Pékin**, capitale de l'Empire, et **Canton**.

La Chine a été longtemps fermée aux étrangers, qui aujourd'hui sont admis dans vingt ports environ. Le plus important est **Chang-Haï**.

La Chine n'a pas encore de chemins de fer. Ses grands chemins sont ses fleuves, larges et profonds. Le canal impérial met en communication le Nord et le Sud.

90. Le **Japon** est un archipel sur le Pacifique. La plus grande île est *Nipon*.

Les productions principales sont le *thé*, la *soie*. Les Japonais sont très intelligents, artistes, ingénieux. Ils excellent à fabriquer la porcelaine, la laque, et à travailler le *bronze*. Ils ont adopté en partie notre civilisation.

La population est de 36 millions d'hab.

La capitale est *Yeddo* (ou *Tokio*), 800 000 habitants.

Les principaux ports ouverts aux Européens sont *Yokohama* et *Nagasaki*.

91. L'**Indo-Chine**, située au sud-est de l'Asie, est un pays chaud et couvert de vastes forêts. Les principaux États sont:

Le royaume de Siam, capitale *Bangkok*;

La Birmanie, capitale *Mandalai*;

La Cochinchine française, dont la capitale est *Saïgon*, le *Tonkin* et l'*Annam* (voy. p. 48 et 49).

92. 3° *Pays de la mer des Indes et de la Méditerranée.* — L'**Angleterre** est la puissance dominante dans le *Sud* de l'Asie (comme la **Russie** dans le *Nord*, la **Chine** dans l'*Est*). Elle possède le grand **empire des Indes**, qui s'étend entre l'*océan Indien* et l'*Himalaya*, avec l'île de Ceylan.

L'**Inde** a un grand nombre de productions naturelles: le riz, l'indigo, le *coton*, l'opium, les *bois*, les diamants. La population, qui dépasse 200 *millions* d'habitants, est soumise à un vice-roi anglais, représentant la reine d'Angleterre, impératrice des Indes.

Les plus grandes villes sont: dans le Nord, **Calcutta**; à l'Ouest, **Bombay**, au Sud-Est, **Madras**.

Bombay, *Madras* et *Calcutta* sont reliées par des chemins de fer.

93. L'**Afghanistan**, le *Béloutchistan*, la **Perse** occupent le plateau de l'Iran, de la *Caspienne* à la *mer d'Oman*.

L'Afghanistan a pour villes principales *Hérat* et *Caboul*. Il est important par sa situation entre les possessions russes et anglaises.

La **Perse** a pour capitale *Téhéran*, pour ville principale *Tauris*.

94. L'**Empire Ottoman** possède la Turquie d'Asie.

Cet ensemble de pays comprend, au Nord, l'*Asie Mineure*; au Centre, la *Mésopotamie*; au Sud, une partie de l'*Arabie*. Sa population ne dépasse pas 17 millions d'habitants.

Seules les côtes de la Méditerranée sont fréquentées; là se trouvent les nombreux ports appelés *Échelles du Levant*.

Les villes principales de la Turquie d'Asie sont: Smyrne, Jérusalem, *Damas*, *La Mecque* (le lieu de pèlerinage des musulmans).

95. L'**Angleterre** possède aussi en Asie *Aden* et l'*îlot de Périm*, à l'entrée de la mer Rouge; l'*îlot de Singapour*, vers le détroit de Malacca; l'*îlot de Hong-Kong*, sur la côte chinoise. Elle occupe actuellement la *Birmanie*.

La **France** possède dans l'Inde cinq villes, dont la principale est *Pondichéry*.

La ville de *Goa*, dans l'Inde, appartient au **Portugal**.

96. *Communications.* — Dans l'intérieur de l'Asie les communications sont très difficiles, à cause des déserts ou des hautes chaînes de montagnes, et le commerce se fait encore aujourd'hui par caravanes. L'*Inde* seule possède plusieurs grandes lignes de chemins de fer.

C'est la *mer* qui est le lien entre l'*Asie* et les autres parties du monde, surtout depuis le percement du canal de Suez.

Entre l'*Europe* et l'*Asie*, les principaux ports intermédiaires sont: *Bombay*, Pointe de Galle (dans l'île de Ceylan), *Madras*, *Calcutta*, *Singapour*, *Saïgon*, *Hong-Kong*, *Chang-Haï*, *Yokohama*.

La **Chine** et le **Japon** ont des relations actives avec l'Amérique du Nord, et surtout avec San-Francisco.

97. *Importance de l'Asie dans la géographie et dans l'histoire.* — L'Asie est le pays du monde qui offre les plus grands contrastes: l'extrême froid et l'extrême chaud, la plus grande pauvreté du sol et les plus riches productions, les plaines les plus basses et les montagnes les plus hautes.

C'est de l'Asie que sont parties les grandes émigrations et les grandes invasions en Europe, et aujourd'hui encore le Centre est occupé par des millions d'hommes nomades et à demi barbares.

Questionnaire sur l'Europe.

Où est située l'Europe? — Quelles sont ses limites? — Quels caractères présentent ses côtes? — Sur quelles mers s'étendent-elles? — Mers intérieures? — Presqu'îles et îles principales? — Golfes? — Caps?

Quelle est la situation de la Méditerranée? — Quelles sont les mers formées par la Méditerranée? Golfes? — Presqu'îles et îles principales? — Caps? — Comment passe-t-on de la Méditerranée dans l'Atlantique? — Comment passe-t-on de l'Archipel dans la mer Noire? — Décrivez la mer Caspienne.

Comment divise-t-on l'Europe au point de vue du relief du sol? — Décrivez la région du Nord-Est. — Quel est le principal plateau de la région du Nord-Est? — Où sont les Alpes? — Quel est leur centre? — Décrivez les Pyrénées, les monts Ibériques.

Nommez les montagnes au sud des Alpes. — Quel est le point culminant des montagnes de Sicile?

Nommez les montagnes à l'est des Alpes. — Nommez les montagnes au nord des Alpes. — Nommez, en les suivant sur la carte, les grandes vallées de la région du Sud-Ouest. — Quelles sont les deux grandes plaines? — Énumérez les montagnes qui se trouvent aux extrémités de l'Europe.

L'Europe est-elle riche en cours d'eau? — Pourquoi? — Ces cours d'eau sont-ils navigables? — Quels sont les deux principaux centres d'où rayonnent les cours d'eau? — Où sont la plupart des lacs? — Énumérez les principaux. — Quels sont les deux grands versants d'Europe? — Fleuves tributaires de l'océan Glacial? — Énumérez les fleuves du versant de l'Atlantique, en distinguant ceux qui se jettent dans la mer Baltique, la mer du Nord, la Manche, l'océan Atlantique proprement dit.

Énumérez les fleuves tributaires de la Méditerranée, en distinguant ceux qui se jettent dans la Méditerranée proprement dite, dans l'Adriatique, dans la mer Noire. — Décrivez le Danube. — Quels sont ses affluents?

Quel est le climat moyen de l'Europe? — Quels sont les climats de l'Est et du Nord? — Du Sud? — De l'Ouest? — Du Centre?

Quelles sont les principales productions de l'Europe? Combien y a-t-il d'habitants en Europe? — A quelle race appartiennent-ils? — Quelles sont les trois religions pratiquées en Europe?

Énumérez les divisions politiques de l'Europe.

Parlez de la Suède et de la Norvège. — Population? — Capitales? — Productions?

Que comprend l'Empire Russe? — Quelles sont les limites de la Russie d'Europe? — Productions? — Grandes villes? — Population? — Parlez de la Roumanie.

Que présente de particulier la situation géographique de l'Autriche-Hongrie? — Quels sont les grands États auxquels elle confine? — Production principale de la Hongrie? — Capitale de l'Autriche? — Capitale de la Hongrie? — Parlez de la population de l'Autriche-Hongrie. — Quelles provinces turques occupe-t-elle?

Où est la Suisse? — A quels pays confine-t-elle? — Capitale? — Villes principales? — Quelle est l'organisation politique de la Suisse?

Quelles sont les bornes de l'empire d'Allemagne? — A quels grands États touche-t-il? — Comment est constitué l'Empire? — Quel en est le chef? — Quels sont les principaux États? — Où est le royaume de Prusse? — Combien a-t-il d'habitants? — Énumérez les grandes villes. — Parlez de la Bavière et de ses villes; de la Saxe et de ses villes; de l'Alsace-Lorraine et de ses villes. — Parlez de Hambourg.

Parlez du Danemark. — Où sont situés les Pays-Bas? — Capitale et villes principales? — Quelles sont les colonies de la Hollande? — Sont-elles importantes?

Où est la Belgique? — La Belgique est-elle importante? — Capitale et villes principales? — Population?

Que comprend le Royaume-Uni de Grande-Bretagne et d'Irlande? — Quelles sont ses divisions politiques? — Productions? — Principales villes d'Angleterre? — Grandes villes d'Écosse? — Capitale de l'Irlande? — Pourquoi surtout l'Angleterre est-elle puissante? — Quelles sont ses possessions en Europe? — Ses colonies en Asie, en Océanie, en Afrique, en Amérique? — Quelle en est la population totale? — Population du Royaume-Uni?

Où est l'Espagne? — Que produit-elle? — Capitale? Villes principales? — Colonies? — Quel est le point important au sud de la péninsule? — Où est le Portugal? — Capitale? — Colonies?

Décrivez l'Italie. — Quelles sont ses productions? — Quelles îles possède l'Italie? — Villes principales? — Quelle est la population de l'Italie?

Que comprend l'Empire Ottoman? — Quelles sont les limites de la Turquie d'Europe? — Quelle grande île possède-t-elle? — Est-elle demeurée entière? — Capitale? — Possessions de l'Empire Ottoman en Afrique? — Parlez de la Serbie, du Monténégro.

Où est la Grèce? — Parlez d'Athènes.

Quels sont les pays d'Europe qui fournissent plutôt des objets fabriqués? — Plutôt des matières premières? — Quels objets l'Europe reçoit-elle des autres parties du monde? — Quels sont les avantages du percement de l'isthme de Suez? — Quels sont les États européens au premier rang pour l'industrie et pour le commerce?

Questionnaire sur l'Asie.

Dans quel hémisphère est l'Asie? — Quelles sont ses bornes? — L'Asie touche-t-elle à l'Europe?

Décrivez la côte de l'océan Glacial. — Décrivez la côte du Pacifique. — Quelles sont ses îles et presqu'îles? — Quelles sont ses mers principales? — Citez des îles qui appartiennent autant à l'Asie qu'à l'Océanie.

Caps, golfes ou mers de l'océan Indien? — Grandes presqu'îles? — Décrivez la mer Rouge. — L'Asie touche-t-elle à la Méditerranée et à la mer Noire? — Indiquez les ports principaux sur ces mers.

Où sont les plus hautes montagnes et les plus hauts plateaux du monde? — Quel est le centre de l'Asie? — Quels sont les plateaux ou chaines à l'ouest du Pamir? — Au sud-est? — Décrivez l'Himalaya; le plateau du Tibet. — Quels sont les plateaux ou chaines au nord-est du Pamir? — Où est la plaine de Sibérie? — Y a-t-il quelques plateaux à part?

Combien y a-t-il en Asie de grands versants extérieurs? — De grands bassins fermés? — Indiquez les fleuves des bassins de la mer Caspienne; du lac d'Aral; du Lob-Nor; de la mer Morte. — Que présentent de particulier ces fleuves? — Fleuves de l'océan Glacial? — Fleuves du Pacifique? — Fleuves de l'océan Indien?

Que présente de particulier le climat de l'Asie? — Montrez à quoi tiennent ces particularités. — Décrivez le climat de la Sibérie; des deux Turkestans; de l'Arabie; de l'Inde; de l'Indo-Chine; de la Chine et du Japon. — La côte chinoise est-elle très chaude?

Productions de la Sibérie? — De la Chine et du Japon? — De l'Inde et de l'Indo-Chine? — De l'Arabie? — Du Turkestan et de l'Iran? — Races et religions de l'Asie?

Comment est divisée l'Asie pour la géographie politique? — Que comprend l'Empire Russe en Asie? — Villes? — Quels pays comprend l'Empire Chinois? — Quelles sont ses industries? — La Chine est-elle civilisée depuis longtemps? — Population de l'Empire? — Grandes villes? — Les étrangers sont-ils admis en Chine? — Où est le Japon? — Parlez des Japonais. — Capitale? — Villes ouvertes aux Européens?

Où est située l'Indo-Chine? — Quels sont les grands États et leurs capitales? — Les colonies européennes? — Qu'est-ce que l'empire des Indes? — Où s'étend-il? — Productions de l'Inde? — Population? — Quelles sont les grandes villes? — L'Inde a-t-elle des chemins de fer? — Quelles sont les autres possessions des Anglais en Asie? — Que possèdent les Français et les Portugais dans l'Inde? — Énumérez les États du plateau de l'Iran avec leurs villes. — Que possède en Asie la Turquie? — Villes principales? — Qu'est-ce que les Échelles du Levant?

Les communications en Asie sont-elles faciles? — Par où se font surtout les communications avec l'Europe? — Principaux ports? — Importance du canal de Suez? — Y a-t-il des communications à travers le Pacifique?

AFRIQUE

SITUATION. — BORNES

98. L'**Afrique** est située au sud-ouest de l'ancien continent.

L'équateur *la traverse*. Elle est trois fois plus grande que l'Europe, mais moins grande que l'Asie ou l'Amérique.

L'**Afrique** est rattachée à l'Asie par l'isthme de Suez. Elle est bornée au Nord par la mer Méditerranée; à l'Ouest, par l'océan Atlantique; à l'Est, par l'océan Indien, la mer Rouge et l'*isthme de Suez*.

CÔTES ET MERS

99. Les côtes de l'Afrique sont fort peu découpées. Cette partie du monde est la plus massive de toutes.

Sur le littoral de la **Méditerranée** se trouvent les *golfes de la Sidre* et de *Gabès*, le cap Bon, le cap Blanc de Bizerte, le détroit de Gibraltar.

Sur la côte de l'**Atlantique**, le point le plus avancé *vers l'Ouest* est le cap Vert; la partie la plus enfoncée forme le golfe de Guinée. Au Sud se trouvent la *baie de la Table*, le cap de Bonne-Espérance.

Le littoral de l'**océan Indien** s'étend jusqu'au cap Guardafui; puis, par le détroit de Bab-el-Mandeb et par la mer Rouge, il va rejoindre l'*isthme de Suez*.

100. Les principales îles africaines sont: dans l'Atlantique, les *Açores*, **Madère**, les **Canaries**, les *îles du Cap-Vert*, au Nord-Ouest; *Fernando-Po* et *Saint-Thomas*, dans le golfe de Guinée; l'*îlot de Sainte-Hélène*. Dans l'océan Indien, la grande île de Madagascar, séparée du continent par le canal de Mozambique; l'île de la Réunion, l'île Maurice, l'île de *Zanzibar*, l'île de *Socotora*.

RELIEF DU SOL. — OROGRAPHIE

101. L'Afrique est encore incomplètement connue. Cependant *on peut la diviser en deux parties* : la **partie septentrionale**, plus large, entre la mer Rouge, la Méditerranée et l'Atlantique; la **partie méridionale**, plus étroite, avec une pointe dirigée vers le sud. — La partie septentrionale présente surtout des plaines; la partie méridionale forme un plateau.

Les plus grandes chaines de **montagnes** se trouvent sur le *pourtour* de l'Afrique, le long des côtes ou dans les îles. Ainsi, le *Pic de Ténérife* (3700 mètres) se dresse dans les Canaries.

102. Le **plateau équatorial** s'élève entre deux bourrelets de montagnes, à l'Est et à l'Ouest. Celles de l'Est sont les plus élevées; les *monts Kénia* et *Kilimandjaro* (5000 à 6000 m.), quoique situés près de l'équateur, portent des neiges perpétuelles. Le plateau est fertile et peuplé.

La **grande région de plaines** au nord de l'équateur n'a que quelques massifs de montagnes, voisins de la mer : les monts d'Abyssinie à l'Est, les monts Atlas au Nord-Ouest et les monts Camerouns au Sud-Ouest.

Elle se divise en deux parties : au Sud, le **Soudan**, très chaud, mais fertile et peuplé; au Nord, le **Sahara**.

Le *Sahara* ou *grand désert* est aussi étendu que les deux tiers de l'Europe; il se compose de plaines sablonneuses ou rocheuses, brûlées par le soleil. A de grands intervalles s'étendent des **oasis**, où une source permet aux palmiers de croître et à un petit nombre d'hommes d'habiter.

HYDROGRAPHIE

103 L'Afrique est inégalement arrosée. Quelques-uns de ses cours d'eau ne coulent que pendant une partie de l'année; d'autres, surtout dans le *Sahara*, sont souterrains, ou se perdent dans les sables. Les grands fleuves eux-mêmes sont presque tous entrecoupés de cataractes, qui entravent la navigation. — Le *plateau equatorial*, qui reçoit des *pluies abondantes*, est le point de départ de la plupart des cours d'eau africains.

On y trouve de grands lacs; les principaux sont : les lacs **Victoria**, **Albert**, **Tanganyka**, **Nyassa**. De là les eaux descendent vers les différentes mers.

104. Versant de la Méditerranée. — Le seul grand fleuve est le **Nil**.

Le **Nil**, dont les sources n'ont été découvertes que de nos jours, vient du **lac Victoria** et du *lac Albert*.

Il porte d'abord le nom de *Fleuve Blanc*. Son principal affluent est le *Nil Bleu*. Il descend du plateau équatorial en formant plusieurs *cataractes*, puis il coule entre des rochers et des sables brûlants, mais avec deux rives très fertiles. Dans son cours inférieur, il ne reçoit aucun affluent. Il arrive à la mer à travers un *delta*.

Les eaux du Nil débordent régulièrement chaque année, à la suite des pluies équatoriales, puis, en se retirant, elles déposent sur le sol un limon propre à la culture.

105. Versant de l'océan Atlantique. — Fleuves principaux : le *Sénégal*, le **Niger** ou *Djoliba*, le *Congo*, l'*Orange*.

Le *Sénégal* arrose des pays soumis à la France.

Le **Niger** coule dans le *Soudan*, et se jette dans le golfe de Guinée.

Le **Congo** ou *Livingstone*, exploré depuis quelques années seulement, reçoit les eaux du lac **Tanganyka**, puis un nombre considérable de cours d'eau encore mal connus. C'est un des plus grands fleuves du monde; il forme des cataractes à sa descente du plateau.

L'*Orange* ou *Gariep* est à peine navigable; la plupart de ses affluents sont intermittents.

106. Versant de l'océan Indien. — Le plus grand fleuve est le **Zambèse**, qui traverse l'Afrique de l'Ouest à l'Est. Au milieu de son cours, il se précipite dans une profonde fissure du sol : ce sont les célèbres chutes *Victoria*, appelées par les indigènes la *Fumée-Tonnante*.

Le lac **Tchad**, dans le Soudan, forme un bassin fermé.

CLIMAT. — PRODUCTIONS

107. L'Afrique est chaude. Quelques régions, comme le *Sahara* au Nord, le désert de *Kalahari* au Sud, n'ont *presque jamais de pluie*; d'autres, comme le *plateau équatorial*, ont une saison de pluies qui dure presque toute l'année. — Dans les régions basses ou humides, le climat est malsain pour les Européens; il est plus favorable dans les régions sèches ou élevées.

L'Afrique n'est pas aussi riche en productions que les autres parties du monde; cependant on trouve des cultures et des céréales jusque dans les oasis et presque partout aussi des prairies et des troupeaux.

Le Sahara possède le *palmier-dattier*; dans le Centre, on rencontre des forêts aux arbres énormes, tels que le *baobab*. Les animaux propres à l'Afrique sont : le *dromadaire*, le *lion*, l'*éléphant*, l'*hippopotame*, le *rhinocéros*, l'*autruche*, la *girafe*, etc.

GÉOGRAPHIE POLITIQUE ET ÉCONOMIQUE

108. Une grande partie de la population se compose d'hommes à la peau noire, ou **Nègres**; ils habitent surtout le Centre et l'Ouest. Au Sud se rencontrent les **Cafres** et les **Hottentots**; au Nord-Ouest, des **Berbères**, des **Arabes**, peuples de race blanche; sur certains points du littoral, des **Européens**. — Les indigènes sont *musulmans* ou *idolâtres*.

La population totale ne peut pas être évaluée, même approximativement. Elle est, en tout cas, bien plus considérable qu'on ne le supposait autrefois.

109. *États de la Méditerranée.* — 1° L'**Égypte** (15 millions d'hab.) est située sur la *Méditerranée* et la *mer Rouge*; elle est actuellement occupée par les Anglais, et gouvernée sous leur contrôle par un souverain, qui porte le nom de *khédive*.

L'Égypte est un pays riche et fertile le long du *Nil*; elle produit du *blé*, du coton, du sucre.

Sa civilisation est la plus ancienne que nous connaissions, et elle a laissé dans toute la vallée du Nil d'admirables monuments.

La capitale est le **Caire**, près de la rive droite du Nil (330 000 hab.).

Le grand port est **Alexandrie**, sur la Méditerranée, tout près du Nil.

Les chemins de fer sont nombreux dans le delta, et le Nil est parcouru par des bateaux à vapeur; mais le bassin supérieur du fleuve est encore fort peu abordable.

Le percement du canal de Suez, aux extrémités duquel sont *Port-Said* et *Suez*, a donné à l'Égypte une grande importance.

La **Régence de Tripoli** est administrée par le gouvernement turc. La capitale est *Tripoli*.

110. La **Tunisie** (voy. p. 48) est sous le protectorat de la *France*. La capitale est **Tunis**, sur la Méditerranée, près des ruines de l'ancienne *Carthage*.

L'**Algérie** (voy. p. 45) appartient à la *France*. La capitale est **Alger**, port sur la Méditerranée.

Le **Maroc** donne sur l'*Atlantique* et sur la *Méditerranée*. La capitale est *Fez*.

111. *Pays de l'Atlantique et de l'océan Indien.* — 2° Les principales **possessions françaises** (voy. p. 48) sont :

Sur l'Atlantique, le **Sénégal**, riche, mais très chaud et insalubre, et le *Gabon*; l'**Ouest africain**, sur la rive droite du **Congo**;

Dans l'océan Indien, l'île de la **Réunion**;

112. Les principales **possessions portugaises** sont :

Sur l'Atlantique, les *Açores*, l'*île Madère*; sur l'océan Indien, le *Mozambique*.

La principale **possession espagnole** est l'*archipel des Canaries* dans l'Atlantique.

113. Les principales **possessions anglaises** sont :

Sur l'Atlantique, les établissements de la *côte de Guinée*, à l'Ouest; la **colonie du Cap**, au Sud, qui comprend entre autres pays le *Natal*, et a pour capitale la *Ville du Cap*, port de relâche pour les navires qui ont à contourner l'Afrique;

Dans l'océan Indien, l'île **Maurice**.

114. Parmi les autres États de l'Afrique, on trouve :

Sur la côte de l'océan Indien, l'État arabe de *Zanzibar*;

Dans l'intérieur, au Sud, les deux républiques d'*Orange* et du *Transvaal*, la dernière, vassale des Anglais; au Nord-Est, le royaume d'*Abyssinie*;

Au centre, l'**État libre du Congo**, fondé en 1878.

Le reste est occupé par une foule innombrable de peuplades barbares, gouvernées par des chefs indigènes, qui vivent surtout de la guerre et du pillage. A proprement parler, elles n'ont pas de villes. Elles habitent des huttes basses, réunies autour de la demeure du chef.

115. L'Afrique n'a que des industries primitives. Le commerce se fait sur les côtes, par les Européens, qui viennent échanger des objets fabriqués contre les produits naturels du pays.

Dans le Sahara, ce sont des *caravanes*, qui, d'oasis en oasis, transportent les marchandises à dos de chameau.

Dans le Centre, le commerce est aux mains des négociants arabes, qui pénètrent jusqu'au cœur du continent, et qui se livrent encore aujourd'hui à la traite des esclaves.

L'Afrique est donc un pays peu avancé, les populations y sont plus barbares et plus malheureuses que partout ailleurs.

Cependant, depuis que les explorations de hardis voyageurs ont fait connaître le continent presque entier, on peut espérer que des progrès s'accompliront, et que la civilisation européenne y pénétrera, en faisant disparaître l'*esclavage* avec les horreurs qui l'accompagnent.

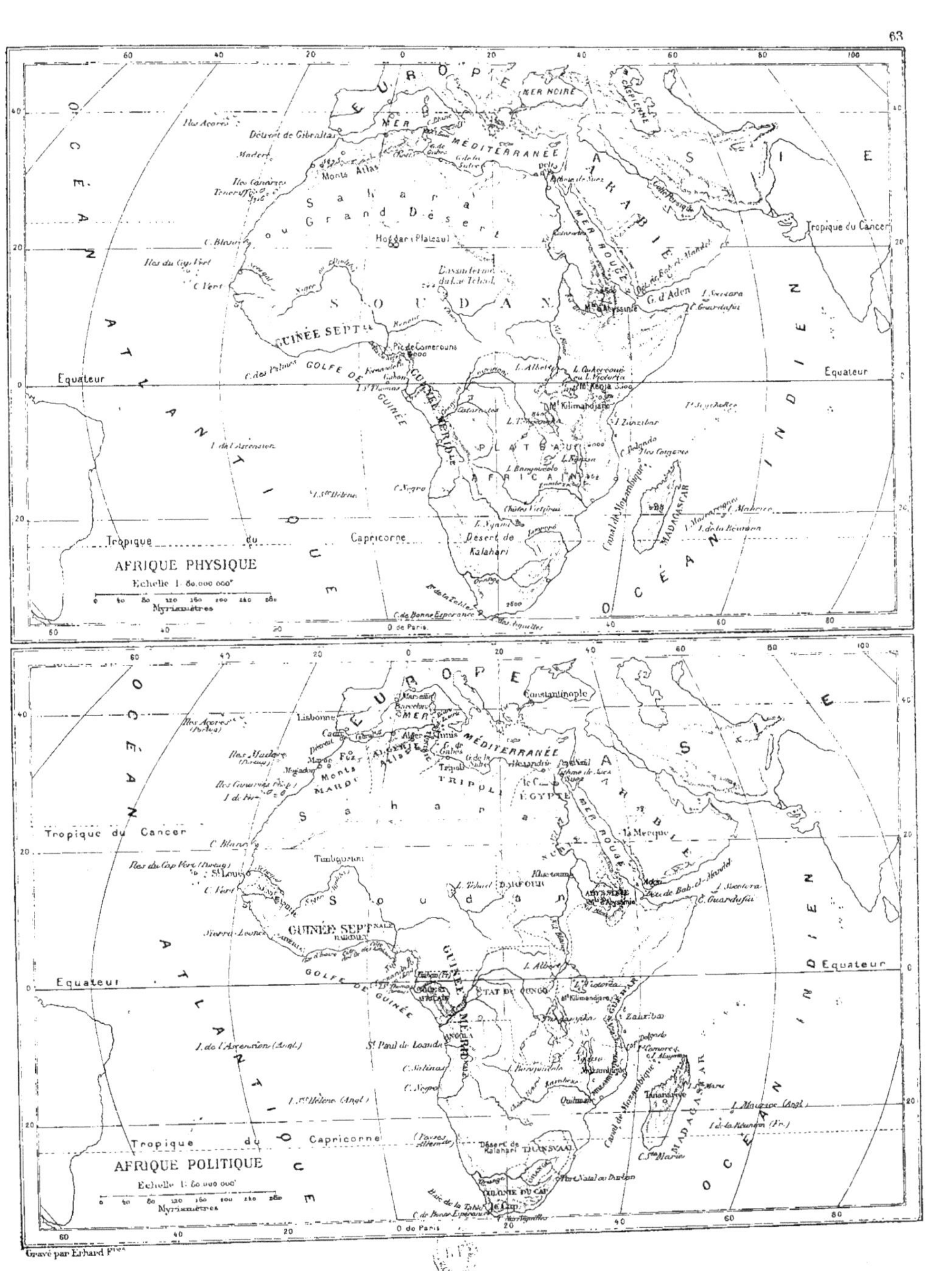
EUROPE
MER NOIRE
ASIE
OCÉAN ATLANTIQUE
MER MÉDITERRANÉE
ARABIE
MER ROUGE
Iles Açores
Détroit de Gibraltar
Madère
Monts Atlas
Iles Canaries
Ténériffe
Sahara ou Grand Désert
Hoggar (Plateau)
Tropique du Cancer
C. Blanc
Iles du Cap Vert
C. Vert
Niger
SOUDAN
Bassin fermé du Lac Tchad
G. d'Aden
C. Guardafui
GUINÉE SEPT.le
Bénoué
Pic de Camerouns
C. des Palmes
GOLFE DE GUINÉE
GUINÉE MÉRIDLE
L. Albert
L. Oukéréoué ou L. Victoria
Mts Kenia 5600
Mt Kilimandjaro
Equateur
I. de l'Ascension
L. Tanganyika
I. Zanzibar
PLATEAU AFRICAIN
L. Bangouéolo
L. Nyassa
C. Negro
I. Ste Hélène
MADAGASCAR
Canal de Mozambique
I. de la Réunion
Tropique du Capricorne
Désert de Kalahari
OCÉAN INDIEN
AFRIQUE PHYSIQUE
Echelle 1: 80.000.000
Myriamètres
C. de Bonne Espérance
O de Paris
EUROPE
ASIE
Constantinople
Iles Açores (Portug.)
Lisbonne
OCÉAN ATLANTIQUE
MER MÉDITERRANÉE
Iles Madère
Marseille
Barcelone
Cadix
Alger
Tunis
Iles Canaries (Esp.)
Maroc Fez
Mogador
Monts MAROC
Tripoli
TRIPOLI
ÉGYPTE
Alexandrie
Isthme de Suez
ARABIE
MER ROUGE
La Mecque
Tropique du Cancer
C. Blanc
Sahara
Iles du Cap Vert (Portug.)
St Louis
Tombouctou
Soudan
L. Tchad
DARFOUR
Khartoum
ABYSSINIE
Détroit de Bab-el-Mandeb
C. Guardafui
C. Vert
Sierra-Leone
GUINÉE SEPT.nale
GOLFE DE GUINÉE
GUINÉE MÉRIDle
ÉTAT DU CONGO
L. Albert
L. Victoria
Mt Kilimandjaro
Zanzibar
Equateur
I. de l'Ascension (Angl.)
St Paul de Loanda
C. Salinas
C. Negro
Comores (Fr.)
Mozambique
I. Ste Hélène (Angl.)
Quilimane
MADAGASCAR
Tananarive
I. Maurice (Angl.)
I. de la Réunion (Fr.)
Tropique du Capricorne
Désert de Kalahari
TRANSVAAL
C. Ste Marie
OCÉAN INDIEN
AFRIQUE POLITIQUE
Echelle 1: 80.000.000
Myriamètres
COLONIE DU CAP
Baie de la Table
C. de Bonne Espérance
O de Paris

AMÉRIQUE PHYSIQUE

Echelle 1: 75.000.000.

Gravé par Erhard Frères

AMÉRIQUE

116. Le **continent américain** s'étend entre l'océan Atlantique à l'Est et l'océan Pacifique à l'Ouest. Il est borné au Nord par l'océan Glacial arctique, et se rapproche, au Sud, de l'océan Glacial antarctique. Par l'Ouest il fait face à l'Asie, par l'Est à l'Europe et à l'Afrique.

Il est allongé du Nord au Sud et se compose de deux masses distinctes, l'**Amérique du Nord** et l'**Amérique du Sud**. Entre les deux s'étend une région intermédiaire, l'*Amérique centrale*.

AMÉRIQUE DU NORD

117. L'**Amérique du Nord** est tout entière dans l'hémisphère boréal.

Elle s'étend sur l'océan Glacial arctique, l'océan Pacifique et l'océan Atlantique.

La côte de l'**océan Glacial** s'étend de la presqu'île du Labrador à l'Est jusqu'au détroit de Béring à l'Ouest.

On y trouve le *détroit d'Hudson* et la baie ou mer d'Hudson. Cette côte est presque partout *encombrée de glaces*. On n'y voit que de rares pêcheurs de baleines.

Le détroit de Béring sépare l'Amérique de l'*Asie*. Le continent américain y projette le cap du Prince de Galles.

Sur la côte du **Pacifique**, les points principaux sont : la presqu'île d'Alaska, la baie de San-Francisco, la presqu'île de Californie et le golfe de Californie ou *mer Vermeille*. La principale île est Vancouver.

118. La côte de l'**Atlantique** forme d'abord le golfe du Mexique, à l'est duquel se prolonge la presqu'île de Floride.

Plus au nord, la baie Chesapeake, la baie Delaware, la *presqu'île de la Nouvelle-Écosse*, le golfe du Saint-Laurent et l'île de Terre-Neuve.

Au Sud, le littoral reste plat, marécageux ; vers le Nord, il est très découpé.

Près de *Terre-Neuve* s'étend un vaste banc sous-marin, le banc de Terre-Neuve.

Les *glaces* des mers polaires descendent parfois jusque vers la baie Delaware. La rencontre des eaux chaudes venant du golfe du Mexique et des eaux froides venant du pôle produit des *brouillards épais*.

119. A l'Ouest, une grande masse de **montagnes** court du Nord au Sud ; une immense **plaine** s'étend du *golfe du Mexique* à l'*océan Glacial*.

Les deux plus grandes chaînes sont les **Montagnes Rocheuses** et la Sierra-Nevada.

Les **Montagnes Rocheuses** dépassent 4400 mètres.

La Sierra-Nevada (chaîne neigeuse) se dresse au bord du Pacifique. Son point culminant, le *mont Whitney*, a 4511 mètres.

Entre les *Montagnes Rocheuses* et la *Sierra-Nevada* s'étend un plateau.

Plus au Sud, de grands volcans, le Popocatepetl, le Pic d'Orizaba, atteignent 5400 mètres.

L'**Ouest** de l'Amérique du Nord présente ainsi un large soulèvement du sol.

La **partie Est**, au contraire, est extrêmement unie, les versants n'y sont séparés que par de faibles pentes.

Les Alleghanys, situés le long de l'Atlantique, sont une suite de *chaînons* d'une médiocre altitude.

120. L'Amérique du Nord reçoit des *pluies abondantes*.

Elle peut être partagée en quatre versants : 1° de l'**océan Pacifique** ; 2° de l'**océan Glacial** ; 3° du **golfe du Mexique** ; 4° de l'**océan Atlantique**.

Versant du Pacifique. — Les principaux cours d'eau sont : le Rio Columbia ou Orégon, le Rio Sacramento, le Rio Colorado. — Ces fleuves, dans leur bassin supérieur, coulent au milieu de pays presque déserts, ou serpentent dans les profondes crevasses du plateau.

121. Les *trois autres versants* sont à peine séparés, leurs plus grands fleuves prenant leurs sources presque au même point.

Versant de l'océan Glacial. — Le principal fleuve est le Mackenzie. Cet immense cours d'eau parcourt des forêts et des solitudes glacées. Il reçoit les eaux des lacs de l'*Esclave* et de l'*Ours*.

122. Versant du golfe du Mexique. — Les principaux fleuves sont le Mississipi et le Rio Grande del Norte.

Le Mississipi est un des plus puissants fleuves du monde. Il prend sa source dans le centre de la plaine américaine.

Ses principaux affluents sont : le Missouri, l'Arkansas et l'Ohio.

Le Missouri, plus long et plus abondant que le Mississipi, vient des *Montagnes Rocheuses* ; ses eaux sont violentes et rapides. L'Ohio, au contraire, est paisible et parcourt des contrées peuplées.

A l'embouchure du Mississipi se dépose continuellement un *delta* marécageux.

123. Versant de l'Atlantique. — Les principaux fleuves sont : le Saint-Laurent, l'*Hudson*, la *Delaware*, le *Potomac*.

Le Saint-Laurent n'a pas, pour ainsi dire, de source ; il sort de cinq grands lacs, qui contiennent la plus grande masse d'eau douce du Globe. Ce sont : les lacs Supérieur, Michigan, Huron, Erié, Ontario.

Entre les deux derniers se trouvent les célèbres cataractes du Niagara.

Le Saint-Laurent, sorti du lac Ontario, ressemble à un bras de mer. A son embouchure, il est fréquemment embarrassé par les glaces ou les brouillards.

L'*Hudson*, la *Delaware*, le *Potomac*, petits pour l'Amérique, sont aussi larges et aussi profonds que nos fleuves d'Europe.

Le climat de l'Amérique septentrionale est très froid au Nord, chaud au Sud. Les côtes occidentales sont plus tempérées que les côtes orientales.

124. L'**Amérique centrale** est parcourue par de hautes montagnes volcaniques, coupées de vallées fertiles et chaudes. Le point le plus étroit est l'isthme de Panama.

Antilles. — Les Antilles sont la chaîne d'îles située à l'est de l'*Amérique centrale*. Elles séparent la mer des Antilles de l'*Atlantique* et du *golfe du Mexique*.

AMÉRIQUE DU SUD

125. L'**Amérique du Sud** est bornée par l'océan Pacifique à l'Ouest, par l'océan Atlantique à l'Est, par la mer des Antilles au Nord. — L'équateur la traverse. Le littoral est fort peu découpé.

126. Côte du Pacifique. — La plus grande partie en est aride. Les montagnes longent partout le rivage. Leurs bases ne laissent le long de la mer qu'une étroite bande de terrain.

Les golfes principaux sont ceux de Panama et de Guayaquil. Le cap le plus occidental est la pointe Parina.

Au Sud, le continent se termine au cap Froward, entouré d'îles nombreuses. La principale est la Terre de Feu, séparée de la terre ferme par le détroit de Magellan.

Le cap Horn est le point le plus méridional de l'Amérique.

127. Côte de l'Atlantique. — Cette côte a pour point le plus oriental le cap Saint-Augustin.

Au sud de ce cap, les points les plus remarquables sont l'estuaire de la Plata, la baie de Rio de Janeiro, le *golfe de Bahia*. Les seules îles sont l'archipel des *Malouines*, au Sud-Est.

Au Nord se trouvent l'estuaire de l'Amazone, le golfe de Maracaïbo, le golfe de Darien.

128. L'Amérique méridionale est parcourue dans toute la longueur par la **Cordillère des Andes**.

Cette chaîne s'élève le long du Pacifique.

Les **Andes** sont une des chaînes de montagnes les plus considérables du Globe. Un grand nombre de leurs sommets sont des volcans, comme le *Chimborazo*, le *pic de Sorata*, le *pic d'Aconcagua* (6834 mètres), point culminant de toute l'Amérique. Les cols des Andes sont presque tous à une hauteur voisine des neiges ; aussi la traversée en est-elle difficile.

129. A l'*est* des Andes, l'Amérique du Sud se compose de deux **grandes plaines**, et d'un plateau, appelé plateau du Brésil, peu élevé, coupé de belles vallées et couvert d'admirables forêts.

Les plaines commencent au pied de la *Cordillère des Andes* ; elles descendent peu à peu, vers les rivages du *Nord-Est* et du *Sud-Est*.

HYDROGRAPHIE

130. L'Amérique méridionale a de nombreux cours d'eau, qui coulent tous à l'est des Andes.

Les plus grands sont : le *Magdalena*, l'Orénoque, le fleuve des Amazones, le *Rio San-Francisco* et le Rio de la Plata.

Le *Rio Magdalena* se jette dans la mer des Antilles.

L'Orénoque traverse la région des **Llanos** (on prononce *Lianos*), vastes espaces marécageux et herbeux dans la saison des pluies, stériles dans la saison sèche.

Un affluent de l'Orénoque, le *Cassiquiare*, envoie aussi une partie de ses eaux au *Rio Negro*, affluent de l'*Amazone*. Ainsi les deux fleuves communiquent par une sorte de canal naturel.

131. Le fleuve des **Amazones**, appelé aussi **Marañon** (on prononce *Maragnon*) est *la masse d'eau courante* la plus considérable du Globe. Il prend sa source dans les hautes vallées des Andes. Ses deux rives sont, sur certains points, distantes de vingt-cinq kilomètres ; d'un bord on ne voit pas l'autre, et le vent y soulève de véritables tempêtes.

Sa longueur est de 6200 kilomètres.

Ses principaux affluents sont le *Rio Negro* et le *Rio Madeira*. Le **Tocantins** possède une embouchure séparée.

Le bassin de l'Amazone, chaud et humide comme une serre, est la région des Selvas ou **forêts vierges**. Les massifs d'arbres arrachés par le fleuve y forment de vraies îles flottantes.

132. Le Rio de la Plata parcourt la plaine du Sud-Est. Il se forme de trois cours d'eau : le Paraguay, le Parana et l'Uruguay.

Dans le bassin du Rio de la Plata la végétation consiste en hautes herbes, qui poussent au moment des pluies et meurent pendant la sécheresse. Ces herbes couvrent la région des **Pampas**.

CLIMAT. — PRODUCTIONS

133. Le **climat** de l'Amérique méridionale est chaud au *Nord* et au *Sud*. Entre les *deux tropiques*, les saisons des pluies alternent régulièrement.

La chaîne des Andes offre tous les climats du monde : au pied, la chaleur et les végétaux de la zone torride ; à mi-hauteur, la température de l'Europe centrale ; vers le sommet, le froid polaire. — Les plaines sont très fertiles. Aucune partie du monde n'offre autant de productions variées.

134. Les principales productions sont : le **café**, le *tabac*, le **cacao**, le *sucre*, le **coton**, le **quinquina**, l'acajou, le **palissandre**, l'*arbre à caoutchouc*. On trouve l'*or*, l'*argent*, le **cuivre**, le salpêtre dans les Andes ; les *diamants* au Brésil.

Les animaux sauvages sont les **jaguars**, les **singes**, les **tapirs**. Le *lama* et la *vigogne*

habitent les Andes ; l'alligator, les fleuves. Les *perroquets*, *colibris*, *oiseaux-mouches*, volent dans les forêts ; le *condor* plane au-dessus des hautes montagnes. Les bœufs et les **chevaux**, venus d'Europe, sont très nombreux dans la région des Pampas.

AMÉRIQUE DU NORD

GÉOGRAPHIE POLITIQUE ET ÉCONOMIQUE

135. L'Amérique septentrionale est partagée en trois États : les **possessions anglaises**, au Nord ; les **États-Unis**, au Centre ; le **Mexique**, au Sud.

136. Les **possessions anglaises**[1] occupent la région comprise entre l'océan **Pacifique** à l'Ouest, l'océan **Glacial** au Nord, l'océan **Atlantique** à l'Est, les États-Unis au Sud.

Elles comprennent l'ancien *Canada*, qui a pendant longtemps appartenu à la France. Elles ont pour productions principales, dans le bassin du Saint-Laurent, le *blé* et le *bois*.

La capitale est *Ottawa*. Les deux plus grandes villes sont Montréal et Québec.

La population est de 4 millions d'habitants, dont beaucoup (plus d'un million) descendent de Français, et parlent encore notre langue.

Outre la ligne de navigation du Saint-Laurent, il existe de nombreux chemins de fer dans la région orientale.

Terre-Neuve appartient aux Anglais ; c'est le centre de la *pêche de la morue*.

137. Les **États-Unis** s'étendent entre l'océan **Pacifique** à l'Ouest, les possessions anglaises au Nord, l'océan **Atlantique** à l'Est, le Mexique et le golfe du Mexique au Sud.

Ils forment une *république fédérative*, partagée en trente-neuf États[2], et neuf territoires, destinés à devenir plus tard de nouveaux États.

Les États les plus importants sont : l'État de *New-York*, la *Pensylvanie*, l'*Ohio* à l'Est, la *Californie* à l'Ouest, etc.

138. Le Nord du pays est riche surtout par l'**agriculture**, l'**élevage** des *bestiaux*, l'exploitation des *forêts*, les mines de *houille*, de *fer*, les sources de **pétrole**, et par l'industrie.

Le **Sud**, plus chaud, produit le **coton**, le *sucre*, le *café*, le tabac.

L'**Ouest** a des mines d'*or* et d'argent, de grandes *forêts*.

139. La population des États-Unis se recrute surtout par l'*émigration* européenne. Elle est aujourd'hui de *cinquante millions* d'habitants, et les *Anglais*, les *Irlandais* et les *Allemands* y sont en majorité.

Il ne reste plus qu'un fort peu d'*Indiens* indigènes appartenant à la *race rouge*. Dans la Californie, les *Chinois* sont nombreux.

La religion dominante est le *protestantisme*.

---

1. Le nom anglais est *Dominion of Canada.*

2. Le mot d'États n'a pas ici le sens qu'il a en Europe. Il désigne seulement les parties de la république s'administrant elles-mêmes.

140. Les plus grandes villes sont :

Sur l'Atlantique, **Boston**, **New-York** (1 700 000 hab. avec Brooklyn), **Philadelphie** (850 000 hab.), Baltimore, Washington, capitale de la République ;

Sur les grands lacs, **Chicago** (500 000 h.) ;

Dans le bassin du Mississipi, *Pittsburg*, Cincinnati, Saint-Louis, la Nouvelle-Orléans ;

Sur l'océan Pacifique, **San-Francisco**.

141. Les États-Unis ont à eux seuls presque autant de *chemins de fer* que l'Europe. La plus longue ligne est celle qui mène, en sept jours, de New-York à San-Francisco.

Le *Mississipi* est la grande voie de communication fluviale. Il est relié par des canaux aux grands lacs du Nord.

Les ports de l'*Atlantique* sont en relation avec l'Europe par de nombreux paquebots et par des câbles télégraphiques sous-marins.

142. En 1783, lorsque l'indépendance des États-Unis fut reconnue, le littoral de l'Atlantique était seul habité. La population totale était de 4 *millions* d'habitants. Depuis cette époque, les colons ont porté en Amérique une activité extraordinaire et se sont de plus en plus avancés vers l'Ouest.

Aujourd'hui, l'industrie et l'agriculture sont en état de faire concurrence à l'Europe. Les États-Unis exportent chez nous non seulement le coton, le *sucre*, mais le blé, le bétail et même les *objets manufacturés*, qu'ils recevaient autrefois de l'Angleterre ou de la France.

143. Le **Mexique** s'étend au sud des *États-Unis*, entre l'océan Pacifique à l'Ouest et le golfe du Mexique à l'Est.

Le pays est chaud et malsain au bord de la mer ; la partie de l'intérieur, à cause de son altitude, a un climat plus frais.

Le Mexique fournit de l'*argent*, des bois de teinture, du *cacao*, de la *vanille*.

Capitale, **Mexico** (240 000 hab.), sur un des hauts plateaux du centre. Principal port, la **Vera-Cruz**, sur le golfe du Mexique.

Le Mexique est une république fédérative. Il a environ 10 millions d'habitants.

L'AMÉRIQUE CENTRALE ET LES ANTILLES

144. L'**Amérique centrale** relie l'Amérique du Nord à l'Amérique du Sud.

Le point le plus étroit et le plus bas est l'isthme de Panama. On y creuse un canal, accessible aux plus gros navires, qui pourront ainsi passer d'un océan à l'autre.

L'Amérique centrale ne contient que des petits États. L'isthme de Panama appartient à un État de l'Amérique méridionale.

145. Les **Antilles** sont la chaîne d'îles qui s'allonge à l'est, entre l'*Amérique du Sud* et l'*Amérique du Nord*.

On les divise en *grandes* Antilles au Nord, et *petites* Antilles au Sud.

AMÉRIQUE POLITIQUE

Echelle 1:75.000.000

Grandes Antilles : **Cuba** (ville principale : La Havane) et Porto-Rico, à l'*Espagne;* la Jamaïque, à l'*Angleterre;* Haïti, indépendante.

Les principales des petites Antilles sont : **La Guadeloupe** et la **Martinique**, à la *France* (voy. p. 50); la **Barbade**, la **Dominique**, la **Grenade**, la **Trinité**, à l'*Angleterre*.

Les Antilles sont montagneuses, volcaniques et chaudes; on y récolte surtout du sucre, du café, du *coton*, du tabac.

AMÉRIQUE DU SUD

GÉOGRAPHIE ÉCONOMIQUE ET POLITIQUE

146. La population se compose d'Indiens, de descendants d'Européens (créoles), et d'Européens émigrés, principalement d'Espagnols et de Portugais. Le *catholicisme* est la religion dominante.

147. L'Amérique du Sud est divisée en *dix* États indépendants, qui sont ·

Sur le *Pacifique*, les **États-Unis de Colombie**, capitale *Santa-Fé de Bogota*, ports *Colon* et *Panama*, sur l'isthme de Panama; la **République de l'Équateur**, capitale *Quito*, port *Guayaquil;* le **Pérou**, capitale *Lima*, port *le Callao;* la Bolivie, capitale *Chuquisaca;* le **Chili**, capitale *Santiago*, port *Valparaiso;*

Sur l'*Atlantique*, la **République Argentine**, capitale *Buenos-Ayres*, grand port; l'**Uruguay**, capitale *Montevideo;* le **Brésil**; le **Vénézuela**, capitale *Caracas*, port *la Guayra;*

Au *Centre*, le **Paraguay**, capitale *Assomption*.

148. Tous ces États, *sauf le Brésil*, ont le gouvernement républicain.

Aucun d'eux, *sauf le Brésil*, ne dépasse 3 millions d'habitants. Les Européens ne possèdent plus que les **Guyanes** *française, anglaise, hollandaise*, sur l'Atlantique.

149. Le **Brésil** est le plus important des États de l'Amérique méridionale.

On y trouve l'or, l'argent, les **diamants**, les bois de toute espèce, le cacao, le café, le *sucre*, le *coton*, le tabac, etc.

Le Brésil n'a que 10 millions d'habitants; il est gouverné par un *empereur*. La capitale est Rio de Janeiro (275 000 h.), port; villes principales: Bahia et *Pernambouc*, ports.

150. L'Amérique du Sud exporte surtout des *productions naturelles*. Mais *il n'y existe pas encore de grande industrie*.

Les communications par terre sont rares et difficiles. Le grand obstacle aux rapports entre l'*Est* et l'*Ouest* est la chaîne des Andes, qu'on cherche à faire traverser par un chemin de fer.

L'*Amazone* et le *Rio de la Plata* sont parcourus par des bateaux à vapeur.

Par *mer*, les communications avec l'Europe sont faciles sur la côte de l'*Atlantique*.

Du côté de l'*océan Pacifique*, les communications sont longues, parce que, pour y arriver d'*Europe* ou d'*Afrique*, il faut contourner le continent, jusqu'au jour où un canal coupera l'isthme de Panama.

Les États du Pacifique ont pour productions principales l'*argent*, l'or, le *cuivre*, le *guano*, engrais recherché. La République Argentine et l'Uruguay élèvent beaucoup de *chevaux* et de *bœufs*.

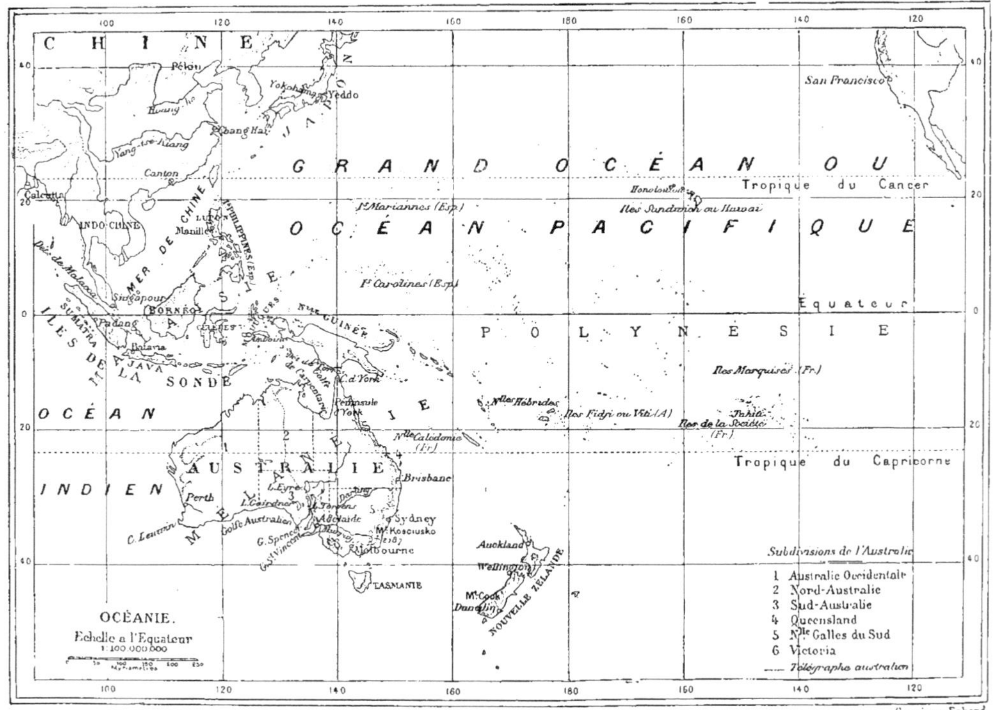

OCÉANIE

151. L'**Océanie** est formée d'un *petit continent*, l'**Australie**, et d'un nombre prodigieux d'*îles* disséminées dans l'*océan Pacifique*. De là vient son nom.

On la divise généralement en **Malaisie, Mélanésie et Polynésie** (subdivisée en *Micronésie*).

152. Autour de l'Australie se groupent de *grandes* îles, tandis que plus à l'*Est* les îles sont extrêmement *petites*, groupées en archipels, souvent à d'énormes distances les uns des autres.

La mer qui s'étend entre les tropiques est tiède et peuplée de polypes presque invisibles, qui construisent sur les plateaux sous-marins des *récifs de coraux*. Ces îlots s'élèvent et grandissent peu à peu en formant une enceinte circulaire. Le vent y dépose des graines qui germent; mais il faut des siècles pour qu'un récif de corail devienne une île verdoyante et habitable.

D'autres îles sont volcaniques, et leurs volcans s'élèvent jusqu'à 3000 et 4000 mètres.

153. L'archipel de très grandes terres qui s'étend entre l'Asie et l'Australie, et auquel on donne souvent le nom de **Malaisie**, ou pays des *Malais*, est partagé en plusieurs groupes distincts.

Ses principales divisions sont : les îles de la Sonde, l'île de Bornéo, l'*île de Célèbes*, les Moluques, les Philippines.

La plupart de ces îles se rattachent à l'Asie aussi bien qu'à l'Océanie.

154. Les **îles de la Sonde** s'étendent en une longue rangée entre l'océan Pacifique et l'océan Indien. Elles sont bordées au Nord par la **mer de la Sonde**.

Les plus grandes sont **Sumatra** et **Java** ; elles produisent du *riz*, du poivre, du café, des bois précieux, de l'étain.

Java est couverte de hauts volcans, mais aussi de forêts et de cultures.

La mer de la Sonde est dangereuse : des courants violents passent à chaque marée entre les îles.

Les **Moluques** produisent du poivre, de la cannelle. C'est le pays des épices.

Bornéo est plus grande que la France ; elle est boisée, bien arrosée, fertile.

Les habitants de ces archipels sont des *Malais* et autres indigènes, des *Hollandais*, des *Espagnols*, des *Chinois*.

155. Les *îles de la Sonde*, une partie de *Bornéo, Célèbes*, les *Moluques*, appartiennent à la Hollande ; elles ont 27 millions d'habitants. La capitale est **Batavia**, dans l'île de Java.

Les îles **Philippines** appartiennent à l'Espagne ; la plus grande est **Luçon**, qui produit du café et du *tabac*. La capitale est **Manille** (270 000 hab.).

AUSTRALIE

156. *Situation. Côtes.* — L'**Australie** est située au sud-est de l'Asie, entre l'océan Pacifique et l'océan Indien.

Les **côtes** sont peu découpées. La principale presqu'île est la **péninsule d'York**, au Nord. Les principaux golfes sont : le golfe de **Carpentarie**, au Nord; le golfe **Spencer**, le golfe **Saint-Vincent** et le **grand golfe Australien**, au Sud.

Les principaux caps sont : le cap **York** au Nord-Est, le cap **Wilson** au Sud-Est, le cap **Leuwin** au Sud-Ouest.

157. *Relief du sol et hydrographie.* — L'Australie ne ressemble à aucune autre partie du Globe, ni par sa configuration, ni par ses plantes, ni par ses animaux.

Elle n'a pas de hautes montagnes. La seule chaîne un peu importante longe la *côte orientale*. Elle n'atteint pas 2200 mètres, et ne porte de neiges que l'hiver. Le reste du pays est ondulé, et forme une suite de déserts.

158. L'Australie, n'ayant pas de hautes montagnes et recevant fort peu de pluie, n'a pas de grands fleuves. Un seul cours d'eau mérite le nom de fleuve : c'est le **Murray**, qui reçoit le *Darling* et se jette au Sud.

Les autres rivières du continent sont très courtes et très pauvres. Certaines ne coulent que dans les époques pluvieuses. Leurs eaux s'arrêtent sur le sol et y forment des lacs sans profondeur. Les plus vastes sont les lacs **Eyre, Torrens** et **Gairdner**.

159. *Climat. Productions.* — L'Australie, étant située au sud de l'équateur, a un climat plus chaud au Nord qu'au Sud. Elle est sèche et n'a de parties vraiment fertiles qu'au pied des montagnes, au bord des rivières et le long des côtes. Certaines parties d'ailleurs sont encore mal connues.

L'Australie fournit de l'or, des **moutons** à laine très fine, etc.

La population indigène, qui appartenait à une **race noire**, a presque entièrement disparu devant les émigrants **anglais**.

L'île de **Tasmanie**, au Sud, est séparée de l'Australie par le *Détroit de Bass*.

160. La **Nouvelle-Zélande**, au Sud-Est, se compose de deux îles, hérissées de très hautes montagnes, d'où descendent de belles rivières, qui forment de grands lacs, et des fleuves abondants.

Les indigènes, qu'on appelle *Maoris*, deviennent de moins en moins nombreux.

161. L'Australie, la Tasmanie et la Nouvelle-Zélande sont des **colonies anglaises**, avec une administration presque indépendante.

L'**Australie** est partagée en cinq provinces; les principales sont : la **Nouvelle-Galles du Sud**, la province de **Victoria**, au Sud-Est ; l'**Australie du Sud**, au Sud.

L'Australie a 2 200 000 habitants. Ce nombre est destiné à augmenter, car les parties cultivables peuvent suffire à un grand nombre d'hommes. Les principales villes sont : **Melbourne** (290 000 hab.), sur la côte méridionale, et **Sydney** (220 000 hab.), sur la côte orientale.

L'Australie est traversée du Sud au Nord par une *ligne télégraphique* qui, à travers les mers asiatiques, va rejoindre l'Europe.

MÉLANÉSIE ET POLYNÉSIE

162. La **Mélanésie**, située au nord-est de l'Australie, se compose d'une grande île et de beaucoup de petites.

La grande île est la **Nouvelle-Guinée**, séparée de l'Australie par le détroit de *Torrès*. C'est une terre peu connue encore, avec des forêts, de beaux fleuves, des montagnes plus hautes que les Alpes.

La **Nouvelle-Calédonie** (voy. p. 49) appartient à la France ; les îles **Viti** ou **Fidji**, à l'Angleterre.

163. La **Polynésie** comprend les autres archipels océaniens, répandus dans le Pacifique. Les plus intéressants sont : les îles *Marquises* et l'*île de Taïti*, à la France ; les îles **Sandwich**, indépendantes ; les *Carolines* et les *Mariannes*, à l'Espagne.

La plupart des îles océaniennes sont fertiles et ont un beau climat; elles servent surtout de points de relâche aux navires qui parcourent le Pacifique. Avant l'arrivée des Européens, elles étaient habitées par des races d'hommes *bruns* ou *noirs*, dont le nombre diminue de jour en jour. Ces peuples vivent encore pour la plupart de la vie sauvage, quelques-uns sont à demi civilisés.

Questionnaire sur l'Afrique.

Bornes de l'Afrique? — Forme et aspect de ses côtes? — Points principaux du littoral de la Méditerranée? — Décrivez le littoral de l'Atlantique, de l'océan Indien. — Quels sont les points tout à fait au sud de l'Afrique? — Quelles sont les îles africaines de l'Atlantique? — De l'océan Indien? — Comment Madagascar est-elle séparée du continent?

Donnez une idée du relief du sol de l'Afrique. — Décrivez le plateau équatorial. — Le Soudan. — Le Sahara. — Indiquez les chaînes principales de l'Afrique. — Où sont-elles presque toutes placées? — Où sont les monts Kénia et Kilimandjaro?

L'Afrique est-elle bien arrosée? — Quels caractères différents ses cours d'eau présentent-ils? — Où est le centre des eaux? — Quels sont les principaux lacs? — Y a-t-il des fleuves dans le Soudan? — Trouve-t-on de l'eau dans le Sahara? — Fleuve du versant de la Méditerranée? — Décrivez son cours; parlez de ses inondations. — Fleuves du versant de l'Atlantique? — Décrivez le Congo. — Fleuve du versant de l'océan Indien? — Qu'est-ce que le lac Tchad?

Quel est le climat de l'Afrique? — L'Afrique a-t-elle beaucoup de productions? — Parlez des races de l'Afrique.

Quels sont les États de la Méditerranée? — Parlez de l'Égypte. — Capitale? — Villes principales? — Parlez du canal de Suez. — Quelles sont en Afrique les possessions de la France? — De l'Espagne? — Du Portugal? — De l'Angleterre? — Principaux États de l'intérieur? — Comment vivent les petites peuplades?

L'Afrique a-t-elle des industries? — Comment se fait le commerce?

L'Afrique est-elle aussi avancée que les autres pays? — Peut-on espérer qu'elle fera des progrès?

Questionnaire sur l'Amérique.

Quelles sont les bornes du continent américain? — Comment est-il partagé?

Dans quel hémisphère est l'Amérique du Nord? — Décrivez la côte de l'océan Glacial; la côte du Pacifique. — Décrivez le golfe du Mexique; la côte de l'Atlantique. — Quels sont les principaux caps de l'Amérique du Nord? — Les grandes presqu'îles? — Les golfes?

Où sont les Montagnes Rocheuses? — La Sierra-Nevada? — Décrivez la grande plaine de l'Amérique du Nord.

Où sont les plus grands fleuves de l'Amérique du Nord? — Quels sont les versants principaux? — Fleuves du versant du Pacifique? — Grand fleuve du versant de l'océan Glacial? — Du golfe du Mexique? — Décrivez le Mississipi. — Principaux fleuves du versant de l'Atlantique? — Décrivez le Saint-Laurent. — Où est la chute du Niagara?

Quel est le climat de l'Amérique septentrionale? — La côte orientale est-elle plus froide que la côte occidentale? — Pourquoi? — Est-elle plus froide que la côte occidentale de l'Europe? — Quelles sont les productions de l'Amérique? — Où se trouvent les animaux à fourrure?

Quels sont les États de l'Amérique du Nord?

Quelles sont les bornes des possessions anglaises? — A qui appartenait autrefois le Canada? — Capitale et villes principales? — Quelles productions vont chercher les Anglais dans les terres septentrionales?

De quels peuples se compose la population du Canada? — Combien y a-t-il de descendants de Français? — Où est Terre-Neuve? — Comment les possessions anglaises communiquent-elles avec l'Europe?

Bornes des États-Unis? — Chiffre de leur population? — Comparez-le avec celui de la population totale de l'Europe. — Quelle est l'organisation des États-Unis? — Combien y a-t-il d'États? — Quels sont les plus importants? — Quelle est la capitale de la république? — Indiquez les différences de climat dans les États-Unis. — Quelles sont les productions plus particulières à chaque région? — Grandes villes du Nord? — Du Sud? — Grande ville de l'Ouest?

Comment est composée la population des États-Unis? — Quelle est la religion dominante? — Y a-t-il beaucoup de chemins de fer? — Quelle est la grande ligne de communication fluviale? — Comment les États-Unis communiquent-ils avec l'Europe? — Parlez des grands progrès faits aux États-Unis. — Les États-Unis font-ils concurrence à l'Europe? — Qu'exportent-ils?

Où est le Mexique? — Quelles sont ses productions? — Quelle est la capitale? — Le port principal?

Qu'est-ce que l'Amérique centrale? — Quel en est le point le plus étroit? — Quel travail y a-t-on entrepris?

Qu'est-ce que les Antilles? — Comment les divise-t-on? — Énumérez les grandes Antilles; dites à qui elles appartiennent. — Énumérez de la même façon les petites Antilles. — Quels sont le climat, les productions des Antilles?

Quelles sont les bornes de l'Amérique méridionale? — Comment se termine-t-elle au Sud? — Quel est le point des terres américaines le plus rapproché du pôle Sud? — Décrivez le littoral de l'Atlantique et indiquez-en les points principaux.

Donnez une idée générale du relief du sol dans l'Amérique méridionale. — Décrivez les Andes. — Contiennent-elles beaucoup de volcans? — Quels sont les principaux sommets? — Les Andes sont-elles faciles à franchir? — Montrez la direction des deux grandes plaines. — Parlez du plateau du Brésil. — De quel côté des Andes coulent tous les cours d'eau de l'Amérique du Sud? — Énumérez les principaux. — Qu'est-ce que les Llanos? — Décrivez l'Amazone. — A-t-il beaucoup d'affluents? — Décrivez la région des forêts vierges. — Décrivez le Rio de la Plata. — Qu'est-ce que les Pampas?

Quel est le climat de l'Amérique méridionale? — Quelles sont les productions végétales de l'Amérique du Sud? — Les productions minérales? — Les principaux animaux?

Quelles sont les races ou familles de peuples dans l'Amérique du Sud? — Quelle est la religion dominante? — Énumérez les États indépendants; les possessions européennes. — Quel est le gouvernement de ces États? — A quelle région correspond le Brésil? — Quelles sont ses productions? — Capitale et villes principales?

Quelles sont les principales richesses de l'Amérique du Sud? — Y a-t-il beaucoup d'industrie? — Quel est le grand obstacle aux relations entre l'Est et l'Ouest? — Voies naturelles de communication à l'intérieur? — Ports principaux communiquant avec l'Europe? — Va-t-on facilement par mer à la côte du Pacifique? — Comment y va-t-on?

Questionnaire sur l'Océanie.

Où est l'Océanie? — D'où vient son nom? — De quoi se compose-t-elle? — Comment la divise-t-on généralement? — Expliquez comment les îles se forment dans les parties chaudes de l'Océanie. — Toutes les îles océaniennes sont-elles formées de coraux?

Où est la Malaisie? — Quelles sont ses principales divisions? — Possessions de l'Espagne? — De la Hollande? — Capitale des possessions hollandaises? — Parlez des Philippines. — Quels sont les habitants de la Malaisie?

Où est situé l'Australie? — D'où vient son nom? — Quels sont les points principaux sur les côtes? — Décrivez le relief du sol. — L'Australie a-t-elle de grands fleuves? — Pourquoi n'en a-t-elle pas? — Quel est le seul grand cours d'eau? — Y a-t-il des lacs? — Quel est le climat de l'Australie? — Est-ce un pays fertile? — Quelle est sa population? — Où est la Tasmanie? — La Nouvelle-Zélande? — Décrivez la Nouvelle-Zélande. — Y a-t-il encore beaucoup d'indigènes? — A qui appartiennent l'Australie, la Nouvelle-Zélande, la Tasmanie? — Où se trouvent les mines d'or? — Combien l'Australie a-t-elle d'habitants? — Grandes villes? — Comment l'Australie communique-t-elle avec l'Europe?

Où est située la Mélanésie? — Quelle en est la plus grande île? — Quels sont les autres archipels?

Que comprend la Polynésie? — Principaux archipels? — Parlez des populations de la Polynésie.

Suite du Questionnaire pour l'examen du Certificat d'études (Voir le commencement en face du titre)

15 (*ter*). Qu'appelle-t-on roche *calcaire*? — Qu'est-ce que la craie? — A quelle sorte de roches appartient la pierre à bâtir commune de Paris et des environs? — De quelle sorte de roches est formé le sol dans l'intérieur du bassin de la Seine? — Dans la partie large et aplanie du bassin de la Gironde? — Quelle est la nature du sol la plus favorable aux grandes cultures, et qu'appelle-t-on terrains d'*alluvion*?

Quel est le métal que le territoire français fournit en abondance? — En quelles régions peut-on exploiter des marbres? — En quelle partie de la France rencontre-t-on surtout des mines de *sel gemme*? — Qu'appelle-t-on eaux *thermales*? — Eaux *minérales*? — Un médecin doit visiter les eaux minérales de la France: quelles régions doit-il surtout visiter?

Géographie politique et administrative

16. Quels sont les départements en frontière de la Belgique et de l'Allemagne [1]? — Quels sont les départements cédés à l'Allemagne à la suite de la dernière guerre? — Quels sont les départements en frontière de la Suisse et de l'Italie? — De l'Espagne? — 16 (*bis*). Quels sont les départements riverains de la mer du Nord et de la Manche? — De l'Atlantique? — Quel est le département à la fois riverain de la Manche et de l'Atlantique? — 16 (*ter*.) Quels sont les départements riverains de la Méditerranée? — Quel est le département formé par une île?

17. Quels sont les départements qui contiennent les montagnes (françaises) appartenant à la chaîne des Pyrénées? — Les grandes montagnes appartenant à la partie française des Alpes? — Dans quel département est situé le Mont-Blanc? — 17 (*bis*). Quels sont les départements qui contiennent les principales montagnes du Jura? — Les montagnes principales des Vosges? — 17 (*ter*). Quels sont les départements qui appartiennent au massif montagneux du centre? — En quels départements sont situés les *monts d'Auvergne*?

18. Quels sont les départements que traversent ou longent la Seine? — L'Oise? — La Marne? — L'Yonne? etc. — En quel département sont situés les confluents de la Seine et de l'Oise? — 18 (*bis*). Quels sont les départements traversés ou longés par la Loire? — Par l'Allier? — Par le Cher? — Par la Vienne? — 18 (*ter*). Quels sont les départements traversés ou longés par la Garonne? — Par le Tarn? — Par la Dordogne? — En quel département est situé le confluent de la Dordogne et de la Garonne? — 18 (*quater*). Quels sont les départements traversés ou longés par le Rhône? — Par la Saône? etc.

19. Quels sont les départements arrosés par le Var, l'Aude, l'Adour, la Charente, la Vilaine? etc.

20. Dans quel bassin est situé le département de la Marne? — Le département des Basses-Pyrénées? — Les départements de la Haute-Savoie et de la Savoie? — A quel bassin appartient le département des Hautes-Alpes? — Le département du Jura? — Le département de Vaucluse?

21. Quels sont les départements qui touchent à celui du Pas-de-Calais? — A quels départements confine celui de la Seine-Inférieure? — Celui du Finistère? — Quel est le département enclavé tout entier dans un autre? — Quel est le plus petit de tous les départements? — Le plus peuplé?

22. Quels sont les départements formés par la province de Bretagne [1]? — Par la Normandie? — Par les provinces de Guyenne, de Gascogne? — Par le Languedoc? — Par la Provence? — Par l'Auvergne? etc.

23. A quelle province appartient le département de l'Aube? — Celui de l'Eure? — Celui de la Seine-Inférieure? — Celui de la Somme? — Celui de l'Indre, etc. — Un voyageur veut étudier l'ancienne province du Dauphiné: quels départements doit-il visiter? — 23 (*bis*). Dans quel département est situé Clermont-Ferrand? — A quelle province appartient-il? — Dites en quels départements, sur le territoire de quelles provinces sont situées les villes de Nancy, Troyes, Dijon, Grenoble, Nîmes, Bordeaux, Poitiers, le Mans, Rouen, Caen, etc.

EUROPE

24. Quelle est la partie du monde dont les côtes sont le plus découpées? — Citez les mers qui baignent les côtes de l'Europe. — Quelles sont les limites de l'Europe du côté de l'Asie?

25. Faites un voyage par mer de Gibraltar à Constantinople en suivant la côte d'Europe et indiquant à mesure: les États riverains; la forme des rivages, les mers secondaires, golfes principaux, caps, presqu'îles; les îles et groupes d'îles les plus considérables, les embouchures des fleuves les plus remarquables. (**Devoir; carte.**) — 25 (*bis*). Voyage de Gibraltar à Saint-Pétersbourg. (Mêmes indications.) (**Devoir; carte.**) — Quelles sont les mers d'Europe qui sont prises dans les glaces pendant l'hiver?

26. Quel est la région montagneuse où prennent naissance les plus grands fleuves de l'Europe centrale? — Citez ces grands fleuves. — Citez les principaux fleuves de l'Europe qui se jettent dans la Méditerranée (ou les mers secondaires qui en dépendent). — Quels sont les deux grands fleuves qui alimentent la mer Caspienne? — Comment se fait-il que la mer Caspienne, fermée, recevant les eaux de ces deux fleuves et de plusieurs rivières, ne déborde pas? (**Devoir.**) — 26 (*bis*). Quels sont les principaux fleuves de l'Europe appartenant au versant de l'océan Atlantique. — En quelles mers ont-ils leur embouchure? — Quelles contrées arrosent-ils?

27. Citez les États de l'Europe riverains de l'océan

---

1. Dans toutes les questions relatives aux départements, on doit faire citer le chef-lieu; mais il est de tradition dans les examens du certificat d'études de n'exiger, parmi les sous-préfectures, que celles qui sont des villes remarquables en dehors de cette attribution administrative.

1. Dans toutes les questions de ce genre on sous-entend: « en totalité ou en majeure partie ».

Atlantique. — Indiquez pour chacun les mers qui les baignent; les plus grands fleuves qui les arrosent; les grandes chaînes ou les massifs de montagnes qu'ils renferment ou qui les bornent; les grandes divisions politiques (s'il y a lieu); les capitales, et quelques villes les plus importantes. (**Devoir.**) — 27 (*bis*). Citez les États d'Europe qui sont exclusivement riverains de la Méditerranée et des mers qui s'y rattachent. (Mêmes indications.) (**Devoir.**) — 27 (*ter*). Quels sont les États d'Europe qui sont à la fois riverains de l'Atlantique et de la Méditerranée? (Mêmes indications.) Quels sont les États qui n'ont pas de rivages maritimes? (**Devoir.**)

28. Quelles sont les mers qui baignent la Suède et la Norvège? — Qu'ont de remarquable les côtes de ces contrées? — Quelle est la principale chaîne de montagnes de la presqu'île de Suède et de Norvège? — Quel est le climat de ces contrées? — De quelle partie de l'Europe faisons-nous venir les bois de sapin dits *bois du Nord*? — Capitales de la Suède et de la Norvège? (**Devoir.**) — 28 (*bis*). Quelle est la forme du Danemark? — Citez les principaux détroits qui donnent entrée dans la mer Baltique. — Quelle est la capitale du Danemark? — Est-elle sur le continent? — A quel État de l'Europe appartient l'Islande? — Quel est le climat de cette île? — Qu'offre-t-elle de remarquable? — Citez un des plus remarquables volcans de l'Islande. — Qu'est-ce qu'un *geyser*? (**Devoir.**)

29. Quel est le plus vaste État de l'Europe? — A quelles mers touche la Russie? — La Russie d'Europe: bornes; montagnes; fleuves principaux; capitale; grandes villes? — Le territoire de la Russie est-il plat ou montagneux? — En quelles parties est-il marécageux? — Quel est le climat de la Russie dans sa partie septentrionale? dans sa partie méridionale? — Quelle est la production agricole la plus importante de la Russie? (**Devoir.**)

30. Explorez les côtes des Îles Britanniques en faisant le tour de l'Angleterre, de l'Irlande et de l'Écosse, partant de Londres et y revenant; mers, détroits, embouchures des fleuves, grands ports; îles et groupes d'îles principaux. — Quelles sont les îles situées près de la côte française et qui appartiennent à l'Angleterre? (**Devoir; carte.**) — 30 (*bis*). Quelles sont les parties dont se compose le *Royaume-Uni*? — Quel est le climat de l'Angleterre, de l'Irlande, de l'Écosse? — Quelles sont les productions agricoles principales de l'Angleterre? — Ses productions minières? — Citez la capitale de l'Angleterre et quelques villes principales. — Quelle est la ville la plus peuplée du monde entier? — Citez les capitales de l'Écosse et de l'Irlande.

31. Quelles sont les mers et les contrées qui limitent l'Allemagne? — Quelles sont les deux *régions naturelles* du territoire de l'Allemagne? — Quelles sont les principales chaînes de la région montagneuse de l'Allemagne? — Quels sont les grands fleuves qui arrosent l'Allemagne? — Quels sont les principaux États qui forment l'empire d'Allemagne? — Quelle est la capitale de la Prusse? — Citez encore deux ou trois villes principales. — Quelle est la capitale de la Bavière? — Citez deux ou trois villes principales de la Saxe. — 31 (*bis*). — Quelles sont les villes principales de l'Alsace et de la Lorraine? — Quel est le port principal de l'Allemagne? (**Devoir.**)

32. Où est située la Hollande? — Pourquoi cette contrée est-elle souvent appelée les *Pays-Bas*? — Comment nomme-t-on le golfe que forme la mer du Nord sur les côtes de la Hollande? — Quelle est la capitale de la Hollande? — Citez une ville importante. — 32 (*bis*). Où est située la Belgique? — Quelle est la principale production industrielle de la Belgique? — Quelles sont ses industries principales? — Quelle est la capitale de la Belgique? — Citez un grand port. (**Devoir; carte.**)

33. Quelle est la forme générale de la presqu'île Espagnole? — Quelles sont les îles qui lui appartiennent (Méditerranée)? — Quelles sont ses plus remarquables chaînes de montagnes? — Quels sont les principaux fleuves? — Quel est le climat de la péninsule Espagnole? — Quelles sont ses productions principales? — Pourquoi produit-elle peu, malgré son climat favorable? — Quels sont les États qui occupent cette région? — Quelle est la capitale de l'Espagne? — Citez quelques villes principales. — 33 (*bis*). Citez la capitale du Portugal. — Sur quel fleuve est-elle située? (**Devoir.**)

34. Quelle est la forme de l'Italie? — Par quelles montagnes est-elle bornée vers le Nord? — Par quelle chaîne est-elle traversée dans sa longueur? — Îles principales qui lui appartiennent? — Où est située la région des grandes plaines d'Italie? — Par quel grand fleuve cette plaine est-elle arrosée? — Quel autre fleuve célèbre doit-on encore citer en Italie? (**Devoir; carte.**) — 34 (*bis*). Quels sont les principaux volcans de l'Italie? — Où sont-ils situés? — Quel est le climat de l'Italie? — Quelles sont ses productions principales? — Quelle est la capitale de l'Italie? — Sur quel fleuve est-elle située? — Citez encore quelques villes principales; dites leur situation. — Qu'est-ce que la ville de Venise a de remarquable dans sa construction? (**Devoir.**)

ASIE

35. Faites un voyage maritime de France au Tonkin, en partant de Marseille et passant par le canal de Suez. — A partir de Suez, suivant les côtes de l'Asie, vous indiquerez les mers et grands golfes, détroits principaux, les contrées ou États longés, les grandes presqu'îles, les embouchures des grands fleuves; les îles principales rencontrées. (**Devoir.**)

36. Supposons qu'un voyageur arrivé au Tonkin soit forcé de revenir par le Nord en contournant l'Asie: dites quelles mers il traversera, quelles contrées il longera; citez les grandes îles ou groupes d'îles, les presqu'îles remarquables qu'il rencontrera sur son chemin, les détroits importants qu'il devra franchir. — Pourra-t-il effectuer son retour par l'océan Glacial, soit en été, soit en hiver? — Pourquoi cette navigation serait-elle à peu près impossible? (**Devoir.**)

37. Un voyageur part de Constantinople pour visiter les côtes asiatiques de la Méditerranée; dites quelles mers il devra parcourir, quel détroit il devra franchir, quelles grandes îles ou groupes d'îles importants il devra rencontrer, de quelles contrées il longera les côtes; où se terminera son voyage.

38. Comparer, dans l'ensemble, l'Asie à l'Europe. — Par quoi est occupée la région centrale de l'Asie? — Citez les principales chaînes qui entourent le grand plateau central de l'Asie. — Où est situé ce qu'on nomme le *Nœud* des grandes chaînes d'Asie? — Quelles sont les plus hautes montagnes du monde? (**Devoir.**)

39. Quelle grande presqu'île forme l'Asie vers le Sud-Ouest? — Quelle est la partie du continent asiatique la plus avancée vers le Midi? — Comment nomme-t-on l'étroite presqu'île qui la termine? — A quoi semble se relier la presqu'île de Malacca? — Quel est le climat du grand plateau montagneux de l'Asie? — Quel est le climat de la Chine? — Quelles sont les parties les plus fertiles de l'Asie? — Citez les grands déserts de l'Asie. — Pourquoi ces grandes inégalités de climat? — ces déserts? — Qu'offrent de remarquable le petit fleuve du Jourdain et la *Mer Morte*? — En quelle région sont-ils situés? (**Devoir.**)

40. Citez les grands États de l'Asie, et indiquez leur situation, leurs productions, et leurs villes principales. (**Devoir.**)

AFRIQUE

41. Faites un voyage maritime autour de l'Afrique, en partant de Suez; indiquant à mesure les mers traversées, les grands golfes, les caps les plus remarquables, les détroits, les îles ou groupes d'îles principaux, enfin les États les plus importants dont vous longerez les côtes. (**Devoir, carte.**)

42. Quel est le principal désert de l'Afrique? — Quelle est la cause principale de la stérilité de ce désert? — Qu'appelle-t-on *oasis*? — Quelle est la cause qui fait naître des oasis au milieu des espaces stériles? — Quelles sont les régions les plus chaudes de l'Afrique? — Pourquoi la partie méridionale de ce continent est-elle plus tempérée que la région centrale?

43. Où le Nil prend-il sa source? — Quelle contrée célèbre arrose-t-il? — Quel est son affluent principal? — Quels accidents remarquables offre son cours? — Comment se termine-t-il? — Quel phénomène curieux présente périodiquement le Nil? (**Devoir.**) — Quels sont les autres grands fleuves de l'Afrique dont le cours offre aussi des cataractes remarquables? — Où sont situés les grands lacs de l'Afrique?

44. Quelles sont les limites de l'Algérie? — Quelles sont les deux principales chaînes de montagnes de l'Algérie? — Quel est l'aspect de la région comprise entre ces deux chaînes? — 44 (*bis*). Quelle est la région de l'Algérie la plus fertile? — Y a-t-il de grands fleuves en Algérie? — Qu'est-ce qui manque surtout à cette contrée pour être habitable et fertile dans toute son étendue? — 44 (*ter*). Quel est le climat de l'Algérie? — Que produit-elle? — Qu'est-ce que l'*alfa*? Quels sont les animaux domestiques communs en Algérie? — A quelles races appartient la population indigène? (**Devoir.**) — Citez avec leurs villes principales les trois départements algériens. (**Carte.**)

45. — Quelle est la contrée voisine de l'Algérie soumise au protectorat de la France? — La Tunisie a-t-elle le même climat et les mêmes productions que l'Algérie? — Quelle est la capitale de la Tunisie? — La ville célèbre dont les ruines se voient près de Tunis?

AMÉRIQUE

46. En quoi l'Amérique du Nord ressemble-t-elle à l'Europe? — En quoi l'Amérique du Sud rappelle-t-elle l'Afrique? — Quel est le grand trait commun aux deux parties de l'Amérique?

47. Voyage maritime le long des côtes de l'Amérique, de la pointe du Groenland à Panama, indiquant à mesure les mers, grands golfes, caps remarquables, îles et presqu'îles importantes, embouchures de grands fleuves, contrées longées, grands ports. (**Devoir.**) — 47 (*bis*). Peut-on longer par mer la côte septentrionale de l'Amérique du Nord? — 47 (*ter*). Voyage autour de l'Amérique du Sud, de Panama à Colon. (**Devoir; carte.**)

48. Quelle est la disposition des grandes chaînes de l'Amérique du Nord? — Qu'y a-t-il entre la chaîne des montagnes Rocheuses et la *chaîne côtière* du Pacifique? — Quelle est la forme du sol de l'Amérique du Nord entre la chaîne des montagnes Rocheuses et l'Atlantique?

49. Citez un des principaux groupes de lacs de l'Amérique du Nord? — Quel est le fleuve qui sert de déversoir à ces lacs? — Que forme le courant de ces eaux en se déversant du lac Érié dans le lac Ontario? — 49 (*bis*). Citez les plus grands fleuves de l'Amérique du Nord. — Où le Mississipi se verse-t-il? — Qu'offre de remarquable son embouchure? — Quel est le climat de l'Amérique du Nord dans ses diverses régions? — 49 (*ter*). Citez les grands États de l'Amérique du Nord et quelques villes principales. (**Devoir; carte.**)

50. Pourquoi l'Amérique du Sud n'a-t-elle pas de grande rivière du côté de l'océan Pacifique? — Quel nom donne-t-on à la grande chaîne de l'Amérique du Sud? — Y rencontre-t-on des volcans remarquables? — Citez un ou deux de ces volcans. — Quelle est la forme générale du sol dans la région qui s'étend entre la chaîne des Andes et l'océan Atlantique?

51. Quels sont les plus grands fleuves de l'Amérique du Sud? — Quelle région les grandes forêts de l'Amérique du Sud occupent-elles? — Qu'appelle-t-on les *Pampas*? — En quelle région sont-elles situées? — Quelles différences de climats rencontre-t-on dans les Andes? — 51 (*bis*). Citez les principaux États de l'Amérique du Sud et quelques villes remarquables.

OCÉANIE

52. De quoi se compose la partie du monde appelée Océanie? — En quelle partie sont situées les grandes îles? — Citez quelques-unes de ces îles entre l'Australie et l'Asie. — Citez les îles les plus remarquables du sud et du sud-est de l'Australie. — Où se trouve la vaste *région des petites îles océaniennes*? — Citez un ou deux archipels les plus remarquables de cette région. — (**Devoir.**)

53. L'Australie est-elle une région très montagneuse? — Quelle est la chaîne de montagnes la plus remarquable? — L'Australie a-t-elle de grands fleuves? — Est-ce une terre fertile? — Les plantes et les animaux de l'Australie diffèrent-ils beaucoup des plantes et des animaux des autres continents? (**Devoir.**) — 53 (*bis*). Quels étaient les habitants de l'Australie avant l'arrivée des Européens? — Les indigènes qui restent sont-ils civilisés? — Quelles sont les parties du pays peuplées plutôt d'Européens? — Les villes principales de l'Australie? — Les productions principales?

Imprimeries réunies, A, rue Mignon, 2, Paris. — 5195.

NOUVEAU COURS D'INSTRUCTION

Rédigé conformément aux programmes du [illegible]

LANGUE FRANÇAISE

[illegible], lauréat de l'Académie française, et [illegible], agrégé de grammaire, professeur au lycée Henri IV : COURS DE GRAMMAIRE FRANÇAISE, fondé sur l'histoire de la langue. Théorie et exercices. 6 vol. in-16, cartonnés :

Cours élémentaire.
Livre de l'élève. 1 vol. .... 60 c.
Livre du maître. 1 vol. .... 90 c.
Cours moyen.
Livre de l'élève. 1 vol. .... 1 fr. 25
Livre du maître. 1 vol. .... 1 fr. 50
Cours supérieur.
Livre de l'élève. 1 vol. .... 1 fr. 50
Livre du maître. 1 vol. .... 2 fr. »

HISTOIRE

Ducoudray, agrégé d'histoire, professeur à l'École normale primaire de la Seine : COURS D'HISTOIRE. 3 vol. in-16, avec gravures et cartes, cartonnés :

Cours élémentaire. Récits et entretiens sur notre histoire nationale jusqu'à la guerre de Cent Ans (1328), avec un complément jusqu'à nos jours. 1 vol. .... 60 c.
Cours moyen. Histoire élémentaire de la France, de 1328 à nos jours, précédée d'un résumé depuis les origines. 1 vol. .... 1 fr. 10
Cours supérieur. Notions d'histoire générale et révision de l'histoire de France. 1 vol. .... 1 fr. 80

GÉOGRAPHIE

Lemonnier, professeur au lycée Louis-le-Grand, et Schrader : ÉLÉMENTS DE GÉOGRAPHIE. 3 vol. in-4°, cartonnés :

Cours élémentaire. Premières notions de géographie. 1 vol. avec 88 cartes ou gravures .... 1 fr.
Cours moyen. Géographie de la France, de l'Algérie et des colonies françaises. 1 vol. avec 33 cartes et 9 gravures .... 1 fr. 60
Cours supérieur. Géographie des cinq parties du monde. Révision et développement de la géographie de la France. 1 vol. avec 44 cartes et 48 gravures. 2 fr. 40

MORALE

Mabilleau, professeur à la Faculté des lettres de Toulouse, chargé de l'enseignement moral et civique aux instituteurs de la Haute-Garonne, lauréat de l'Institut : COURS DE MORALE. 2 vol. in-16, cartonnés :

Cours élémentaire et moyen. 1 vol. .... 60 c.
Cours supérieur. 1 vol. .... 90 c.

INSTRUCTION CIVIQUE — DROIT USUEL
NOTIONS D'ÉCONOMIE POLITIQUE

Mabilleau : COURS D'INSTRUCTION CIVIQUE. 2 volumes in-16, cartonnés :

Cours élémentaire et moyen. 1 vol. .... 60 c.
Cours supérieur, avec la collaboration de MM. Levasseur, membre de l'Institut, et Delacourtie, avocat à la Cour d'appel de Paris. 1 vol. .... 1 fr. 50

AGRICULTURE ET HORTICULTURE

Barral, secrétaire perpétuel de la Société nationale d'agriculture, et Sagnier : COURS D'AGRICULTURE ET D'HORTICULTURE. 3 vol. in-16, avec gravures, cartonnés :

Cours élémentaire. 1 vol. .... 60 c.
Cours moyen. 1 vol. .... 90 c.
Cours supérieur. 1 vol. .... 1 fr. 50

ARITHMÉTIQUE

[right column illegible]

LECTURE

[right column illegible]

SCIENCES PHYSIQUES ET NATURELLES

Saffray (D') : ÉLÉMENTS DE SCIENCES PHYSIQUES ET NATURELLES. 6 vol. in-16, cartonnés :
[right column illegible]

PETIT DICTIONNAIRE UNIVERSEL, par MM. Littré et [illegible], pour l'orthographe à la dernière édition du Dictionnaire de l'Ac[adémie] [illegible]

BIBLIOTHEQUE NATIONALE DE FRANCE
3 7502 00528731 5

www.ingramcontent.com/pod-product-compliance
Ingram Content Group UK Ltd.
Pitfield, Milton Keynes, MK11 3LW, UK
UKHW020954140726
13695UKWH00003B/1391